优雅女人的16堂投资理财课

卫尔琦 郑彬 ◎ 著

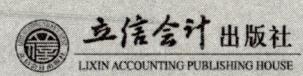
立信会计出版社
LIXIN ACCOUNTING PUBLISHING HOUSE

图书在版编目（CIP）数据

优雅女人的16堂投资理财课 / 卫尔琦，郑彬著. —上海：立信会计出版社，2015.1

（去梯言）

ISBN 978-7-5429-4380-4

Ⅰ.①优… Ⅱ.①卫… ②郑… Ⅲ.①女性—私人投资—通俗读物 Ⅳ.①F830.59-49

中国版本图书馆CIP数据核字（2014）第263587号

策划编辑　蔡伟莉
责任编辑　余　榕
封面设计　久品轩

优雅女人的16堂投资理财课

出版发行	立信会计出版社				
地　　址	上海市中山西路2230号		邮政编码	200235	
电　　话	（021）64411389		传　真	（021）64411325	
网　　址	www.lixinaph.com		电子邮箱	lxaph@sh163.net	
网上书店	www.shlx.net		电　话	（021）64411071	
经　　销	各地新华书店				
印　　刷	固安县保利达印务有限公司				
开　　本	720毫米×1000毫米	1/16			
印　　张	17.5		插　页	1	
字　　数	224千字				
版　　次	2015年1月第1版				
印　　次	2015年1月第1次				
书　　号	ISBN 978-7-5429-4380-4/F				
定　　价	36.00元				

如有印订差错，请与本社联系调换

PREFACE

前 言

作为一个女人，有钱意味着什么？有钱可以让女人做自己想做的事，可以让生活更有品味更优雅！可以让别人更尊重更欣赏自己，从而让自己实现自己的价值，但最重要的还是有钱能让自己很快乐，从方方面面来表达自己的快乐！

女人有钱能让自己更美丽；女人有钱才能够真正独立不再依靠男人；女人有钱可以环游自己梦里都想去的地方；女人有钱可以帮助很多人，成为那些得到你帮助的人心中的太阳；女人有钱可过自己想要的生活……如果你现在还与金钱无缘的话，该怎样改变这种状态呢？

本书就教你如何做一个有钱的女人，如何去理财，如何让自己活得更精彩。

也许有很多女人天生就不喜欢做女强人，也不指望自己去赚很多的钱，认为嫁个有钱的老公就行了。但是，总有一天我们必须要靠自己过日子，只有自己才能保障自己的未来。

女人一定要有钱！

再穷，也要去旅行！《圣经》说："不要太贫穷，否则会丢了神的脸。"

本书则认为：不要太软弱，女人就是要有钱。不然，我们将要永远忍受被人使唤的痛苦。

在"白头偕老"的提法已被慢慢淡化的现代社会，女人拥有一张"长期饭票"的概率越来越低，当婚姻破碎了，金钱纠纷很容易导致男女双方恶言相向，受害的一方往往是女人。

即使婚姻幸福的女人，也有机会单独面对现实人生，因为妇女普遍比男性长寿8~10岁，年轻守寡的事也时有所闻。因此，女人要有钱，并不仅仅是要追求享乐，而是重在追求生命的尊严。

年轻的时候，女人觉得这一天永远不会来临，总是很乐观地认为"船到桥头自然直"。女人总是逃避现实，缺乏居安思危的观念，不愿意去想倒霉的事情。等到问题发生了才临时烧香，祈求上苍眷顾，帮忙降福改运。其实，女人如果尽早学会理财，为没有依赖的日子做好准备，命运可以随时掌握在自己手中。

女人应该尽早开始投资和储蓄，起步越早，成功的机会越大。越年轻，开始充实这方面的常识越有利。在能力范围内牺牲物质享受，学会精打细算，为未来做准备，不要甘于贫穷，才能拥有真正的自由，当然，绝对不可为了金钱而不择手段。

如何让自己学会自主地掌控金钱？如何培养自己的理财智慧？女人需要先从思想观念上开始，督促自己，相信自己，并从学习基础的经济学知识开始，只要坚持下来，你就一定能够成为一个懂得理财的女人。

你需要明白自己赚钱的目的，学会给自己制订好理财计划。越早开始计划，越早理财，你就能越早享受到幸运的青睐。从存钱开始积累，从制作报表开始了解自己的财富，从自己的主妇优势开始入手，让自己一步步变成一个按计划理财的有梦想的女人。

你还需要学会消费，学会把钱花在刀刃上。乱花钱的女人比比皆是，但

前言

是，会花钱的女人却少之又少。你要做的，就是尽快成为这少之又少的女人中的一个。买自己需要的，买适合自己的，买有用的！这样，你既享受了，又省下了钱；这样，你才不会月月光；这样，你才有好的心情去旅游、去保养自己；这样，你才能做一个理性而会享受的女人。

会理财的女人，通常也能比别人更深刻地体会到幸福的含义。因为，会理财的女人是理性的女人，同时也是聪明的女人，她们知道该如何打理自己的生活，知道应该如何安置好自己的家人，知道该如何规划自己的未来。

如果你打算从今天起开始理财，请不要忘了先问自己一句："我幸福吗？"你想要怎样的幸福，这是一个很重要的问题，因为它将是你理财的动力，也是你理财的目的。懂得幸福的女人，人生将会更加美丽。

CONTENTS

目 录

转换脑袋充实口袋：
踏上"钱途"做"财女"，有钱的女人最幸福

第1章 女人就是要有钱，做有财力的优雅白富美 ········· 3

发现女人的理财优势 ·· 3

女人永远不应该远离时尚 ·· 6

从上到下，你的身价有多少 ·· 8

检视自己的身价在哪里 ·· 9

为什么要计算自己的身价 ·· 10

做一个善于管理财富的女人 ·· 11

不懂爱自己的女人是笨女人 ·· 13

第2章 世界很残酷，女人需要改变财富观念和理财思维 ········· 16

会理财的女人一定要会定义幸福 ···································· 16

理财依据自身特点，切莫照搬照抄 ································ 18

理财贵在坚持，不要轻言放弃 ·· 20

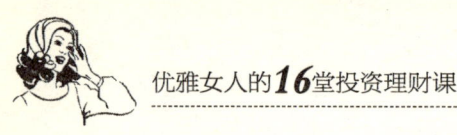

不做守财奴，存钱不是生活的全部 …… 23

第3章 会理财的女人会生活，做好一生的财富规划 …… 25

有钱之前，先要有目标 …… 25
女人一定要给人生的财富做策划 …… 29
聪明女人的理财方略 …… 32
多存本金是为了今后幸福 …… 33
财务有计划，理财才科学 …… 35
培养一个理性用钱的习惯 …… 39
提早做规划，别"等有了钱再说" …… 41

上班赚钱下班理财：

聪明赚钱，理性消费，精心打造财富人生

第4章 赚钱有术：会赚钱的女人最幸福 …… 45

几种适合女人的兼职 …… 45
女人一定要有一技之长 …… 47
年龄要增长，实力更要增长 …… 50
书中自有黄金屋，无事翻翻经济书 …… 52
收看电视网络里的投资信息 …… 54
职场女性取得高薪的方法 …… 56
开间特色小店挣大钱 …… 59
宠物经济时代的赚钱机会 …… 61
网上开店，当今时尚挣钱法 …… 63

小本创业投资指南 ………………………………………… 67
　　努力创造更多的收入空间 ……………………………… 69
　　"全职妈妈"的生财之道 ………………………………… 70
　　别让压力超过自己的承受底线 ………………………… 72
　　健康的财富效应 ………………………………………… 76

第5章　省钱有道：用低成本打造奢华的生活 ……………… 79

　　"月光族"的理财计划 …………………………………… 79
　　节约1分钱，就是赚了1分钱 …………………………… 81
　　精打细算能省不少钱 …………………………………… 83
　　把钱花在刀刃上 ………………………………………… 86
　　学会省下生活中不必要的开支 ………………………… 87
　　开源亦要节流 …………………………………………… 88
　　节俭是财富的种子 ……………………………………… 90
　　最省钱的减肥方法 ……………………………………… 92
　　爱旅游，也爱省钱 ……………………………………… 95
　　无视小钱，定将痛失大钱 ……………………………… 99

第6章　花钱有度：女人该如何做到理性消费 …………… 102

　　能挣的不如会花的 ……………………………………… 102
　　看透金钱本质，不做拜金女 …………………………… 104
　　购买商品"六不要"，女人不妨一试 ………………… 105
　　别用购物发泄坏情绪 …………………………………… 106
　　"想要"的还是"需要"的 ……………………………… 107

不选贵的，要选对的 …………………………………… 110
勇敢走出心理消费的误区 …………………………… 113
账本，告诉你钱去了哪里 …………………………… 114
摒弃过节的陋习 ……………………………………… 116
买自己会穿出去的衣服 ……………………………… 119
掌握逛街砍价的技巧 ………………………………… 121

第7章 百变卡主：女人要让刷卡来得更潇洒 …………… 124

做好信用卡管理，消费才不吃亏 …………………… 124
减少持卡的张数 ……………………………………… 125
巧用信用卡的几种方法 ……………………………… 126
聪明女人如何巧用信用卡 …………………………… 128
养成每月整理对账单的习惯 ………………………… 130

第8章 日常储蓄：积小钱成大钱，让财富细水长流 …… 131

你的储蓄习惯是你的财富 …………………………… 131
聪明理财，做好个人的收支管理 …………………… 132
聪明女人，养成记账的好习惯 ……………………… 133
用好银行，服务自己 ………………………………… 134
储蓄是投资的蓄水池 ………………………………… 139
定期存款还是活期存款 ……………………………… 140

第9章 家庭理财：让你的生活锦上添花 ………………… 143

巧用房贷，"房奴"变房主 …………………………… 143

选好买车时机 ·················· 146
爱情和理财，你可以平衡 ·············· 148
保障退休后的生活 ················ 151
婚后夫妻理财法则 ················ 155
协调夫妻双方薪水的使用 ············· 157
夫妻财产明晰、透明 ··············· 159
理财的10%法则 ·················· 162
低收入家庭投资理财方略 ············· 164
子女教育理财规划 ················ 166
低成本留学锦囊 ················· 168

左手投资右手生财：
用钱生钱，财富循环，会理财的女人受益一生

第10章 股票投资：改变的不只是女人的钱袋 ········· **177**

股票，女人新的理财名片 ············· 177
炒股，让女人改变更多 ·············· 179
炒股要善于舍弃 ················· 179
股票操作，明天永远有机会 ············ 181
保持清醒，不要盲目跟风 ············· 182

第11章 基金投资：女人的投资首选 ············· **186**

基金，让你的投资遍布全世界 ··········· 186
设计适合自己的基金投资组合 ··········· 190

  不同年龄阶段的女人如何挑选基金 …………………………………… 192

  最适合女人的基金投资方法 ……………………………………………… 194

第12章 债券投资：女人稳妥的投资工具 …………………………… 199

  债券投资，如何稳赚不赔 ………………………………………………… 199

  哪种债券比较适合女性购买 ……………………………………………… 202

  债券投资的策略与技巧 …………………………………………………… 204

  债券投资时机的选择 ……………………………………………………… 205

  三个关键词帮你选择债券 ………………………………………………… 207

第13章 外汇投资：女人成功理财的助推器 ………………………… 210

  了解外汇知识对女人很重要 ……………………………………………… 210

  女人的外汇买卖指南 ……………………………………………………… 212

  外汇买卖操作技巧 ………………………………………………………… 214

  新手入汇市投资技巧 ……………………………………………………… 217

第14章 黄金投资：贵妇人的理财之道 …………………………… 221

  黄金投资，女人的最爱 …………………………………………………… 221

  新手如何投资黄金 ………………………………………………………… 223

  投资黄金的技巧 …………………………………………………………… 225

  投资黄金的误区 …………………………………………………………… 227

第15章 信托投资：女人理财的好帮手 …………………………… 230

  人寿保险信托，投资理财新方式 ………………………………………… 230

女人如何投资信托 ··· 233

合理利用遗嘱信托 ··· 240

第16章　保险投资：让幸福生活免除后顾之忧 ············· **243**

投保要考虑年龄与职业 ·· 243

什么样的保险公司值得信赖 ······································ 246

如何辨别保险经纪人的真伪 ······································ 248

给自己买保险，完成美丽一生的梦想 ··························· 250

如何给自己的丈夫上保险 ··· 254

给孩子投保，女人该做何选择 ··································· 256

投保女性专属险，连带你的宝宝 ································ 258

发生理赔情况，女人该如何操作 ································ 260

汽车投保窍门 ··· 263

转换脑袋充实口袋：

踏上"钱途"做"财女"，有钱的女人最幸福

第1章
女人就是要有钱，
做有财力的优雅白富美

发现女人的理财优势

有人说，男人决定一个家庭的生活水准，女人则决定这个家庭的生活品质。我们经常可以看到，两个收入水平和负担都差不多的家庭，生活品质有时却相差很大，这在很大程度上就跟女主人的投资理财能力有关系。

在理财工具多样化的今天，一位称职的母亲和妻子，其善于持家的基本内涵已不是节衣缩食，而是懂得支出有序、积累有度，在不断提高生活品质的基础上保证资产稳定增值，这就需要女人掌握一些必要的投资理财技巧。

女人掌握理财技巧，对家庭的收入作出合理的规划，不仅仅是因为女人需要有自己掌握经济的能力，更是因为相比男人，女人在理财上有一些特殊的优势。"男人赚钱，女人理财"，是现代社会家庭财产支配的最佳组合。

首先,理财的女人多为全职太太,她们有时间;即使不是全职太太,能够经常理财的女人其工作也相对比丈夫要轻松些。理财其实并不需要占用多少时间,关键是会耗费一些精力,需要时常关注一下行情,比如说,投资房产就需要经常了解哪个楼盘涨了,哪个区域又推了新盘等信息。而这些信息,如果不是专门理财的男人,很少有耐心整天研究,尤其是当他们工作压力大的时候,更不愿意去关心这些琐碎的信息。但女人就不一样了,女人的耐心本来相对就好一些,一旦理财,她们就更会热衷于搜集这些信息。

温女士就是一个典型的会理财的家庭主妇。温女士为了让孩子读更好的学校,买了一套名校附近的二手房,时价每平方米只有2 000多元。此后房价不断上涨,特别是名校旁的房子。虽说是80年代的老房子,现在每平方米却已增值到5 000元以上。而且,心细的温女士在经历了理财的磨炼之后,慢慢发现现在买房子也要渠道,不是所有的人都可以买得到自己想要的房子,特别是一手房。自认为没有什么关系的她就把眼光锁定在了二手房上,有的是年初买了,年底就卖掉,并不在手上放太久,只要有赚就好。

后来,温女士又分别在她所在城市的三个区先后买了几套二手房,都是买没多久,就卖掉了。现在她手上还有一套单身公寓在出租,每个月的租金1 200元用来还按揭。温女士的不动产投资效果越来越明显。

像这些繁琐的房子信息,就需要不少的精力和不凡的耐心来慢慢搜集,很多男人就做不到这一点了,这正是女人的理财优势。

其次,女人细心,更适合理财。与男人在事业上的大刀阔斧相比,女人的心会更细。她们清楚地记着哪天该收房租了,哪个合同到期了;记着哪天该存定期了,哪天存款到期了;记着哪天该发行国债了等信息。女人较男人心细还表现在对合同的研究、对风险的规避上,她们往往不求赚大钱,只求稳健收益。这一点,是女人理财的一个最明显的优势,很多男人即使通过后天的培养都难以具备这种优势。

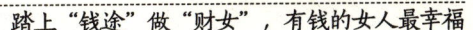

再次，理财需要借鉴经验，吸取教训，而女人天生爱交流、爱打探，所以，她们总能得到最敏感、最有用的理财信息。哪里新开了一家超市，哪里的店面租金最高，哪些人做哪些投资赚钱了、做哪样投资亏本了，她们都了如指掌。

王女士2002年有了孩子后就一直没有上班，在家做起了全职太太。她的老公吕先生与另外三位股东一道，经营着一家礼品批发公司，每人年均能分到30万~40万元的纯利润。

王女士一家三口每月开支大致为：孩子消费2 200元（包括请保姆的费用），水电气物管费电话等杂费600元，生活服装等费用2 000元，保险费1 000元。算下来她家年正常开支在6.9万元左右。

在王女士决定要当自己家里的理财师之后，就开始对家庭资产摸底，发现家里的资产主要分为以下几个方面：①一套价值60万元的自住房，还有一套面积约90平方米、市值30万元左右的闲置空房。②定期存款80万元。③30万元年收益率3.44%的3年期凭证式国债。

也就是说，可供王女士操作的投资资产包括：一套市值30万元的闲置房和80万元存款。

在和姐妹们交流理财心得之后，王女士发现，如果将自己的闲置房子出租，收益将不错，于是王女士首先将那套闲置房的资产"激活"——她花了5万元对房子进行了简单装修后以每月1 400元的价格租了出去，并签了2年租期。这样，这套房1年收益1.68万元。

接着她通过和有买基金经验的姐妹交流，再加上自己的研究，对基金有了比较充分的了解后，将80万元存款做了这样安排：①将3万元改存为"7天通知存款"，做家庭备用金，税后实际年收益约为390元。②购买货币基金10万元，实际年收益2 000元。③57万元购买了两只封闭式基金，年实际收益为5.1万元。④10万元购买了一个1年期人民币理财产品，实际年收益约2 800元。

就这样，在弄清自己的家底之后，王女士通过打听和学习的方式，让钱生钱，来支付一家人的日常支出，而再赚的钱又可以接着作投资，资产就会不断增值了！对这些种类繁多的理财工具，她的丈夫却根本不感兴趣，也没有时间打理，这便是女人得天独厚的优势了。

所以说，女人理财的优势还是很明显的，想要理财的女人可不要将上天赋予我们的优势给荒废了，这些优势可以带给我们宝贵的财富！

女人永远不应该远离时尚

时尚是一种生活品质，代表着一种心态，一种追求。懂得时尚，才能懂得美。一个不懂美的女人，本身就给世界减了一分色彩。人类崇尚真善美，人们奋斗的乐趣在于生活会更美，人类社会进步的动力来源于对美的不断追求。因此，女人不论年龄多大，都不能远离时尚。

生活里美的事物有很多，大自然是一种美，关爱是一种美，时尚则是另一种美，代表着美的潮流峰值。时尚是一种美的进步，美的变化。

世界如果缺少了时尚，将是一个僵化的世界。人如果缺了时尚，则是一座颓废的老建筑，纵使有其古旧美，仍然缺了几分生命中更灿烂的颜色。

每个人都想让自己看起来魅力十足，将自己最好的一面展现给大家。但是很多时候，每当女人面对一堆衣服时，就又开始犹豫了："我该穿成什么样才好呢？"

尝试新的发型，穿上当下最时髦的衬衫，这些当然对于树立你自己的风格有着一定的效果，但这些都只是"万里长征"的第一步而已。盲目跟随潮流的人，都是那些不知道自己要什么的时尚盲从者，或者即使清楚地知道自己要什么，也不知道应该如何去表达这些追求。

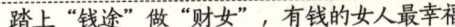

紧跟潮流又不致走偏的最直接的方法是通过Lookbook（国外潮人街拍的网站）来寻找范本。从看到一个造型，把其每一件单品都"肢解"开来，然后找到与其相似的单品，选择你喜欢的，抛弃你不喜欢的，一直搭配到你满意为止。这就是最简单最快速的一个"范本学习"的方法。

同样，你也可以用眼睛来学习你的风格。最简单的方法就是参考那些在大街上遇到的你认为非常"时髦"的人士。不论何时，只要你遇到了一个值得"模仿"的对象，就应该问自己以下问题："她身上的哪一部分造型让她备受瞩目？是发型？衣服的合身程度？鞋子？颜色的搭配？还是整身衣服的结构组合？"

如果你看到一个穿得非常"老土"的人，你也应该问自己："她为什么看起来这么'老土'呢？她应该如何改进呢？"

于是，你便得到了属于自己的时尚法则。例如，脏鞋能够毁掉全身的装扮，或者多少颜色同时出现在身上才算合适等。

如果你不喜欢在大街上盯着别人思考问题，那么，你可以从杂志上学到很多，如《VOGUE》《ELLE》等。这种直接"送上门"的范本比在街上寻找来得更加快捷，更加方便。

明星也应成为学习时尚的榜样，但要选对好的，麦当娜就是其中一位。

某部电影里，麦当娜上身仅着由一方条纹丝巾绕成的上衣，柔软滑爽的质地显出女性的柔美。逆光中，她突然一个转身，浑圆的肩和光洁的背在柔光中显得丰盈柔美，和顺滑贴体的丝巾交相呼应、浑然一体，性感妩媚，女人味十足！你不得不佩服麦当娜的着装方式，她用一方丝巾把温柔和性感两个极端的美和谐地交融在一起，丝巾瞬间变得有声有色。

麦当娜是一位千面女郎，常常用创作艺术品的态度来塑造自我形象。她可以妖娆神秘如午夜的幽灵，也可以高贵典雅如希腊的女神；可以青涩甜美如邻家的女孩，也可以温柔丰盈如多情的少妇；可以夸张另类如疯狂的狂

欢,也可以隽永经典如岁月的沉淀。这种矛盾、多变、神秘、丰富的女性特征,在她身上得到了完美的演绎。

世界上有三种人:第一种仰慕时尚,第二种把握时尚,最后一种缔造和引领时尚。麦当娜无疑是最后一种。关于造型,她永远有自己层出不穷的古怪主意。回首30年,麦当娜风情不坠,宛如奇迹,她不变的资本是她自己。

麦当娜不变的原则就是:永远变化。在她将近30年的演艺生涯中,她不断地颠覆着自己的形象:高贵忧郁如阿根廷国母,反叛疯狂如"物质女孩",还有她不可胜数的各种造型:和服、内衣外穿、女战士、巫师……她就像是一位疯狂的魔术师,掌控时尚的神秘。

明星的影响的确很大,但在这里,你要注意的是,适合明星的东西,并不一定全部适合你。很多时候,这些适合不适合都要取决于你的身材、肤色、脸型、体形等。虽然这都是很强的限制因素,不过我们还是鼓励你尽量多地尝试一些你从来没有尝试过的装扮。毕竟,你也许会发现一些更新鲜的想法也说不定。

从上到下,你的身价有多少

你问过自己,从上到下,你的"身价"有多少吗?

女人一定要过好生活!当一个人陷在金钱的迷雾里时,往往搞不清楚目前的经济状况如何。女人要过好生活,舍得宠爱自己,不一定是要像贵妇一般逛街、喝下午茶,或是随时夸耀自己的财富。

与其购买名牌衣物,不如投保名牌保险,起码可以让你自己安心。如果你总是不清楚自己的财务状况,或是在财务上没有独立自主的概念,你的生活很容易就会受到外在因素的影响,无法全力掌握自己的生活。

想要塑造属于自己的黄金人生,你就先要学会检视自己的身价。若只是随意地作出理财计划,或是只会赚钱,不会理财,就像每天不洗脸、不卸妆的人,却买了一堆彩妆眼影,到最后,脸上可能不仅没增添光彩,反倒长出了一大堆痘痘,破坏了自己原有的肤质。

检视自己的身价在哪里

想算出自己有多少财富身价,最简单的计算方法就是,找出属于自己的动产与不动产有多少。你可以问自己以下的问题:

- 我的存款有多少?
- 我的可用现金有多少?
- 我的收入(包括月薪、节假日奖金及业绩奖金等)有多少?
- 我的工作可以持续到多久?
- 我拥有多少有价证券(包括股票、基金、保单等)?
- 我所拥有的房地产现值多少?
- 我所拥有的车子现值多少?
- 我拥有的有价物品(珠宝、收藏品;请勿将购买时昂贵、但现值为零的名牌商品计算进来)现值多少?
- 我目前已经在做哪些理财规划?而这些计划以后每年可以为我赚取多少收入?

但是,你一定还要问自己:

- 我的信用卡负债有多少?
- 我的房贷有多少?
- 我其他的欠债还有多少?

总资产－总负债=你目前的身价

希望你看到自己答案的感觉,是一种欢天喜地的快感,而不是冷汗直流的紧张。有趣的是,女性朋友很少去思考这样的问题,而且通常都是在夫妻关系紧张或男女朋友分手、清点双方的剩余财产时,才开始发现自己的身价有多少!

为什么要计算自己的身价

因为这样你才能知道,"我离自己的梦想有多遥远?"你也才能知道,"我还要付出多少努力才能实现它?"

说不定梦想只有咫尺之远,只是你的专注力放错了方向。你只要拉回一点生活的重心,就能在梦想与责任之间找到平衡点;或许你的梦想定立得太遥不可及,了解自己的身价,换一种方向去思考,你会让自己过得更满足。

因为这样的省思,你甚至可以计算出:

· 如果我失业,我可以撑多久?

· 如果我感情失败,我可以不赚钱"任性"多久?

· 我可以用多少钱培养自己的兴趣?

· 如果我在一段感情中,扮演经济支出的主要角色,我可以养这段感情多久?

· 如果我想放下一切,到异国重新开始,我会有多少生活费?

· 我可以不靠孩子的爸爸,独力抚养孩子到几岁?

· 如果我生病了,我可以请人照顾自己到多久?

· 我可以留下什么给我最亲爱的人?

· 我的年度计划是什么?

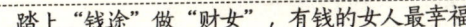

如果你随时都会检视你的身价，同时亲手画一张梦的蓝图，每隔一段时间你就问问自己："我的计划实现了多少？"那么你不但可以善用理财创造幸福，而且会有更多的本钱来打造自己的黄金人生。

做一个善于管理财富的女人

懂得要投资智慧的女人，一定会懂得投资学习。而女人最应该学的，就是财务管理的知识。

女人在家庭财务管理和决策中的角色，可能有三种：第一种是家庭收入的主要支柱或支柱之一，也是家庭支出和投资的决策者；第二种是家庭收入的次要角色，但是家庭财务支出和管理的主要角色；第三种是在家庭收入方面是从属角色，在家庭投资方面是非主要决策者，但在家庭支出方面有决策权。

无论是哪一种情况，女人在家庭财务决策方面，都是不可或缺的力量。除非你打算彻底放弃自己的财务决策权，否则，学习家庭理财的知识会受益匪浅的。

做一个善于管理财富的女人，有两个关键点：一是建立正确的理财观点和习惯；二是掌握基本的财务管理技能，如做账、读懂相关金融产品销售传单后面的真实信息等。

"行为决定结果，细节决定成败。"学习理财是一生的事，要从小事做起。美国的大卫·巴赫说精明女人理财有七招，下面给大家分享如下几条：

（1）写下目标。只有写下来的才是目标，否则就只是一句空谈。如果不把愿望写下来，那么你就更不会浪费时间再去想它了。想一想吧，你有多少次产生了一个自认为会挣大钱的"美妙主意"，而仅1周后就忘掉了。为什

么?因为你没把它写下来。如果你的目标值得你付出努力和时间,那么它就值得你把它记下来——如果你不记,又该谁来记呢?

(2)目标必须是详尽的、可量化的、可检验的。例如,写下"我想在2014年变成富翁"是毫无意义的。你应该写下更为详尽的东西,比如:"我将抽出每月总收入的10%存起来,那么3年后,我就会存有4.8万美元,达到税前退休金账户的最低限额。"

(3)在接下来的48小时内立即行动起来,向目标进发。让我们假设你的目标是希望能够买一处度假住宅。那么这是一个长远目标,在现实中,你不能指望在至少5年内实现它。但这并不意味着你现在无事可做,在接下来的48小时内,就开始为这个目标努力吧。例如,你可以询问一些有信誉的房地产代理商的名单,然后你可以选择给部分代理商打电话,看看能否得到一些待售房屋信息,看是否既能符合你的价钱要求,又能令你感兴趣。你还可以做很多事,关键是要去做。要采取行动,以使你写下的目标看上去更真实和确定。

(4)将你的目标放在每天都能看见的地方,如掌上电脑里、贴在墙上、浴室镜子上。关键在于你每天都能看到你的目标。通过每天浏览(最好是在早上刚睡醒时),你能不断地坚定生活的目标,并最终变得非常个性化和真实可行。

(5)将你的目标告诉你爱并信任的人。如果你不告诉任何人你的目标是什么,朋友和同事如何能向你提供支持和帮助呢?

无论有多少条,做一个善于管理财富的人,要从今天开始。无论你是独立的还是依赖的,其实你都是自己的主人,就像每天出门前照镜子一样,每天想想自己为提高财富管理的能力做什么了吗?然后你就去做点什么。日复一日、年复一年,你的聪明就成为你的财富、你的孩子和老公的财富、整个家庭的财富。

转换脑袋充实口袋：
踏上"钱途"做"财女"，有钱的女人最幸福

不懂爱自己的女人是笨女人

好好看一下你身边的成功者，你就会发现，很少有人不爱自己的工作；再看看身边的幸福女人，她们通常很会关爱自己。发现了吗？当一个人喜欢自己，并按照自己理想的方向去努力时，别人也很难拒绝她的幸福魅力。而那些不懂得爱自己，终日为他人而活的女人往往精疲力竭而无任何回报。

有这样一个阿拉伯国家的故事：

一对恩爱夫妻，妻子貌美如花，丈夫英俊潇洒。不幸的是，正当盛年的丈夫却患了眼疾，最终双目失明。望着心如死灰的丈夫，妻子心痛不已。她左思右想，最后决定分一只眼睛给自己的丈夫。

手术非常成功，失明的丈夫重又看到了世界，看到了自己的妻子。然而，令丈夫失望得难以容忍的是，失去了一只眼睛的妻子竟然如此丑陋。日日与妻子相对，丈夫心中再无一丝柔情。他开始厌倦她、冷落她，因为她不再双眸生辉，不再脉脉含情。

而她，默默地忍受所有的一切。她爱他，不在乎为他付出多少。对她来说，这个世界上没有比他的笑容更灿烂的阳光了。然而，令她痛苦不堪的是，他的笑容却再也不属于她了。在没人的角落里，在无尽的暗夜中，她独自流泪，用一只眼睛。终于有一天，不义的丈夫抛弃了糟糠之妻，另攀高枝去了。

故事中女人的伟大叫人心疼，或者也是这样的心疼叫男人无法面对，或者是男人对美丽的外观追求，对于这样的现实既不愿意接受，也无力改变。如果故事中的女人能用自己的爱终生呵护这个盲眼的丈夫，会不会有另一个版本的结局？女人因为有爱而可以对男人不离不弃终身守护，这会是多么感

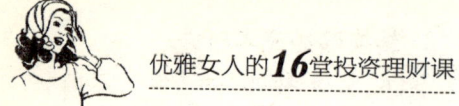 优雅女人的16堂投资理财课

人的爱情,可是很遗憾,很遗憾……

生活中这样的女人实在不少。据说男人的潜意识动力来源于生存与发展的必须,而女人的潜意识动力则来源于情感与情绪。当女人被情感与情绪支配时,智慧立刻远离了。很多女人用泛滥的母爱,博大包容地对待家庭成员,而委曲求全的结果却是落得"爱人跟人跑"或"慈母多败儿"的情形。

女人要知道,如果这个世界不曾有"我",那么亦不会有"我的家人""我的丈夫""我的孩子",更不会有一切与"我"相关的事物。在这个"暂时有,却本来空的"世界中,"我"是这个世界存现的前提条件。一个不能爱自己的人,永远处于牺牲奉献角色的人,又怎么可能去要求别人的爱呢?

美玲在上大学时,认识了比她高两个年级的同系男生,他们很快就进入了热恋。大学毕业时,美玲按计划准备考研究生,她的男友却说:"咱们结婚吧,我非常需要你。"美玲认为,既然结婚就要做个好妻子,读研究生一定没有时间照顾丈夫。人们常说,爱就是奉献,美玲对此深信不疑。于是,她决定放弃自己的理想,和丈夫一起建筑起他们爱情的港湾。

毕业后,美玲当了一名教师,丈夫在工作了一段时间后准备考研。在丈夫准备考试的时候,美玲发现自己怀孕了。妊娠反应挺厉害,经常是东西吃进去不久就又都吐出来。可是丈夫正在忙着考试,不仅无暇照顾她,还需要她来照顾他。经常是美玲一边吐,一边做饭。但是想想丈夫将要实现自己的梦想,她暗暗地咽下了所有的痛苦,她想等他考上研究生就好了。后来丈夫如愿以偿,孩子也生了下来。

这时的美玲就更忙了,既要工作,又要照顾孩子,还要照顾她读研的丈夫,非常紧张。接送孩子、买菜、做饭、洗衣、收拾房间,美玲几乎承包了所有的家务,但当她看到漂亮的孩子,看到刻苦读研究生的丈夫,她是欣慰的,她感到幸福无比。

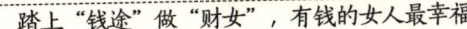

为了照顾好家，美玲几乎放弃了自己的一切爱好。她已经没有时间去商场为自己选购一件称心的服装，没有了和朋友们高歌一曲的兴致，甚至连自己爱看的电视连续剧也不能从头看到尾。但是她从不抱怨，她觉得自己的付出是值得的，因为她的家庭有了她的付出而更加和谐幸福。

美玲原本以为丈夫毕业后，他们就会迎来第二个蜜月，他会对自己的奉献给予回报。可事实是他们的关系却大不如从前了。丈夫毕业后，去了一家合资企业。他的工作很忙，经常是深夜才回到家，一脸的疲惫。让美玲更加生气的是，丈夫竟然懒得与她说话了。有时，美玲忍无可忍地对他说，咱们也该聊聊了。可他说，这么长时间的夫妻了，还有什么好说的。有时，他还会说，说点儿别的行不行，整天不是东家长就是西家短的，真没意思，就知道自己眼皮底下的那点儿小事，层次太低，整个一个家庭妇女，没劲。

终于，丈夫向她摊牌说自己爱上了别人，美玲的心在颤抖，她问："我有什么对不起你的地方吗？"

他说："你没有对不起我的地方，可是现在和你在一起，我一点儿感觉都没有。你整天都是那些婆婆妈妈的事，一点儿也不像过去那样有理想、有激情。"

这就是事实，残酷，但也让人警醒。一个女人绝不能仅仅是帮助男人去建设他的世界，然后就把他的世界当成自己的世界。男人越是发展事业，越会增加爱情上的砝码和吸引力，在家庭中的分量也越重，抛弃糟糠之妻的可能性也就越大。

所以，女人不管任何时候，都不要因为"奉献"到底，而忘记修炼和提升自己。这不是自私，而是一种智慧，是爱自己的表现。

对女人来讲，认识这一点，做到这一点，比什么都重要。

第2章
世界很残酷，
女人需要改变财富观念和理财思维

会理财的女人一定要会定义幸福

会理财的女人通常也能比别人更深刻地体会到幸福的含义。因为，会理财的女人是理性的女人，同时也是聪明的女人，她们知道该如何打理自己的生活，知道应该如何安置好自己的家人，知道该如何规划自己的未来。

很多会理财的女人，通过理财感受到了一种切切实实的幸福。她们通过理财，在自己和家人的收入水平范围之内，把小日子过得丰富多彩、幸福无比。一个家庭，在客观条件一定的情况下，怎么过，过得如何，区别是很大的。俗话说，吃不穷，穿不穷，算计不到会受穷。说的正是这个道理。当然，日子过得如何，外人也许看不出来，毕竟每个家庭、每个人的习惯和他们所追求的生活目标是不一样的，标准自然也应当有所区别，只有当事人感觉到满意了、开心了，日子才算是过好了。会过日子的女人，她能够把小家

转换脑袋充实口袋：
踏上"钱途"做"财女"，有钱的女人最幸福

庭的一切繁杂事务计划得周全，哪怕是再紧巴的日子，也能过得很像模像样，一切事物井然有序，该做什么做什么，似乎都在掌控之中。

我们都知道，日子不是混的而是过的，幸福不是想的而是营造的；明天不是昨天成绩的延续，而是今天付出的回报。

有的女人，的确也很会理财，但是，却不懂得幸福的含义，总是因为钱而和丈夫吵架，因为觉得对方没付或者少付了该付的那份家庭开支。这类女人在节省开支的时候不是想着家庭也不是想着孩子，而是想着为自己多准备点储蓄金好让自己不会一无所有。

最终，这些女人失去了家庭，失去了爱，失去了自由，失去了美丽。失去幸福，是因为这些女人不懂家庭幸福的概念里，不应该有斤斤计较，不应该有自私自利，不应该有忐忑不安，取而代之的应该是从容、快乐、经营、温馨这些词汇。

如果说，能够在自己的经济水平之内把小日子过得精彩是一种幸福，那么，还有一种幸福也是女人不可缺少的，那就是完成自己的梦想！

很多女人在为人妻、为人母之后，就伟大地舍弃了自己曾经的梦想，任时间无情地将自己催老。其实，真正懂得幸福含义的女人知道，这一辈子需要为自己活一把，需要努力实现自己的梦想。

女人需要有自己的梦想，女人需要用梦想的实现来体现自己的人生价值。同时，女人更需要爱！

女人理财，不是为了理财而理财，而是希望通过理财让自己的爱变得更丰盈。女人希望通过理财，让家人过得更快乐；希望通过理财，让爱人过得更加顺利。被别人的爱包围着是一种幸福，去追求自己爱的也是一种幸福，彼此的相互倾慕是幸福，厮守一生也是幸福的。只要有爱，女人的幸福就不会那么干涩，女人的幸福也不会那么短暂和浅薄。

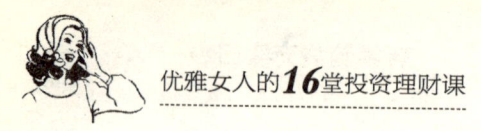

理财依据自身特点，切莫照搬照抄

处在人生不同阶段、不同层次的人群理财的重点各有不同。很多女人在理财时缺乏主见，总是跟随亲朋好友的脚步，模仿别人的理财方法来理自己的财。其实，这是很危险的一件事情，即使是衣服，别人的衣服你穿着都未必合适，更别说理财工具了。

不论是股票、基金还是房地产等任何一种投资工具，过度依赖它们过去的绩效与别人的经验而盲目跟风，无疑是最冒险的行为。

"人贵在自知"，赚钱或者理财的成败，绝大多数取决于投资人的个性。在理财行为上，先要了解自己拥有多少可动用的资金，如经济来源、收支情形、储蓄总额等，弄清楚之后，再来设定理财目标，才会知道该采取怎样的策略。但是很多人都不去认识真正的"自己"，总是跟在别人屁股后面跑，哪里热就往哪里钻，不撞南墙不回头。

各家有各家不同的经，拿着别人家的经套用到自己家的理财状况，其实是拿着自己的钱在冒险。下面，我们来对比两个案例：

案例1

2000年，我已经毕业5年了，手里的全部积蓄只有10万元。当时在广州，我有个机会可以半价买一个新区的房子。80平方米的，要20万元。我咬咬牙用全部的储蓄，再向家人借了10万元，把房子买了下来。后面的两年，我过得好苦，每个月只有500元的零花钱，其他全部用来供房子。

结婚后，我和老公在深圳有一套80平方米的房子，一直感觉太小了，想换个大房子。到2003年时，家里好不容易有30万元现金了，老公却说要买车，我一直不同意。因为我还要买房子。

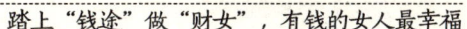

老公好不容易被我说服了。终于,我们找到一个全家都很喜欢的房子,75万。我们又开始借钱了,老公说要把小房卖了,40万元,加上30多万元正好买个大房子。我坚决不同意,后来老公还是听我的,我们每月又开始节衣缩食地供房子。

老公总是说要卖房子,我一直坚持没让他卖。2005年,我们终于把房子全部供完了。

盘点了这6年的投资收获:广州的房子,已经由20万元涨到50多万元;深圳自己住的房子,已经由75万元涨到110万元。今年,我把原来小房子卖了73万元(2003年时只值43万元);然后把73万元放在股票里,又赚了20多万元。也就是说,用6年的时间,我靠理财赚了80多万元。"

案例2

顾先生今年28岁,是某公司的销售经理,税后月收入在3 000元到1万元不等。他太太在事业单位,从事文职工作,月入5000元。目前,夫妻两人都有"五险一金",双方父母均已退休,有退休金。

顾先生现有活期存款10万元,没有负债,家庭每月生活费支出在4 200元左右,另外每年给双方老人总共5 000元左右的费用。顾先生和太太的住房是5年前父母出钱一次性付清50万元购买的,目前市值约100万元。顾先生还打理着父母的一套70平方米房子,每月能收到租金2 500元。

顾先生没有购买商业保险,因为比较谨慎,也没有过多投资,只持有一些股票,市值约15万元。顾先生看到房地产市场很热,见很多朋友都在房地产市场赚到了不少的银子,便一狠心,收回了股市的15万元,加上活期存款8万元,再向别人借了7万元,买了一栋90平方米的房子,月供3000元。

结果,生活一下子过得谨慎、小心、紧巴起来。因为存款少了,而且还背负了债务,房租的费用还不够偿还月供的,2岁的孩子的教育经费还没开始投入……而买的房子,暂时也并没有增值的迹象。顾先生的生活一时间发生

了巨大的变化，手上再也阔绰不起来。

　　其实，从这两个案例中，我们能深切地感受到一个问题，那就是不同的家庭情况，确实不应该用相同的理财方式。像这两个案例中的主人公都有较多的房产，但是，一种是主动型的投资家庭，另一种是稳健型的投资家庭。案例1中的夫妻还没有要孩子的打算，所以，在有限的资产范围内，由于所处地理位置优越，房价升值空间大，便将投资放在了房地产市场上，能够获得明显的收益；而案例2中，由于主人公的收入不够稳定，再加上已经有了孩子，那就不能像案例1中的主人那样冒大风险做高额投资了，而且，之前投资在股市的15万元其实也是欠考虑的，因为风险太大。案例1中的主人公，通过黄金地段的房地产投资，让自己的资产在几年间迅速升值；但是这种情况并不适合所有的家庭，比如说，在案例2中，主人公就是因为盲从，导致套牢了大部分资金，让本来盈余的生活质量瞬间下降。其实，如果案例2中的主人公能够仔细分析自己的财务状况，采取稳健型的投资方式，他的生活质量不仅不会下降，反而会在稳中收益。

　　在考试时，抄别人的试卷有可能会让你拿到高分，但是，在理财中，如果总是照搬照抄别人的方法，你永远也不会有属于自己的理财思维，也永远锻炼不出精准的理财眼光，更惨的是，照搬别人的方法，失败的几率反而会大大增加。

理财贵在坚持，不要轻言放弃

　　李嘉诚曾说，理财必须花费较长时间，短时间是看不出效果的。"股神"巴菲特也曾说："我不懂怎样才能尽快赚钱，我只知道随着时日增长赚到钱。"

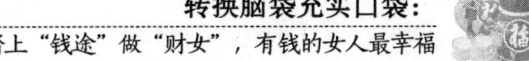

转换脑袋充实口袋：
踏上"钱途"做"财女"，有钱的女人最幸福

在银行每天接触各种理财工具的工作人员陈某说，理财的第一原则就是尽早开始，并坚持长期投资。但是，能够真正在理财的道路上坚持的人很少很少。前几年，基金都是翻倍增长，所以年长的投资者都把自己的养老钱拿出来购买基金，但是，每年100%甚至200%的收益率，并不是投资基金的常态，而是在特殊的牛市上涨行情中出现的特殊高回报。而理财是对一生财富的安排，如何在波动的行情中稳中求胜，是现在我们最应当考虑的。

任何一种理财方式，都是时间见分晓，耐不住性子的人，也许在短期内能够获得较高收益，但是，总会因为性子急而失去更多。就以基金为例，在众多的理财方法里，基金定投最能考核人的坚持劲。这种方式能自动做到涨时少买，跌时多买，不但可以分散投资风险，而且单位平均成本也低于平均市场价格，但其难度就在于是否能够长期坚持。

有的人，能够坚持10年，在这10年中，经历过不少惨境，也经历过小涨小跌的平缓期，但都没有半途而废，而是用10年的时间，最终让自己的收益达到同期基金中的最高水平。

1998年3月，当我国发行第一只封闭式基金时，王女士参加了申购，从此开始了与基金长达十余年的不了情。最初，她用2万元申购到了1000份基金金泰，上市后价格持续上升，身边炒股的朋友劝她卖出，但她坚持没卖，直等涨了1倍时才卖，用2万元本金居然轻松挣了2万元！这是王女士在基金上也是在中国证券市场上挖到的第一桶金，心里别提有多高兴了。之后，基金市场一直火了好几年。

但天有不测风云，中国股市火了几年后，熊市悄悄来临了。漫长的熊市让大家感到痛苦和无奈，经济学家的预测不灵了，基金的投资神话似乎也破灭了。终于，在2005年，黎明前的黑暗中，王女士将封闭式基金卖掉了，只留下1000份基金兴华。

时间到了2006年9月，她不经意间听了一场基金讲座，让她忽然发现中国

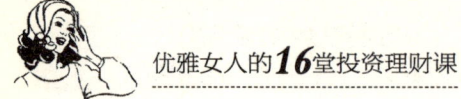

的证券市场已是冬去春来了！于是，在王女士40岁生日这天，她果断地将10万元投资到华夏红利基金中。"周围的人都认为我疯了，但是我知道，坚持一定会有收益，等了这么多年，该是收益的时候了！"

果然，仅8个月的时间，王女士的收益已翻倍有余。她庆幸在最惨淡的时候，她没有半路放弃，而是咬牙坚持了下来，整整10年，最终得到的还是收获。

像王女士这样10年的坚持，少有人能够做到。尤其是很多患得患失的女性朋友，更是容易在稍微有点涨动或者跌落的趋势时就动摇、放弃，这样，永远都得不到好的收益。

理财最重要的是能够稳住，在最糟糕的情况下稳住，坚信时间将会改变局势。相信很多半途而废的理财人士在看着那些本来可以进入自己口袋的收益，因为自己的提早放弃而流失时，都有相同的感受。其实，很多人在投资一项理财工具时，都有着侥幸的心理，也有遭遇风险的心理准备，按理说，应该能够经得起时间的考验。但是，往往真的出现风吹草动时，很多人就跟风放弃了。有坚持的想法，却没有坚持的决心；有坚持的理由，却没有坚持的行动，最终也就只能是小打小闹了。这种坚持之心，也不是通过训导就能够说服的，只有我们亲身经历过，尝过一次甜头，才会真的相信坚持的魔力。

最后，我们就用一个有着多年理财经验的女士的理财心得结尾，希望对大家有所帮助。"关于理财，每个人的性格、方式和风险承受能力都不同。但是，我觉得一定要有一个信念——如果自己有坚定的信念和看好的投资方法，就一定要坚持。例如，你认为基金定投作为一种长期的理财投资品种，坚持3年、5年，甚至10年时间可以收到可观回报，那你就一定要坚持每个月都定投，不要看到股市行情不好，赔钱了，就放弃了自己的信念。我觉得既然是自己认定的路就一定要走到底，千万不要半途而废……"

不做守财奴，存钱不是生活的全部

有的人是天生的守财奴，富而吝啬，人称之为"钱罐"。其中最典型的守财奴形象就是巴尔扎克笔下的葛朗台。像葛朗台这样的守财奴，守财守了一辈子，最终还是一无所获，什么也没得到。

作为女人，不应该成为一生只会抱着钱财睡觉的守财奴，我们需要爱护好自己，需要珍惜自己如花的容貌和流金般的岁月。如果有钱却抱着钱存在银行里不动弹，让自己像个贫穷的灰姑娘一样，那多亏待自己？更何况，安稳守财的时代已经过去了！今天的你，随时可能遭遇失业、通胀、金融危机等各种不可预测的状况！到时候，如果你手头一无所有，流落街头也不足为奇！

作为已婚女人，我们不仅要替自己的生活做打算，替自己的未来做打算，还需要做整个家庭的理财师，让家里的资金能够充分发挥它们的作用，而不仅仅是让家人辛辛苦苦挣来的钱在银行里发霉。

这里有一个小故事，发生在一对守财奴夫妻身上。也许看完之后，我们会有一些想法。

妻：老公，那钱放好了没？

夫：老婆，放心吧，放安稳着呢！

妻：放哪儿呢？

夫：墙缝里呀！

妻：不是说放冰箱里吗？

夫：好好好，下星期放冰箱行不？

春夏秋冬，年复一年……5年之后……

优雅女人的*16*堂投资理财课

夫：老婆，物价老涨，我们要不要拿钱出来去买房？

妻：老公，快来看呀，钞票都给老鼠咬烂了！

……

这是原始的存钱方式，也是金钱对不会利用它的人的嘲讽。如今，在货币市场多变的今天，还有人在不断重复这样的原始方式，以求一份心安理得，只不过，原来的墙缝和冰箱，如今换成了银行。

在小敏看来，存钱是她生命中唯一的乐趣。她跟保险，她寄定存，她用最安稳妥当的方式，细心保管赚进来的每1元钱。叫她投资，她说风险太大不考虑，赔掉本金谁负责？

正常人赚钱是为让自己的生活过得优越舒适，小敏却不，她以累积财富为人生的乐趣。于是，她把小钱存成大钱，把大钱变成定存，再把定存生出来的小钱组织起来，成为大钱，周而复始，乐此不疲。她不擦化妆品、不穿新衣服，当然，别人送的除外，但大多情况下她会转手把化妆品和新衣服卖出去，除非有滞销货品。她也不吃大餐，当然，别人请客除外，如果量多的话，她会打包回家。对于女人的所有喜好，她全然没有。

如果做女人做成这样，不知道还有什么意思；如果存钱存成这样，不知道存起来的钱还有什么意义。爱财没错，存钱也没错，可是爱财爱到这份上，爱财爱到对自己都一毛不拔，爱存钱胜过爱自己，这就不仅仅是对自己的轻视，也是对钱的蔑视。

是的，我们爱财，但是，我们不应该做守财奴，不应该只是心安理得地存着钱。况且，钱都存在银行里，通货膨胀之后，钱就相当于越存越少了！

第3章
会理财的女人会生活，做好一生的财富规划

有钱之前，先要有目标

目前，很多女人的理财存在一些误区。她们往往缺乏专业知识，喜欢跟风。投资理财要看统计数字以及经济分析，甚至政治等因素对理财投资都会产生影响，但许多女人对政治经济不"感冒"，觉得数字也很枯燥，因而常常跟随亲戚、朋友进行相似的投资理财。比如，有位女投资者听说闺中密友炒股赚了钱，便也心里痒痒地盲目"跟进"，结果恰逢大跌，一下子亏了2万元，还为此跟丈夫吵架。

在女人中，这种盲目理财的情况并不少见。其实，任何事情的进行如果有一个明确的目标，你的思路就会明晰很多。因此，确定理财目标是成功投资的第一步。

当然了，确定理财目标，先要了解自己的财务状况，需要根据自己的

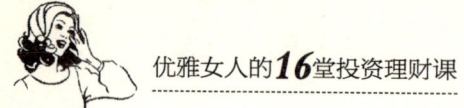

实际情况来设定理财目标。而且,理财目标并不是一成不变的,在不同的阶段,理财的目标也是不一样的,它应该有长期、中期、短期之分。在设定具体目标时,有几个原则必须遵循:一是要明确实现的日期;二是要量化目标,用实际数字表示;三是将目标实体化,假想目标已达成的情景,这样可以加强人们想要达成的动力。

我们来看一个并不是很出名的演员是怎么理财的。

该演员虽然没有在演艺路上大红大紫,但是在自己的理财路上却走得很稳。她一毕业就买房,投资过股票,开过公司,做过生意,虽然不算"理财行家",但至少算"理财能手"。正所谓"冰冻三尺,非一日之寒",她的理财能力不是一蹴而就的,而是经过数次投资实战才磨炼出来的。

大学刚一毕业,该演员便在北京买车买房,并把父母接到了北京,孝顺的她希望能够和父母住在一起。当时,她考虑到自己一个人也没有太大开销,而且也无须有所顾忌,所以,划算了一下手里的积蓄,给自己确立了买房的目标,还确定下了毕业后1年买车的目标,有了这些目标之后,她就开始想办法向这些目标奋进。

"那时候手里还没有什么积蓄,是父母的钱再加上贷款买的房,然后就一直住到现在。"2010年,该演员打算同父母搬到北京北边的一套别墅。这套别墅是该演员在2007年付了首期买下的。"这两年北京的房价一直在攀升,是投资的好时机。这套别墅地理位置和价格都适中。"此前,该演员曾在上海买了一套房子,"当时正好赶上上海地价飞涨,房价跟着涨了。"得益于此,该演员买下的房子不到1年就脱手净赚了30万元。因为有投资的决心和不怕失败的勇气,更因为有了明确的奋斗目标,所以,在毕业1年后,她就顺利地实现了她当初给自己定下的理财目标。

如果说该演员是名人,名人的收入相对偏高,她们理财时更容易树立较高目标的话,我们不妨来看一个收入水平与我们差不多的中年妈妈是怎么理

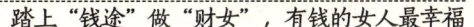

转换脑袋充实口袋：
踏上"钱途"做"财女"，有钱的女人最幸福

财的。

　　李昕在杭州一家国有企业的工会工作，这几年看到不少同事下海经商且事业有成，她也曾动过心。不过，这些年她依靠科学理财，同样使自己的家庭资产像滚雪球一样越滚越大。说起家庭理财，李昕从十几年前就开始了。那时她和老公勤俭持家，在婚后的前5年，她与老公将理财目标定在了稳定、存钱这个方案上，于是，5年后，他们有了婚后的第一笔积蓄。当时多数人都是"有钱存银行"，但是，了解到国债的收益情况之后，李昕知道，如果存上5年期的国债，那么她家里的经济状况就会发生一个根本性的变化。于是她想，这个5年期阶段的理财目标应该提高一点了，家里的经济状况已经不是5年前的窘迫样子，可以大胆地进行投资了，于是她便把积蓄买成了国债。结果5年下来，她的本息正好翻了一番，再一次实现了她的目标。

　　翻了一番的资产，让李某对自己家庭生活的经济状况更加放心，她拿出一部分钱放在银行，以保证家里万一出现意外时能够有防备的资金，并再次定下了第三阶段的理财目标，那就是再次提高风险的投资。于是，她又果断地把闲余的积蓄投入到了股市中。到2001年的时候，她的股票总市值已经达到40万元，而她这时的工资才800元。因为她始终抱着见好就收的投资心理，所以，为了稳定胜利果实，她便把股票及时卖掉，又买成了国债。40万元每年的利息收入就是11 560元，"钱"赚的钱，已经超过了她当时的工资。

　　2004年年初，理财市场上不断推出信托和开放式基金。这个时候，孩子慢慢大了，需要保证家庭的稳定，所以，她再次改变了理财的目标，她需要更加稳定的收益，还需要多样化的收益。于是她又将到期的国债本息一分为二，分别买了2年期信托和开放式基金，算下来，2年时间她共实现理财收益6.9万元，平均每年收益为3.45万元，又超过她的工资收入了。

　　就是这样一个收入水平的女人，最后因为理财目标的不断调整和努力

优雅女人的16堂投资理财课

实现,而使得她的资产比很多高收入人群的资产还要多得多。正所谓人不理财,财不理人。

当然了,理财与年龄无关,年轻的女人一样可以根据你个人的情况制定自己的理财目标。

小宁是软件工程师,工作3年有余,单身的她一直信奉"对自己好一点"的原则,工资大部分花在了美容健身上,或是下班之后的快乐时光,一到月底就捉襟见肘。眼见身边朋友一个一个买房购车,她形容自己的心情是"憋得慌"。一个偶然的机会,她听朋友谈到了理财收益,便决定改变自己以前的花销习惯,向理财道路进军,决定也要让自己这个单身贵族真的"贵起来",来实现买车的梦想。

于是,她开始缩减开支,积攒积蓄,并开始有意接触财经类的信息。原本只打算小试身手,结果一研究起来就大呼"过瘾",她每天一回家就锁定央视财经节目,还买回《宏观经济学》《国际金融学》《巴菲特教你看财报》等参考资料,后期更是开始研究商业法律,为投资铺垫。后来,她拿着存下的几万元现金大胆入市,从未尝试过股票买卖的她笑称自己"很强很大胆"。

再之后,每月90%的收入她都拿出来买进A股、基金等,顺便还炒起了港股。结果,股市一直见涨,上涨指数水涨船高5成多,小宁的股票也跑赢了大盘,收益率达到了80%。另外,买入的4只基金的收益也有20%,买车的日子指日可待。

小宁给自己设定的理财目标是买车,在目标的指引下,小宁开始理财并取得了收益。

没有目标的理财是徒劳的,因为那样的理财到头来只是一堆空数据而已。收支表中的问题,因为没有目标的指引而无法被你发现,即使发现了,由于没有目标,你也懒得改变,那么,尽管你是勤勤恳恳地在理财,但是,财却依然懒得搭理你。所以,还是在理财之初,就给自己确定一个理财目标

吧！然后，向它进军！

总之，作为女人必须要有明确的目标，甚至是野心，找到了目标你就成功了一半。你要知道自己想要干什么，然后将这些目标付诸行动，这样你才能拥有你想要的财富。

女人一定要给人生的财富做策划

任何一个女人，对于任何一件事，没有目标就会没有方向，没有规划就没有步骤，追逐财富也要有具体的目标，但是追逐财富不是目标越高越好，它必须根据自己的实际而确立。确立了目标，就是选择了财富的方向，选择了方向，实际上就选择了致富的道路。

一般来说，确立财富目标时必须遵循以下几个原则：

首先是具体量度性原则。如果财富的目标是："我要做个很富有的人""我要发达""我要拥有全世界""我要做张茵"……那么可以肯定你很难富起来，因为你的目标是那么抽象、空泛，而这些是极容易移动的目标。最重要的是要具体可数，如你要从什么职业做起、要争取达到多少收益等。此外，这个目标是否有一半机会成功，如果没有一半机会成功的话，请暂时把目标降低，务求它有一半成功的机会，在日后当它成功后再来调高。

其次是具体时间性原则。要完成整个目标，你要定下期限，在何时把它完成。你要制定完成过程中的每一个步骤，而完成每一个步骤都要定下期限。

最后是具体方向性原则。也就是说，你要做什么事，必须十分明确执著，不可东一榔头西一棒槌，朝三暮四。如果你有一个只有一半机会完成的目标，等于有一半机会失败，当中必然会遇到无数的障碍、困难和痛苦，使

你远离或脱离目标路线,所以必须确实了解你的目标,必须预料你在达到目标过程中会遇到什么困难,然后逐一把它详尽记录下来,加以分析,评估风险,把它们依重要性排列出来,与有经验的人研究商讨,把它解决。

一般来说,一个完备的理财计划包括八个方面。

1. 职业计划

选择职业是人生中第一次较重大的抉择,特别是对那些刚毕业的大学生来说更是如此。

2. 消费和储蓄计划

首先你必须决定1年的收入里有多少用于当前消费,多少用于储蓄;然后编制相关的资产负债表、年度收支表和预算表。

3. 债务计划

很少有人在一生中能没有债务。债务能帮助我们在长长的一生中均衡消费,但我们对债务必须加以管理,使其控制在一个适当的水平上,并且债务成本要尽可能降低。

4. 保险计划

随着你事业的成功,你拥有越来越多的固定资产,如汽车、住房、家具、电器等,这时你需要更多的财产保险和个人信用保险。为使你的子女在你离开后仍能生活幸福,你需要人寿保险。更重要的是,为了应付疾病和其他意外伤害,你需要医疗保险。

5. 投资计划

当我们的储蓄一天天增加的时候,最迫切的就是寻找一种投资组合,能够把收益性、安全性和流动性三者兼得。

6. 退休计划

退休计划主要包括退休后的生活需求及如何在不工作的情况下满足这些需求。要想退休后生活得舒适、美满,必须在有工作能力时积累一笔退休金作为补充，因为社会养老保险只能满足人们的基本生活需要。

7. 遗产计划

遗产计划中主要处理人们在将财产留给继承人时缴税的问题。这个问题在国外比较突出。遗产计划的主要内容是一份适当的遗嘱和一整套税务措施。

8. 所得税计划

个人所得税是政府对个人成功的分享。在合法的基础上，你完全可以通过调整自己的行为达到合法避让的效果。

很多女人却没有意识到这一点，她们总是让自己的钱在不知不觉中花掉。

露露和莉莉是一对好朋友，有一次两人相约去逛街，刚好一知名品牌的服装正在打折。于是，露露东挑西选地拿了一大堆，但莉莉却只拿了一件经典款式的小衣服准备付账。

露露很惊讶："你就买了一件？"

"嗯，我想存点钱买套房，所以得省一点。"

"可是现在很便宜呢，买了很划算！"

莉莉还是摇了摇头。

多年后，莉莉用节省下来的钱从一间小套房开始投资，到现在已买卖过五套房子。由于这几年房价狂飙，才过30岁的她，已成为一位名副其实的富婆了。而露露，依然守着每月几千元的薪水捉襟见肘地过日子。

辛苦赚来的钱，当然要用它来为自己的幸福加分。美丽的女人懂得投资在外，聪明的女人懂得投资理财。要想做一个既聪明又漂亮的女人，就要学会利用好自己辛苦赚来的钱投资自己的生活，这才是聪明女人的聪明选择。

聪明女人的理财方略

月月领薪水的女人面对的消费陷阱很多,她们只有具备一定的理财意识,才能很好地规划自己的金钱。职场女士可以选择下面这几种理财方略。

1. 多种投资

女人对于需要冒险精神、判断力和财经知识的投资方案总是有点敬而远之——认为它太麻烦。但是当她们简单地将钱存入银行而不去考虑投资回报和通货膨胀的问题,或太过投机而使自己的财产处于极大的损失危险之中时,她们却忽略了这些将给她们带来更大的麻烦。

2. 培养商业新闻的熟悉度

每天固定花费5~10分钟翻阅商业新闻头条或收看财经节目等,一方面培养对财经新闻的熟悉度,另一方面亦可与你的投资行情保持亲近。

3. 每星期固定与朋友谈论有关投资理财事宜

每星期固定与比你更了解财经知识的朋友谈论有关投资理财的话题,目的是学习相关财经知识并减轻你对投资的恐惧感。女性经常羞于询问他人,因为她们害怕别人认为自己所问的问题太过简单或没意义,一定要消除这种想法。

4. 开拓财路

对于精力充沛又少有家事拖累的年轻人来说,利用业余时间做兼职不仅可以锻炼自己的能力,还可以增加收入,一举两得。此外,你还要培养和提高与工作相关的技能,增强谋生的能力。

5. 马上行动

不要等到五六十岁时,才开始计划为退休而储蓄。对投资而言,越早开始行动，对投资人越有利。

6. 专注工作，投资自我

虽然善于操盘投资理财，不失为女人致富的一种途径，但让你获得财富并获得成就感的还应该是你的工作。毕竟，通过努力工作获得丰厚的报酬和个人成长，是一条最踏实稳健的投资理财之路。

多存本金是为了今后幸福

有些女人在初步了解了理财知识以后，往往会热血沸腾，觉得自己找到了一条能够迅速让资产增值的捷径，其实不然，这还得分情况。如果你已经有了一定的积蓄，选对了理财工具，那么你的确可以让自己的资产增值；但是，如果你只是20几岁没有多少积蓄的单身贵族，而且工资收入也不多，那么，你只需要热衷于勤俭和存钱就行了，否则日后当赚钱的机会到来时，假如是因为没有多余的存款而不能进行投资的话，会多么郁闷啊！

你要知道，年轻时的你多存些本金，是为了今后的幸福生活，是为了今后有赚钱机会时能有投资的资本！所以，不要观望，如果你的工资不够多，也别抱怨，还是在了解了自己的情况以后，制订一个适合自己的存款计划，每个月都将一定数额的钱存到银行吧。这样，等到定期存款到期的时候，不但能收回本金，还可获得一定的利息。你不需要患得患失，觉得自己这段时间把钱存起来，会丧失很多投资赚钱的机会，其实，如果你在20多岁的时候好好地存钱，靠利息使你的存款翻倍是轻而易举的事，而且投资赚钱的机会是一定会降临在你身上的。30岁、40岁、50岁，未来还有近30年的漫漫长路在等待着你呢！所以这个叫"机会"的东西是一定会来的，关键是你是否有足够的存款抓住机会。

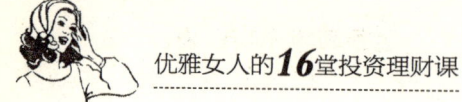

不要太急于求成,因为赚钱根本就没有必要急。如果你想要得到更多的年薪以及提高自己的水平,那就从现在开始提高自己的工作能力和理财能力吧!那样的话,等待着你的就是兴致勃勃去投资的30岁、富裕的40岁、高雅的50岁了。

而且,你也不要小瞧了每个月存钱的习惯,有些人就是靠这种方法积攒了人生的第一桶金。

藤田田是日本人,他依靠年轻时候每个月的定期存款,让自己在机遇到来时一举成功。他就是日本所有麦当劳快餐连锁店的主人,是日本麦当劳社的名誉社长。

很多年前,藤田田只是一个打工仔,只有5万美元,不过他却把眼光放在了美国的麦当劳快餐连锁店上。那时,麦当劳已经是全世界著名的连锁快餐店,如果想要拿到当地麦当劳快餐连锁店的经营权,需要有至少75万美元的启动资金。

75万美元,对于当时的打工仔藤田田来说,简直就是个天文数字,这似乎是个不可实现的梦想。如果是常人,估计早就放弃了,但是,藤田田没有放弃。怎么办?一个想法在他脑子里一闪而过,贷款!一天早上,他敲响了日本住友银行总裁办公室的门,然后诚恳地向银行总裁说明了来意。听完了他的讲述,银行总裁询问他现在手里的现金有多少。"我只有5万美元。"藤田田有点不好意思地说道,但是,他的目光坚定而有信心。

"那请问你是否有担保人呢?"总裁问。藤田田摇了摇头,说没有。

"那你请先回去吧,我们讨论一下你的请求,有消息之后再联系你。"总裁说。一般人听到这话,就知道对方是委婉地拒绝了自己的要求,但是,藤田田没有露出败者垂头丧气的样子,他抬起头,自信地问了总裁一句话:

"请问您能不能听听我最后一个请求?"

总裁惊诧地看着他,犹豫着点了点头。

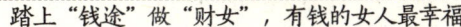

"您能不能听听我那5万美元的来历？"藤田田这样要求。

总裁觉得很奇怪，对藤田田钱的来历产生了兴趣，于是点了点头。藤田田开始讲述："您也许会奇怪，我这么年轻怎么会拥有这笔存款？其实这么多年来我一直保持着存款的习惯，无论什么情况发生，我每个月都把总收入的2/3存入银行。不论什么时候想要消费，我都会克制自己咬牙挺过来。因为我知道，这些钱一旦被花掉，那我以后干一番事业的梦想就难以达成。"

短短的几十秒钟，总裁就被藤田田给说服了："那你能不能告诉我你存款的银行地址？我尽快答复你。"得到地址之后，总裁马上就给对方银行打电话印证了藤田田的话。得到答复后，总裁立刻对藤田田说道："我十分敬佩你，现在我可以直接告诉你，我们住友银行将无条件贷款给你。"

得到答复的藤田田十分惊喜，虽然有些在意料之中，但他还是有些诧异，问总裁为什么。总裁说："能这样持之以恒存钱的人一定会有一番作为！年轻人，我是不会看错人的，加油吧！"于是，在银行的支持下，藤田田开始了他经营麦当劳连锁快餐店的历史，年轻的藤田田创造了一个商业奇迹。

这就是每个月定期存钱的奇迹。也许，你并没有什么雄心壮志，不想做一番事业，只是想好好地过平淡的日子。每个月存钱，不仅仅能让你为未来积攒起投资的资本；更可以磨炼你的心性，使你培养起坚韧的品质和永不言弃的精神；而且，每个月存钱，还能够为你的生活提供最基本的保障。一箭三雕的事情，谁不愿意做呢？每一雕都可以为你未来的生活提供幸福的源泉！

财务有计划，理财才科学

如果没有根据自己的财务状况制订适合自己的计划，那么，理财就只是"乱弹琴"。科学的计划，能够让你的理财名目更清晰、目标更明确。对于

女人来说,有计划的生活,比没有计划地混日子要好得多!因为女人年轻的日子不多,成熟的日子不少。每个女人都希望能够在如花般的年龄里活出自己的精彩,希望能够在自己的成熟期散发出迷人的韵味。而一个女人的理财态度,很大程度上决定了一个女人的生活状态。

所以,女人们要好好学学理财知识,做金钱的主人;要保持头脑清醒,在年轻的时候就制订出适合自己的理财计划,让自己尽早走上科学的理财道路。一般来说,踏入社会之后,女人需要根据自己的情况做好涉及金钱的方方面面的计划。这些计划主要包括以下几个方面。

1. 消费和储蓄计划

女人需要决定在全年的收入里拿出多少用于消费,多少用于储蓄。与此计划有关的任务是编制年度收支表和预算表。

2. 债务计划

在进行买房等投资项目时,借债是很正常的事情。借债能帮助女人解决资金短缺的难题,也能让女人避免错失投资良机。但是,女人需要对债务加以管理,将其控制在一定范围内,并且尽可能地降低债务成本。

3. 还债计划

借债不是坏事,但是有借不还,就会影响你日后的生活,因为你的人际和信用都会下降。所以,在借债之后,女人千万不能忘了做好还债计划。

4. 保险计划

随着收入越来越稳定,女人会拥有越来越多的固定资产,这时女人需要财产保险;为了家庭生活的幸福、生活质量的提高,女人需要人寿保险;更重要的是为了应对疾病和其他意外伤害,女人需要医疗保险。

5. 投资计划

当女人的财富一天天增加的时候,女人迫切需要寻找一种容收益性、安全性和流动性为一体的投资方式。投资有很多种方式,女人要根据自己的情况合理选择。

6. 晚年生活计划

为了保证自己的晚年生活无忧，女人除购买养老保险外，还应该留够晚年所需的生活费用。

不管你是未婚的妙龄少女，还是已婚的成熟美妇，或者是已有孩子的爱心妈妈，我们都希望美丽的你，能够做一个精明的女人。

为自己和自己家庭的经济状况把一把脉，弄清楚自己和家庭的经济现状中有哪些伤疤，有哪些需要好好重新计划的项目。要理清楚这些计划不是一件简单的事，你需要学习理财知识，对家庭的财务状况有个初步了解，然后再根据缺口作出相应的补救计划，也就是适合你自己家庭的科学的理财规划。可能说得有些空泛，我们不妨来借鉴一下张太太的做法。

张太太，38岁，是一个全职太太，她的丈夫40岁，正处于职业生涯的发展期。张太太家庭现阶段拥有60平方米的住房一套，家庭收入较为稳定，拥有15万元的存款以及3万元公积金而且房屋无贷款，每月家庭收入总计8 000元，支出为5 000元，孩子上六年级。

孩子慢慢长大，张太太感到了家庭支出的紧张，于是，她好好地审视了家庭的经济现状，立马发现家庭中的经济存在很多缺口，而这些缺口或远或近地将影响到她和家人的生活质量。

（1）养老金缺口。假定张太太的丈夫60岁退休，余寿25年，以张先生要求的退休后年现值4.8万元支出的生活水准计算，考虑到3%的通胀，那么张先生60岁退休当年终值为8.6693万元，按5%的投资报酬率，张先生在余寿25年内所需要的60岁时的养老金现值为173.7597万元。而从目前的数据来计算，张先生的养老金缺口还需130万元，那么，到时候，张太太与先生的晚年生活质量将得不到很好的保障。

（2）换房资金缺口。作为三口之家，张先生60平方米的小房确实需要进

行更换,假设张先生的目标房产总价为100万元,而目前房产估价为30万元,那么如果进行换房,张先生不仅要卖掉现有房产还将花掉所有的积蓄,并背上50万元的贷款。

(3)教育资金缺口。孩子正在上小学,但孩子的长期发展需要足够的教育金,张先生必须及早准备子女教育金。

(4)保险品种缺口。目前,张太太家没有任何商业保险,一旦有意外,将产生严重后果。防范风险的最佳办法就是购买足额的人寿保险。

所以,聪明的张太太在学习了理财知识后,认真地做了分析,将家庭目前的理财计划做了初步的规划。她按照短期、中期、长期的阶段性目标,分别作出了远近轻重的规划:短期要做保险规划;中期要做教育金和换房规划;长期需要做好养老计划。

在为自己家庭的经济状况把脉之后,张太太很快发现,原来觉得杂乱的家庭财务状况清晰了起来,接下来应该如何做,她心里已经很清楚。

首先,需要实现短期的理财计划,那就是购买保险。在收入有限的情况下,张太太想到了通过节流的方式来积攒出这部分规划所需要的资金。因为,张太太发现,目前生活支出占到总收入的62.5%。于是,张太太便减少了奢侈品的购买量,让丈夫上班的交通由打车转化为轨道交通……这样,预计月支出由5 000元降为4 000元,使总支出达到占总收入的50%的合理比例。通过一段时间的积累,短期理财计划的资金就慢慢省出来了。

其次,就是需要考虑中长期的规划了。为了不影响家庭的生活质量,家里目前的支出情况不能再降低,于是张太太又想到了开源。张太太今年38岁,学历较高,她预计自己的工作月收入能达到5 000元/月,同时改请月支出为800元的钟点工。这样,家庭的收入立马增加,在中长期的规划上,就更容易掌握主动权了。

我们相信,聪明的张太太在接下来的日子里,通过自己的努力和家人

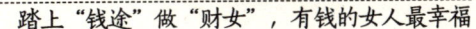

的合作，再配合其他理财工具，日子会越过越舒服。而我们呢？我们自己家里是否也存在这样或那样的财务缺口呢？如果不先了解清楚这些财务缺口，我们就无法根据这些缺口作出合适的理财规划，那我们的理财也就失去作用了。所以，亲爱的姐妹们，不妨现在就开始清点一下家里的财务缺口，作出科学的财务计划吧！

培养一个理性用钱的习惯

曾有知名哲人说过，一个人真正的敌人其实就是自己。事实的确如此，很多人都知道自己有许多不好的习惯，可是想要纠正却又是那么困难。俗话说：习惯成自然。当一个人的习惯经过多年的积累已经沉淀为自然的时候，即使有意识想改掉，也已经困难重重了。

大部分时候，人们可以发觉自己的缺点，并且下过决心要改过，可是具体改起来遇到的最大障碍就是难以与自己"多年的习惯"相抗衡。"不识庐山真面目，只缘身在此山中"，就是因为人们一直生活在自己的习惯中，因此很多人便不觉得自己习惯的好坏，更从来没有算计过哪些习惯能为自己的投资加分，又有哪些习惯使自己的投资不断地变为"坏账"。

问问你自己：如果现在有了一笔钱可以让自己一下子全部付清住房的贷款，你会怎样做？相信一定会有不少人选择提前还清贷款，然后悠然享受完全没有还款压力的轻松感觉。

其实这是一个对钱的态度问题，也是一个人对待投资的态度问题，而不是投资大师们所说的金融问题。

艾里在一家外商独资公司任部门主管，每月领着让人眼热的5位数，可是她的理财习惯却非常保守。她每个月除了留足基本的生活费用以外，其余的钱都被打入活期储蓄；每到年底，她总要认真地拿出每一张活期存折，然后一张一张地加起来，看看自己1年来的积累，真是满心欢喜。

艾里特别喜欢这种算加法的感觉，每一个数字都会让她倍感安全与满足。孩童时期，她就总会在年终时看到辛苦操劳1年的父母认真计算着工分，然后再从村会计那里去领钱。

2003年，看到房价不断上涨的艾里决定结束租房住的日子，准备在自己单位附近购买一套住房。房子的总价与她的积蓄还是有一段距离，于是艾里采纳了售楼小姐的建议，决定采用抵押贷款的方式购房。

至今，艾里还有10多万元的房子贷款没有还清，虽然她现在已经完全有能力提前还清这部分贷款，可是喜欢持有实实在在金钱的理财习惯让艾里作出了不提前还款的决定。

一些青年人可能会不以为然，接下来就仔细算算艾里的坏习惯带给她的损失吧。若按艾里贷款时的住房商业贷款利率计算，她的贷款年利率为5.04%，而她10多万元存款的1年期储蓄利率为税后1.584%，两者的利差为3.456%。

每个人都可以坐下来认真想象一下，艾里到银行窗口把自己的10万元钱存了进去，然后经过银行内部的几道流程运作后，在另外一个窗口又将这笔钱"借给"了艾里；这笔钱就像从艾里的左手倒到她的右手，但是艾里却被银行白白赚走了3.456%的利息。

这10万元的贷款，1年就会让艾里损失3 456元，在贷款利率不提高的情况下，10年就会是34 560元，这些钱里还没有包括存款利息！

转换脑袋充实口袋：
踏上"钱途"做"财女"，有钱的女人最幸福

提早做规划，别"等有了钱再说"

在我们身边，有许多人一辈子工作勤奋努力，辛辛苦苦地存钱，却又不知所为何来，既不知有效运用资金，亦不敢过于消费享受，或有些人图"以小搏大"，不看自己的能力，把理财目标定得很高，在金钱游戏中打滚，失利后不是颓然收手，放弃从头开始的信心，就是落得后半辈子悔恨抑郁再难振作。

要圆一个美满的人生梦，除了要有一个好的人生目标规划外，也要懂得如何应对各个人生不同阶段的生活所需，而将财务做适当计划及管理就更显其必要性。因此，既然理财是一辈子的事，何不及早认清人生各阶段的责任及需求，制定符合自己生涯的理财规划呢？

许多理财专家都认为，一生的理财规划应趁早进行，以免年轻时任由"钱财放水流"，蹉跎岁月之后老来嗟叹空悲切。

1. 求学成长期

这一时期以求学、完成学业为阶段目标，此时即应多充实有关投资理财方面的知识，若有零用钱的"收入"应妥为运用，此时也应逐渐建立起正确的消费观念，切勿"追赶时尚"，为虚荣物质所役。

2. 初入社会青年期

初入社会的第一份薪水是追求经济独立的基础，可开始实务理财操作，因此时年轻，较有事业冲劲，是储备资金的好时机。从开源节流、资金有效运用上双管齐下，切勿冒进急躁。

3. 成家立业期

结婚十年是人生当中的转型调适期，此时的理财目标因条件及需求不同而各异，若是双薪无小孩的"新婚族"，较有投资能力，可试着从事高获利

性及低风险的组合投资，或购房或买车，或自行创业争取贷款，而一般有小孩的家庭就得兼顾子女的养育支出，理财也宜采取稳健及寻求高获利性的投资策略。

4. 子女成长中年期

此阶段的理财重点在于子女的教育储备金，因家庭成员增加，生活开销亦渐增，若有扶养父母的责任，则医疗费、保险费的负担亦须衡量，此时因工作经验丰富，收入相对增加，理财投资宜采取组合方式，贷款亦可在还款方式上弹性调节运用。

5. 空巢中老年期

这个阶段因子女多半已各自离巢成家，教育费、生活费已然减少，此时的理财目标是包括医疗、保险项目的退休基金。因面临退休，资金亦已累积到一定数目，投资可朝安全性较高的保守路线逐渐靠拢，有固定收益的投资尚可考虑为退休后的第二事业做准备。

6. 退休老年期

此时应是财务最为宽裕的时期，但休闲、保健费的负担仍很大，享受退休生活的同时，若有"收入第二春"，则理财更应采取"守势"，以"保本"为目的，不从事高风险的投资，以免影响健康及生活。退休期有不可规避的"善后"特性，因此财产转移的计划应及早拟定，评估究竟采取赠与还是遗产继承的方式符合需要。

上述六个人生阶段的理财目标并非每个女人都可以实践的，但人生理财计划也决不能流于"纸上作业"，毕竟有目标才会有动力。若是毫无计划，只是凭一时的决定主宰理财生涯，则可能产生"大起大落"的极端结果。财富是靠"积少成多""钱滚钱"地逐渐累积，平稳妥当的生涯理财规划应及早拟定，才有助于逐步实现"聚财"的目标，为人生奠下安定、有保障、高品质的基础。

上班赚钱下班理财：

聪明赚钱，理性消费，精心打造财富人生

第4章
赚钱有术：会赚钱的女人最幸福

几种适合女人的兼职

哪些兼职是女人喜欢的呢？很多女人经常选择下面这些兼职。

1. 导游

经验丰富的导游将成为旅行社的"抢手货"，导游慢慢成为兼职"新贵"，但一定要考取导游证之后才可联系旅行社开始带团。

导游工作的时间弹性大，不与学习时间冲突，报酬较丰厚，而且可以在工作中广交朋友。

但是，导游工作的强度大，休息时间少，精力、体力的消耗很大，建议身体素质不好的女人最好不要尝试。

要提醒大家的是：做导游须先通过考试取得导游证，持证上岗。每年12月举行一次全国统一考试，考试分为笔试和面试两部分，笔试为两张卷子，中文导游的面试为普通话解说景点。

2. 家教

家教适合某一门或几门学科功底扎实、善于沟通、讲解能力较好的人。

家教的工作时间固定，工作环境相对安静轻松，收入不低，又能锻炼口头表达、思维和应变能力。

但家教只单纯重复以前的知识，对专业学习和动手能力的提高作用不大。

家教的工资薪额没有固定的标准，由于地区、科目不同，差异很大。如数学、英语等基础科目工资较低，而音乐、美术等则相对较高。

家教可以通过学校勤工俭学中心介绍，或到学校周边的家教中心寻找工作信息。要注意，到家教中心时，一定要注意其是否有管理部门颁发的营业执照和许可证，不可盲目相信一些小广告。

3. 礼仪人员

礼仪对形象气质要求较高，且要有充裕的时间，比较适合身高、容貌有优势的女人。

这些兼职一般薪酬较高、能接触高层社会，在一定程度上会激发人的上进心；工作前一般要接受严格的形体训练，对自身形象和气质的塑造大有益处。

但是，有些骗子公司很有可能以招聘礼仪者为幌子来进行违法活动，因此具有一定的风险，应慎重选择。

其工资薪额一般是6~50元／小时。

你可以到信誉良好、具有一定规模的兼职中心应聘。

4. 翻译

翻译适合语言类的专业人员，对外语水平要求高，口译者还要求外貌端庄大方。

做翻译可以锻炼自己的外语水平，在赚钱的同时也能学到不少东西，不必坐班，工作时间十分灵活。

但做翻译也有缺点。有的企业会因翻译的质量不过关为由拒付稿酬。而且对个人能力的要求较高，有时薪金与付出不成正比。

翻译的工资薪额是每千字几十元到上百元不等。

想应聘翻译的兼职，可以关注电视、报纸、杂志及专门的人才招聘网站上的招聘广告。兼职翻译要找具有一定规模、可信的翻译公司。每次翻译材料之前要签劳动合约，报酬最好分两次索取，译前拿一部分定金，交稿后再拿另外一部分稿酬。

悠闲有钱的薪水族在努力工作的同时，也可以找到自己感兴趣的行业去打拼一番。下面这些是最适合薪水族兼职创业的领域：

（1）网上店铺。这个新兴的行业彻底颠覆了前厂后店的传统商业模式，成本极其廉价，于"无中生有"中创造出超额的利润。

（2）加盟连锁。加盟一个知名度较高的品牌，既可以自己当老板，又避免了创业的诸多风险。对于想创业的白领来说，由于采用了加盟授权者良好的品牌形象和成功的经营经验，既可以降低经营风险和投资风险，也可以从授权者那里得到经营、管理、培训、财务、原料配给、广告宣传等多方面的支持，降低了创业风险和时间、资金等创业成本，因此投资的成功率相对而言比较高。

（3）网吧。网吧的初期投入比较大，一般一个拥有30台计算机的网吧就需要15万元以上的资金。不过，开张以后，只要购买一套很好的收费、管理软件，经营起来就非常轻松了。

女人一定要有一技之长

作为一个女人，亲爱的你想过吗，当你一无所有，又没有一技之长的时

优雅女人的16堂投资理财课

候，如何在这个世上生存？

有人说："女人要有一技之长，这样当男人不要你时，你还有所支撑。"也有人说，一个女人，你可以不漂亮，但是一定要心地善良；你可以没有太多的学问，但要知道孝顺老人，照顾孩子；你也可以没有太多工资，但是要知道理财。尽管成为一个完美的女人真的不是一件容易的事情，但如果你能够尽量让自己做得完美，那就是一种最完美的状态了。而努力学习，让自己拥有一技之长，哪怕这一技再小，也能够为你的生活起到帮助作用，万一哪天你的生活窘困了，这偶然间学得的一技之长也许就能够助你一臂之力。

有的女人，会织一手漂亮的毛衣；有的女人，会拍很多漂亮的照片；有的女人，会用细腻的笔触来记录自己的每一个成长过程；有的女人很会装扮、化妆不错；有的女人，懂得时尚，懂得潮流；有的女人，有一手很好的厨艺，做出的饭菜总是让人赞不绝口；有的女人，是电脑高手，会制作网页、会管理网站；还有的女人，懂得做生意，能够开网店，有滋有味地赚钱过日子……这些女人都是美丽的，至少她们都能够有一样让自己自豪的手艺，有一样可以点缀平淡日子的花朵。更重要的是，这些小小的手艺，可以让这些女人拥有自信，她们对待未来是坦然的，她们知道自己的未来不是梦。

可是，考虑一下我们自己，我们会什么呢？

"大学读的专业在社会上几乎没有对口的工作，本来是家里想托关系进一个单位的，后来黄了，没有进去。读书时也是浑浑噩噩地玩。现在年纪越来越大，真的好害怕将来被社会淘汰，我这几年也没有什么稳定的工作，都是做一些很没有技术含量的工作，如文员、销售之类的工作，吃青春饭而已。有和我情况一样的姐妹吗？或者请大家出出主意，我该学点什么技能好呢？实用的技能？"

上班赚钱下班理财：

聪明赚钱，理性消费，精心打造财富人生

"想想，快奔三了！过年回家看着父母发愁的脸，都不好意思再像以前那么轻松地说：还在找呢。如今年纪一大把，工作呢又是这样半死不活地吊着，没有一技之长足以养活自己，在公司里低眉顺目地干着打杂的活，看着公司出入的年轻美眉都汗颜。昨日又被老大无故训斥，真想很豪气地摔门走人，可想想这一日三餐，还是忍着眼泪，偷偷地在厕所里哭。唉，奔三的人了，竟然变成一种尴尬，从没想到过会如此窝囊地活着。跳槽没了底气。也许这世上最悲哀的也莫过于我们这些离家千里的单身女人，一朝没了工作，得为三餐、房租发愁啊！出路，出路在哪里呢？看着朋友意气风发地做生意，摸摸自己的榆木脑袋，根本没那天性。换工作吧，能好到哪去，同样是打杂，想学个一技之长生存吧，好像办公室做惯了，除了电脑不知道能干些什么，糊涂迷茫啊……"

看看这些发自女人内心的声音！除了震惊、同情，还有什么？还有引以为鉴！我们不应该做这样的女人，我们应该做至少有一技之长的女人——

在成都的西面有一所居室，设置典雅，每逢周三、周四、周六，会有四面八方的人汇集于此。吸引他们的，是博大精深的中华传统花艺，还有来自台湾的花艺教授、浣花草堂的创办者曹瑞芸。"一花一世界，一叶一乾坤"，如果没有亲眼见识曹瑞芸老师的花艺课程和作品，可能很难领略这句话里所体现的意境。通过她的一双巧手，花枝、树皮，甚至蔬菜，那些看似单薄、独立的植物经过神奇的组合，突然有了生命和意义。

本来，她到成都并不是专门为了花艺，而是为了当孩子的陪读。结果，孩子到学校上课后，平日无聊的她便学起了花艺，没想到她做出的花艺摆设在成都大受欢迎，很多女人都争相报名想要学习她的花艺。

慢慢地，学生的规模越来越大，客厅坐不下了。曹瑞芸索性在芳邻路买了栋房子，办起了专业的花艺培训班，即现在的浣花草堂。1 000多元的

优雅女人的 *16* 堂投资理财课

学费在成都还是很有市场,曹瑞芸的学生从企业老总、花店老板到普通白领、建筑师、职业妇女……授课的地点也从成都逐步扩展到北京、深圳、重庆等地,几年下来学生已近千人。她将自己的花艺技术变成了让自己致富的途径!

李敏敏,今年30岁,是一位外资公司的秘书。她平时的工作就是帮主管处理大小文件,但是下班后的她,过得很精彩。她原本因为兴趣而去研读意大利语,却因为越学越有兴趣,从听得懂意大利语到能看懂意大利电影,最后干脆到意大利旅行度假,与当地人对话。她后来经由意大利人推荐,协助品牌服饰在欧洲的采购工作,经常往返于意大利与亚洲各国,从第二专长中化兴趣为工作,她的人生可说是高潮迭起。找出自己的一技之长及培养第二专长,不但能够让自己的兴趣得到发挥,更可以增强自己的工作实力。

也许你目前还是在为自己的未来担忧,总是缺乏很强的安全感。这里给所有的女人提供一条最中肯的建议:不要指望别人给你安全感,你的安全感永远只能来自你自己。你必须要学会一技之长,有了一技之长,你就等于成竹在胸,不管世界如何变,聪明的你总会险处逢生。

年龄要增长,实力更要增长

王女士大学毕业后,就进入了一所高中教学。在这个岗位上,她一干就是二十几年,获得了很多的荣誉称号。可以说,作为一名教师所有的荣誉,她早已拥有了。

可是,年近50岁的她,最近又拜正在上大学的儿子为师,学起电脑来了。

王女士的老同事肖老师劝她："老王，都几十岁的人了，眼睛也不顶用了，手打字也不像年轻人那样灵活，干嘛还给自己找罪受去学电脑呢？"

王老师却反过来劝肖老师："老肖，你也应该学学，这东西很管用呢。前几天，我儿子教我做了一个flash课件，比起我们以前的板书方便多了。"

肖老师笑着说："得了，我才不想受这份罪呢。"

不久，学校响应信息化教学改革，举办了一场别开生面的"flash课件大比拼"，出乎所有老师的意外，夺得冠军的居然是年过半百的王老师。

在以后的日子里，许多在电子时代成长起来的年轻老师，遇到制作电子课件的问题，也要过来虚心地请教王老师。

王老师经常跟她那些老同事说："学电脑什么时候都不晚，即使不用它来做电子课件，也可以跟年轻人在网上聊聊天嘛！"很多学生都非常喜欢王老师。因为无论从思想到心态，还是外表打扮，王老师处处都洋溢着亮丽的色彩，大家都愿意跟她聊天。

很多女人在年幼的时候，人们就不停地告诉她们——"花无百日红"，女人的美是短暂的，所以一定要在最美的时刻找个好男人把自己嫁掉。其实她们不明白，女人，最重要的财富并非她的年龄，而是她的实力。只要她的实力随着她的年龄一同增长，她的魅力非但不会贬值，反而会不断增值。

一个女人要成为快乐的女人、幸福的女人，就必须懂得使自己成为一个可持续发展的女人，成为一个有实力的女人。女人因实力而美丽，因实力而快乐。女人可以活到很老，但依然很有魅力；女人可以接受皱纹，但必须每一根皱纹都与魅力有关。

女人可以通过以下途径增强自己的实力：

（1）多学习知识。时代的发展给女人以更多的机会，要抓住一切机会去学习，让自己变得充实，赢取属于自己的那份成功。

（2）找出自己的一技之长。女人在工作之余，可以找出自己的一技之长并培养第二专长。譬如有的女人喜欢芳疗，便可以进修一下这方面的课程，不仅可以为自己做芳疗按摩，甚至还可以做一位专业的芳疗讲师；还有的女人喜欢第二语言，如日语、意大利语等，做做这方面的翻译工作或需要用这些语言打交道的采购等工作。总之，找出自己的一技之长以及培养第二专长，不但能够让自己的兴趣得到发挥，更可以增强自己的工作实力。

书中自有黄金屋，无事翻翻经济书

女性朋友们，想靠投资赚钱吗？那就先学学最基本的经济学方面的知识吧。

假设你的积蓄有700万元，这时，你最想做什么呢？"有这些钱的话先去买一套房子，还有多余的钱就投资一点股票，好好孝敬一下父母，然后再把钱存到银行里。"估计像这样想的人有很多很多。

如果你也是这样想的，接下来要考虑的是，应该在哪里买房子？买多大面积的房子？买什么样的房子？万一买房子要贷款的话，银行利息是多少？制订什么样的还款计划？万一几年之间银行利息上涨的话，又该怎么解决？

当然了，天上没有掉馅饼的好事，就算是偶然遇到了，不知该怎么花的人也有很多。也许你会为了赚更多的钱，反而让手上的钱飞走了。事实上，大部分中了彩票的人在过了不久后，又重新回到穷光蛋的生活。

所以，不要抱怨你现在贫穷或不够有钱的状态，你目前的状态是有理由的，理由也许在别处，但更在你自己身上。闲下来没事做的时候，为什么要抱着电视看到眼睛发酸，都不肯拿起经济学的书品读一下？逛街逛到脚磨起泡的时候，为什么都不愿意看一看书里介绍的投资大师的技巧？看电视，消耗掉的是你有限的青春，而看书，却能够让你学到赚取财富的办法。

一位女性朋友曾经对理财和投资一窍不通，但是她有个很好的习惯，就是读书。她曾经把《富爸爸&穷爸爸》等投资理财的书看了很多遍，当她觉得自己明白了经济与投资的常识之后，就拿出自己的储蓄开始尝试按照书中的方式进行投资。结果她发现，自己通过之前的阅读对投资已经培养出了一定的敏感度，并且知道如何规避风险，几年下来，她的财产翻了一番。现在，她除了坚持投资以外，还在努力阅读更多好的财经读物，让自己不断提高。

相反，如果没有足够的经济学知识，没有很好的理财规划，即使你一时有钱了，过不了多久，还是会恢复原状。

有这样一则新闻：某年轻人中了500万元的彩票，他拿出100万元分给了自己的父母兄弟姐妹，拿400万自己做投资。但是他之前对理财根本一窍不通。结果，2年之后，400万元全部在他手中消失，还欠下了几万元的债，他身体也垮了，没钱回家，最终还是被亲戚接回家里。

你无需嘲笑这个人，其实，如果你也总是沉溺于虚假的肥皂剧的幻想中，不愿意看看经济学的书，不愿意学学理财的知识，那么即使你也有他的好运中到头彩，也同样会难以把握住突然到自己手中的钱。

所以，女人应该明白一个道理，改变命运的密码，其实就藏在书中。我们现在最缺的，就是从书中找寻这把钥匙的勇气和毅力。而敢于一头扎进书里认真学习经济学知识和理财知识的人，都会有所收获。

聪明的女人在遭受经济危机后，立马能够意识到自己潜在的危机，于是便开始补足自己的薄弱处，捡起了对自己来说生涩难懂的经济学图书。别的女人可能正在为暂时安逸的生活享受时，你却提前看到了自己未来的生存危机，将自己的经历挪到了充电的环节上。我们不想说"功夫不负有心人"这样的话，因为这种话每个人都明白它的意思，每个人也都听过无数遍，但是，很多女人听多了也就不当一回事了，根本不愿意克服自己的惰性来弥补

一下自己在经济、理财等方面的知识欠缺，因而总是日复一日地处于一个抱怨、哀求、穷苦的生活状态中。

要做个聪明的、独立的、坚持的、有主见的女人。在投资理财时，如果没有最基本的经济学方面的知识所铺垫，女人如何进行？恐怕就只能随大流了，可是你要知道，随大流永远赚不到大钱，但却很有可能赔大钱……有了基本理财知识的女人，可以按照自己的主见作出决定，即使亏了，也是一种经验的累积，而不是一种后悔。所以，当你还沉浸在韩剧、日剧中不能自拔时，当你在家里无聊得只想睡觉时，不妨在家里贴一张纸提醒一下自己，该看看经济学方面的书了，看书就是挣钱！何乐而不为？

收看电视网络里的投资信息

要进行正确合理的投资，女人必须先把经济运行的规律和现状弄清楚：最近金融市场上新出来的商品是什么？这些商品有什么特别的优势？什么样的公司运作情况较好，股票能上涨？什么样的企业正在兴起？

这些都要弄清楚，才能靠投资赚到钱。可是，怎样捕捉这些最新的信息呢？对，就是新闻。养成通过电视和网络等途径来了解最新的市场信息、投资信息的习惯。投资机遇往往是瞬间即逝的，如果你把时间花在了肥皂剧的无聊情节上，也就注定与赚钱无关了。

为了熟悉经济知识，最有效的方法就是每天看新闻。把看电视剧的时间节省下来看电视新闻和财经类节目，可能你会觉得这件事太简单了，但坚持起来却并不容易。

当然了，在这个网络时代，女人除了通过电视了解信息之外，上网时也别只顾着聊天或看娱乐八卦，可以看看网上的新闻和财经信息。这可比买

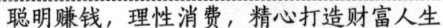

报纸划算多了。网上看新闻不用收费,而且还可以每时每刻都得到最新的情报,还能了解到别人是如何投资的,互相交流。你可不要小瞧了这每天一点时间的小功课,如果你有了足够的经济知识,有了足够敏感的财经神经,也许就是稍微不经意的一个小瞥,就让你发现了一个赚钱的大机会呢!

信息的价值到底有多大呢?我们来看个成功者的例子就会明白:

1875年初春的一个上午,亚默尔肉类加工公司的老板亚默尔仍然和平时一样细心地翻阅报纸,一条不显眼的不过百字的消息把他的眼睛牢牢地吸引住了:墨西哥疑有瘟疫。亚默尔顿时眼睛一亮:如果墨西哥发生了瘟疫,就会很快传到加州和德州,而加州和德州的畜牧业是北美肉类的主要供应基地,一旦这里发生瘟疫,全国的肉类供应就会立即紧张起来,肉价肯定也会飞涨。他立即派人到墨西哥去实地调查。几天后,调查人员回电报,证实了这一消息的准确性。亚默尔放下电报,立即开始集中大量资金收购加州和德州的肉牛和生猪,运到离加州和德州较远的东部饲养。两三个星期后,瘟疫就从墨西哥传染到联邦西部的几个州。联邦政府立即下令严禁从这几个州往外运食品,北美市场一下子肉类奇缺、价格暴涨。亚默尔便及时把囤积在东部的肉牛和生猪高价出售。短短的3个月时间,他净赚了900万美元(相当于今天1亿多美元)。

亚默尔善于运用信息,也切切实实地从信息中收获到了巨大的利润,所以,感受到信息重要性的亚默尔为了得到更多的信息,就投入了更大的资本。为了更有效地获取信息,也为了避免他个人的力量无法兼顾到所有的信息,他还成立了一个小组,专门负责收集相关的信息。

这些信息收集人员的文化水平都很高,长期经营公司的相关行业,富有管理经验,懂得信息中哪些是有用的,哪些是无用的。他们每天都收集世界上的几十份主要报纸,并对其中重要的相关信息进行分类,再对这些信息作出相应的评价,而这些已经集聚了全世界信息精华的信息,最后,会被送

到亚默尔手中，再由他去选择出可以为公司带来财富的信息并加以利用。这样，亚默尔在生意经营中由于信息准确而屡屡成功。

从亚默尔的例子中，可以知道，对于善用信息的人来说，信息真的是无价之宝。如果我们能够抓住对我们有用的信息，并加以利用就可以为我们创造无尽的财富。

不过，亚默尔的年代，电视才刚刚诞生，网络还未出世，所以他只能通过报纸来搜集他的投资信息。而如今的我们，掌握着电视、报纸、广播、杂志、网络等多元化的信息途径，却把时间浪费在看无聊的肥皂剧上。如果你想通过信息赚钱却又不知道珍惜信息、搜索信息、发现机会，那你实在是浪费了21世纪的优越条件了。

也许有人说，女人天生对经济、数字不感兴趣，看那些无聊的信息没什么意思，枯燥透顶。那是因为你没有尝到甜头！为何不给出半年或1年的时间让自己试试呢？尝试着多看电视新闻、多浏览网络新闻，尤其是财经信息，并补充一下经济学方面的知识空缺，你一定会有所收获的。

职场女性取得高薪的方法

女人也要养家，幸福的女人不会是对薪金整日愁眉苦脸的人。许多女人一提到薪水问题就不好意思开口，这是一种非常错误的做法，自己的合理要求要勇敢地提出来。在薪水谈判时，职场女性该怎样提出薪水的要求呢？

1. 问清税前税后

劳资双方在商谈薪酬待遇时，求职者往往忽略税收问题。你的薪水越高，所要承担的税金也就越高。因此，最好事先问清楚，约定的薪酬数额是税前款还是税后款，并在劳动合同中加以注明，以免误了你的"收成"。

2. 分清基本工资与奖金

通常，公司会把你的工资总额分成几块：基本工资、效益工资、奖金、津贴、补贴等。在保证工资总额不变的前提下，你要力争基本工资。因为，在一般情况下，公司会把你的基本工资定得很低，这样你的各类保险费用也会相应地降低，而如果当你进入"孕产期"、准备生宝宝时，公司就有理由只发给你基本工资，那样，收入就会大大减少了。

3. 高薪不能代替保险

如果公司给你高薪，却不给任何保险，那你可别忘了给自己买一份商业保险。但你要知道，我国《劳动法》第七十二条中规定：用人单位和劳动者必须依法参加社会保险，缴纳社会保险费。即使你和公司有了协定，公司也不能免除此种责任。如果公司想要炒掉你，一定要让公司为你缴齐这段时间的社会保险费。如果公司不交，那就拿起法律武器保护自己的权益。

在今天这个职场竞争异常激烈的社会，很多女人感叹工作难找，取得高薪就更难了。其实只要你掌握了职场赢得高薪的技巧，取得高薪也不难。

1. 选择业绩佳、前景好的公司

高薪来自公司的高绩效，所以你要先留意公司的体制，如组织决策流程、员工素质、核心技术等。但是，也不应只关心公司现在的业绩，更应关心影响整个公司乃至整个行业发展的因素。

2. 观察公司的领导人是否具备前瞻性眼光

好的领导就像动力十足的引擎，为公司输入新的想法，创造和谐的工作环境。如果公司领导具有开拓进取精神，必定能为员工提供一个广阔的发展空间，薪金增长也自然水到渠成。

3. 让自己成为难以替代的人

物以稀为贵，职业也是一样。如果你做的工作人人都能做，你受重视的程度和薪金自然高不到哪儿去；如果你做的工作别人不能做或能做的人很

少，拿高薪是顺理成章的。所以，职场女性应该时时注意公司的整体环境正在发生哪些转变，并且思考在这样的转变中，公司急需具备什么技术或才能的员工，以便及早准备，提升自我价值。

4. 丰富自己的阅历

阅历丰富的通才，可以有效地整合企业内高度分工的各项资源，形成综合效应。因此，职场女性要把握住各种机会丰富自己的阅历，如参加项目规划、参加在职培训等，在学习的过程中尽心尽力，在潜移默化中提升自己的价值。

5. 具备团队协作精神

这几乎成为招聘方对求职者共同的、最基本的要求。可见合作协调在一个组织中的重要性，一个有序的组织应该强调专业分工，但绝不能各自为阵。在这种环境下，能够组合、协调本部门或部门之间的工作，发挥团队力量的佼佼者，高薪自然不在话下。

6. 目光长远

这一招不是什么实际的办法，而是提醒你追求高薪是你的目标，但目光远大的人不能将视线只停留在追逐高薪上。因为只有不断增加你的个人价值，才是你取得高薪的源源不断的动力。如果一味追求高薪，而忽略了薪金仅是个人价值的反映，难免会舍本逐末。

入职以后，如果不小心遇到"抠门"的老板，无视自己的劳动付出，总是对薪金视而不见，这时候，就需要你使用一些方法让其为自己"乖乖"加薪。

1. 循循善诱

说服老板给你加薪是一件非常困难的事，因此，你必须有充足的理由才能开口。而且要让老板认为给你加薪是一件很合算的事，在谈话时，要"诱"而不能"逼"。

2. 期望切实

一个人的期望值与他们所得到的结果有着非常密切的关系。所以，向老板开口时，你的期望值应该是符合实际的。因此，应该注意多关注一些同行的薪酬情况，同时，还应当注意用一种婉转的方式表达自己的意愿而不能过于生硬。

3. 明确自己的利益

加薪也包括你在各方面的福利和待遇的提高。除了最基本的薪水之外，如利润提成、股票期权、晋升机会、年假等都可以向老板提出。许多人觉得这种事情很难开口，其实这是一种误区，开诚布公反而更能够促进双方的理解与沟通。

4. 估算老板的利益

和你一样，老板也关心自己的利益。在你说服他为你加薪时，要注意，你的利益增长和他的利益增长应该是相一致的。

5. 备选方案

万一无法说服老板为你加薪，你需要准备一个"B计划"来达到你的目的。你可以准备一个详细的行动方案以备不时之需。

开间特色小店挣大钱

如果你留意就会发现，很多特色小店现在都开得很火，很赚钱。现在，人们都很注意饮食，已经不满足于在家里做着吃了，那么你是否想到要自己开间小店呢？

开间特色小店是很多女人的梦想，但是怎样才能让自己的小店更有特色并能赚更多的钱，却不是每个女人都知道的。

优雅女人的 16 堂投资理财课

1. 独特的个性

无论经营哪种商品，都要强调它在同类产品中独特的个性，不能大众化。所谓个性化，指的是你经营的商品具有时尚前卫、价位低廉、商品稀奇、"人无我有"、销售新奇等个性。只有这样，你的特色店才能日益彰显出自己的个性，在茫茫的"店"海中取胜。

2. 领潮时尚

领潮时尚几乎成了许多特色店的代名词。毫无疑问，特色小店的潮流嗅觉总是要比大商场快一些。像近年来大卖的茶花花饰、伞裙、宽腰带等，都是从小店开始流行的。因此，在进货上要突出"八字方针"——超前、新颖、品位、独特，同时这也是小店制胜的法宝。

3. 最棒的设计

只要你的店拥有最棒的设计，就一定能吸引众多的顾客前往。

王芳在吉林开了一家服饰店，虽然她显得有几分腼腆和内向，可走进她的服饰小店，绝对会让你大吃一惊。店堂里，一边是仿明清风格的老式烟榻和床，繁复而又持重；另一边却是简单到只剩一幅布帘和一张矮条椅组合的更衣室。新和旧、传统与现代、繁复与简约，在这样的空间里冷静地对视，淋漓尽致地彰显出设计者的性格。王芳的小店凝聚了她所有的梦想和希望。她始终相信，做设计未必要专业出身，只要有自己的想法，随性地把美组合在一起，就是最棒的设计。

4. 悬念性的刺激

特色店还有一个吸引人的地方，就是在价格上制造悬念性的刺激。特色店的价格不像商场和专卖店一样明码标价，而是给顾客留下了讨价还价的余地。不确定的价格当然会带来心理的变化，砍价的过程虽然也会让人心疼，但其中的微妙感受也是刺激无比。

5. 实惠的价位

之所以称"实惠"而不是"便宜",是因为现在特色小店的价格已不再是便宜的代名词。比如,那些经营服饰的店的商品平均价格都在七八百元,有些货品甚至以千元计。但和商场、专卖店相比,同样价位的服饰"含金量"却往往省略了这些,也就为消费者省下了不少钱。所以,权衡其中的个性、品位、独特性,其"性价比"往往比大商场中的很多同类品牌都优越得多。

做到以上这几点,你的小店一定会脱颖而出,到那时,必定财源滚滚。

但是,女人在创业时还要注意以下几点问题:

(1)创业一定要衡量自身的经济实力。如果不是有足够庞大的资金,劝你还是不要考虑。

(2)自己当老板和给别人打工不同,这种投资是几年乃至几十年的事。

(3)一定要进入自己懂的行业,决定创业前一定要慎重。

(4)创业要把握时机,有好的时机不可错过,没有好时机也不必强求。

宠物经济时代的赚钱机会

现代很多人都喜欢养宠物,你几乎可以在每个小区都见到小宠物,但是你有没有想过可以从宠物身上找到商机呢?

据有关资料显示,目前中国宠物及其相关用品1年的交易额已超过了100亿元,宠物各方面的需求量以每年15%的速度在增长。专家预测,中国宠物市场的潜力在150亿元以上。不可否认,宠物行业这一全新的朝阳行业正以迅猛之势在中国的经济中显示出越来越强大的生命力,并以巨大的发展潜力吸引着众多的投资者进入这一行业。想赚钱的女人怎么能错过这一大好的时机呢?

优雅女人的16堂投资理财课

传媒人士王小姐就是以养犬发家的,她从1991年开始投资养犬。

王小姐进入这个行业是一次偶然。当时一位邻居告诉她,一边玩狗,一边可以赚钱。于是,她就花了5 000元买了一条拉萨狮子狗。这种狗1年生两窝,一窝一般4只左右。那时,一只小狗可以卖1 000~5 000元,这样1年下来,她就赚了3万元。第一次投资就有了收益,让她信心大增,因此她又追加了投资。1991年,她花了3万元买了三只名狗,3个月后,又以每只5万元卖出,这样不仅收回了成本,还净赚了12万元。

1991~1993年,她以3万元作投资,赚了上百万元。

现在,王小姐不仅拥有了自己的大型犬会,还建立了特色犬专业网站,通过养狗成了千万富翁。

现如今,家有宠物已成为了一种时尚。据有关部门预测,未来10年,我国"哈宠族"的人数将呈几何级数增长。聪明的女人如果能抓住这一机遇,下一个百万、千万富翁可能就是你!

下面列出了一些通过宠物赚钱的途径:

途径一:开间宠物写真馆

宠物在某种程度上已成为了家庭成员,针对小猫小狗的服务也越来越细。给宠物拍写真就是一例,而宠物写真馆的商机也应运而生。

投资条件:20平方米左右的铺面,有简单的摄影棚和摄影装备即可。店铺位置可选择公园、市民广场和宠物医院附近,以利"借光"。

个人条件:好的宠物摄影师,除了过硬的技术,还必须了解与宠物相关的知识,熟识每一个种类,知道它们身体上每个最有价值的部位,甚至要知晓大多数宠物的骨骼图。国外的宠物摄影从20世纪60年代就开始起步,通过几十年的积累,现在已经形成了一个成熟的市场,有一批大师级的职业宠物摄影师。但宠物摄影目前在国内还没有形成行业氛围。

定价参考:单张照片的价位可在30~60元之间,一本相册可定200~1 000

元。同时可考虑将照片印在杯子上或放进钥匙扣里，一方面可以完善产品种类，另一方面也能增加盈利点。

促销方式：开始可以给意向客户免费送数张照片，如果他们想大量拍摄或制作相册，再另外收费；也可以通过宠物网站和客户口碑增加订单，有些网站有"宠物选美"活动，可以通过免费为宠物拍照打开名气。

途径二：开个宠物饰品店

开个宠物饰品店，首先，要有本钱，如果没有，那么就得去张罗。其次，要有宠物的专业知识，起码你的专业和这个要有些关系。如果没有，你就要学习，而这种学习你最好不要去这类的专业学校，因为消费太贵，而且学得的东西一开始开宠物饰品店还不一定能用得上。开宠物饰品店最重要的是怎么去管理和经营宠物饰品店，所以最好找个宠物美容店或者是宠物保健店去实习，其实就是为积累日后开宠物饰品店的经验，偷学艺去了，最后，最好能联系到生产或者销售宠物用品的单位或是开宠物饰品店的个人。如果这三点你都满足了，又有工作热情，不怕苦难，现在就开个宠物饰品店，别怕！如果上述你有很大的困难，不如现在就一样一样地实现吧。

如果你觉得自己做不到，那还是先到社会上锻炼锻炼经验再说吧，但是你要记住，给别人打工，尤其你要是女人，发财的可能性很小，所以要好好谋划谋划自己的事业和自己的人生！

网上开店，当今时尚挣钱法

现在大学生就业的形势越来越严峻，找工作成了当今的一大热门话题，基本上80%的人都在各个公司求职，很少有人会动脑想办法，自己创业开个小店。

当别人还在到处投简历的时候，陈妙已经开始了自己的小买卖，在网上开店。

早在读大学时，陈妙就敏锐地察觉到，许多日韩化妆品在欧美市场的销量很大，而且价格比欧美本土其他品牌要高很多。后来，她发现许多化妆品在原产地的价格很低，便有了尝试网上贸易的想法。最初，她在国内进货卖给国内用户。接着，她开始利用淘宝的全球平台打开国外的进货渠道和销路。几乎每天半夜，她都会在淘宝网站上"蹲点"，等待第一时间拍下的目标货品，再放到自己的小店中，向全世界的用户售卖。她拍下的大多为日韩品牌的化妆品，还有法国、美国的稀有品牌，但价格比市场价要低很多，因此受到用户的广泛欢迎。现在的陈妙选择了将网上开店作为自己的专职行业。她说："在网上开店，让我感觉更自由，而且收入也不错。"

"点击鼠标就可以做生意赚钱"，网上开店这一新经济形式逐渐为中国网民所接受，吸引着越来越多的消费者在网上就业，而其中的佼佼者多为女人。

网上开店之所以能吸引广大女性卖家是因为它易上手、易操作、低风险。网店不受传统的营业时间、营业地点的限制。经营者可以全职也可以兼职经营，不需要投入大量的时间去看店。与传统的店铺相比，网上开店不用租赁门面，不用交纳税金、水电费，而且按需进货，不用担心货物积压。任何一个有兴趣从事网上交易的女性卖家只要注册用户名并通过系统的认证，就可以实现网上开店的梦想。通过详细清楚的一步步在线指引，即使对操作电脑不是很熟练的女人也可以在网上卖东西。

因为网店是开在互联网上的，面向的是所有可能看到商品的网民或消费者，这个群体可以是全国的网民，乃至全球的网民。低成本、低门槛，是网上开店的另一大优势，也是吸引女性卖家的另一重要因素。无店铺的经营模式不需要较多的资金投入，少量的商品登陆费用与线下房租、水电等杂费相比几乎可以忽略不计。

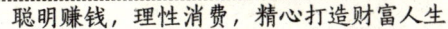

网上店铺真是琳琅满目、化妆品、服装、数码产品……每一个项目都有很大的发展空间，都有前途。关键是怎么去做，做什么适合自己，这才是最重要的。在当今的时代背景下，网上开店为女人提供了更为广阔的致富空间。所以，女人要把握住这一良机，争取多为自己赚钱。

下面介绍一些网上开店技巧。

1. 在网上卖什么

和传统店铺一样，在网上开店的第一步就是要考虑卖什么，选择的商品要根据自己的兴趣、能力和条件，以及商品属性、消费者的需求等来定。

2. 开店前的准备工作

选择好要卖的商品后，在网上开店之前，你需要选择一个提供个人店铺平台的网站，并注册为用户。为了保证交易的安全性，还需要进行相应的身份和支付方式的认证。

（1）进货、拍图。网上开店成功的一个关键因素在于进货渠道，同样一件商品，从不同的渠道进货，价格是不同的。通过身份验证后，你就要忙着整理自己已经有的宝贝，为了将销售的宝贝更直观地展示在消费者面前，图片的拍摄至关重要，而且最好使用相应的图形图像处理工具进行图片格式、大小的转换，如Photoshop、ACDSee、美图等。

（2）发布宝贝。要在淘宝网上开店铺，除了要符合认证的会员条件之外，还需要发布10件以上宝贝。于是，在整理好商品的资料、图片后，你要开始发布第一个宝贝。友情提示：如果没有通过个人实名认证和支付宝的认证，可以发布宝贝，但是宝贝只能发布到"仓库里的宝贝"中，买家是看不到的。只有通过认证，才可以上架销售。

3. 获取免费店铺

淘宝网为通过认证的会员提供了免费开店的机会，只要你发布10个以上的宝贝，就可以拥有一间属于自己的店铺和独立网址。在这个网页上你可以

放上所有的宝贝，并且根据自己的风格来进行布置。

4.店铺装修很重要

在免费开店之后，买家可以获得一个属于自己的空间。和传统店铺一样，为了能正常营业、吸引顾客，需要对店铺进行相应的"装修"，主要包括店标设计、宝贝分类、推荐宝贝、店铺风格等。

（1）基本设置。登录淘宝网，打开"我的淘宝—我是卖家—管理我的店铺"。在左侧"店铺管理"中点击"基本设置"，在打开的页面中可以修改店铺名、店铺类目、店铺介绍；主营项目要手动输入；在"店标"区域单击"浏览"按钮选择已经设计好的店标图片；在"公告"区域中输入店铺公告的内容，如"欢迎光临本店！"，单击"预览"按钮可以查看到效果。

（2）宝贝分类。给宝贝进行分类，是为了方便买家查找。在打开的"管理我的店铺"页面中，可以在左侧点击"宝贝分类"；输入新分类的名称，如"文房四宝"，并输入排序号（表示排列位置），单击"确定"按钮即可添加；单击对应分类后面的"宝贝列表"按钮，可以通过搜索关键字，来添加发布的宝贝，进行分类管理。

（3）推荐宝贝。淘宝网提供的"推荐宝贝"功能可以将你最好的16件宝贝拿出来推荐，在店铺的明显位置进行展示。只要打开"管理我的店铺"页面，在左侧点击"推荐宝贝"，然后，就可以在打开的页面中选择推荐的宝贝，单击"推荐"按钮即可。

（4）店铺风格。不同的店铺风格适合不同的宝贝，给买家的感觉也不一样，一般选择色彩淡雅、看起来舒适的风格即可。选择一种风格模板，右侧会显示预览画面，单击"确定"按钮就可以应用这个风格。在店铺装修之后，一个焕然一新的页面就出现在了面前。

5.推广是成功的关键

网上小店开了，宝贝也上架了，特色也有了，可是几周时间过去了还是没有成交，连买家的留言都没有，这是很多新手卖家经常遇到的问题。这个时候，你就要主动出击了。大多数新手都曾遇到这样的苦恼，于是就需要你通过论坛宣传、交换链接、橱窗推荐和好友宣传四种方式给小店打广告。

6. 宝贝出售后

在宝贝售出之后，除了会收到相应的售出提醒信息，还需要主动联系买家，要求买家支付货款，进行发货以及交易完成后的评价或投诉等。

小本创业投资指南

创业大多从小本开始，小本创业也要讲究一定的方法。在选择投资领域时，女人要注意下列这些方面。

1. 大人不如小孩

儿童是中国消费市场中很重要的一个群体，儿童产品的市场大，随机购买性强，容易受广告、情绪、环境的影响，是一个很有朝气的市场。在中国，满足了孩子的需求，在很大程度上就是满足了父母的需求。

某海洋馆顾客稀少、生意冷淡，于是其决策者作出如下决策：为答谢游客对海洋馆的支持，儿童一律免票。果然，海洋馆立刻游人如织，门票销售大增。究其原因，由于海洋馆针对儿童免费，很多父母便携带孩子前来游玩，门票销售自然陡增。

2. 男人不如女人

无论是在服装市场还是在食品市场，女人往往都是顾客的主体。即使有男人，也往往是女人的跟班，不过是拎拎东西罢了，而挑选东西往往是女人的专利。女人掌管家庭财务，不仅会直接消费，还负责整个家庭的消费采购，是最大的购买群体。有市场调查表明，社会购买力70%以上是掌握在女

人的手里。把市场目标对象锁定为女人,生产适合女人眼光的产品,你会发现有更多的赚钱机会。

3. 用品不如食品

"民以食为天",食品是人们日常生活的必需品,永远都不会失去消费者。食品市场非常大,需求比较稳定,而且政府除了技术监督、卫生管理外,对食品业的规模、品种、布局、结构等一般不予干涉。食品业投资规模变化范围可大可小,切入容易,选择余地较大。

4. 重工不如轻工

我们往往会有这样的经验,经营重工业的往往都是国有企业,而从事重工业的私人企业则很少。这是因为,重工业投资门槛高,技术要求高,见效慢。小本创业不适合投资重工业,若小本创业把大量的资金投资于重工业,非常容易出现资金短缺的困难,不利于企业的发展。

与重工业相比,轻工业无论是在生产加工还是流通贸易上都具有较大的灵活性,具有周期短、投资规模小、技术要求低、风险小以及可以在短期内见效等优点,比较适合小本创业。

5. 做生不如做熟

俗话说"隔行如隔山",投资自己一无所知的行业,需要特别慎重,要深入学习,以免付出昂贵的学费,如果选择自己熟悉的行业,就能拥有更多的信息,能对商品是否有市场、有前途、不同产品的优劣及消费者的要求、市场发展的方向等作出正确的判断与决策。

6. 多元不如专业

多元化有很多优点,如抗风险能力比较强、客户群体更广泛等。但多元化只适合规模较大的企业,因为大企业有足够的资源支撑多元化;而小企业的资源有限,多元化不仅不能降低风险,由于对其他行业不了解,反而加大了风险。专业化生产及流通容易形成技术优势和批量经营优势,能够充分体现自身的优势,所以,在企业规模不大时最好只专注于一个产品。专注于一个产品,打出品牌来,等到企业规模发展大了,再向多元化发展也不迟。

努力创造更多的收入空间

也有很多的职场女性是为"自己"而工作,她们请实习生到家里帮忙看孩子,1小时支付20元钱,1天5小时,1个月20天的费用是2 000元。但这5个小时之间,可以多写些稿子,开网络商店,做串珠手饰,卖手工饼干,或是接各种类型的案子,只要能多赚几千元钱,这中间的差价,就是补贴家庭最好的收入来源。

以较少的"小时"支出金额,来换取更大的"小时"收入金额,甚至可以产生"加乘"的效果。如果你日后培养一些固定的客户群出来,固定订单与接案,将会带来更大的收益。在美国,由于近年来的经济不景气,女性在就职发展上面临着诸多困难,有越来越多的职业女性在婚后变成了家庭主妇,但有些女人却因为自己的变通,在带孩子之余,仍然能够赚进源源不绝的财富。

王茜曾是美国一家大公司的公关顾问,她在女儿出生后辞职回家带小孩。她发现,女儿老是把厕所的卷筒卫生纸拆下来,然后撕得满地都是。她发现自己整天为了鸡毛蒜皮的小事忙得不亦乐乎,哪还有时间实现自己的梦想?于是,她发明了一种小机关,只要插在卷筒卫生纸上,女儿就无法把卫生纸拿下来。后来,这项发明以每个7美元的价格,在连锁超市和婴幼儿用品店出售,深受大家的喜爱。

谁说女人一定要因为家庭或孩子牺牲自己的梦想,甚至是理财的好机会?只要你保持"动动脑"的活力,相信你也能尽情享受身为女人的喜悦!

"全职妈妈"的生财之道

现在,生活压力越来越大,很多女人都想在家当全职妈妈,可以暂时远离工作。但做了全职妈妈就表示你没有了经济来源,需要靠老公养。作为现代新兴女性对此是无法忍受的,她们既要选择轻松的生活,又要拥有独立的经济能力,看看下面这几个全职妈妈是怎么做的吧!

佳佳,今年28岁,宝宝2岁,佳佳的收入来源主要是网上开店,加入了现代人流行的赚钱行列。月收入为3 000~5 000元。

怀孕后,佳佳辞掉了原来的工作,开始了全职妈妈的生涯。随着女儿一天天地长大,佳佳的经验也一天天丰富了起来。到宝宝1岁的时候,佳佳就能把家中的大小事宜料理得井井有条了。不久,闲暇的时间也多了起来。佳佳是个精力很充沛的人,为了体现自己的小小价值,佳佳决定自己在家做些小"买卖"。

因为平时她喜欢在网络商店里买衣服、玩具给女儿,渐渐地,她萌生了投资开一家网络店铺的想法。于是,她联络了几位有网络销售经验的朋友,向他们讨教。她发现,这是个投资小、风险低,又不用花很多精力的生财之道,在填写申请表、选择好店址后,就可以选择销售的物品了。由于刚做妈妈不久,所以对孩子的吃、穿、用都很关注,出售婴儿及儿童用品当然是首选。半个月后,当她在网上卖出自己的第一件商品时,那感觉简直兴奋极了,当天晚上便携夫带女,到外面庆祝了一番。

佳佳的店铺运营得不错,在1年多的时间里,已经在网上成功地进行了1 000多笔交易。

她感触最深的是,网络为每个全职妈妈都开辟了一个自由、广阔的空

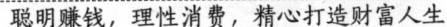

间，凭借网上日渐完善的系统，独自一人就可以完成网下店铺十几个人甚至几十人的工作。

女儿是她一手带大的，家里没有请保姆，上午陪女儿，下午女儿睡了，她就在家上网回留言、装包裹、叫快递来运送。这让佳佳感到很有成就感！

我们一起来看第二个例子：

倩倩今年27岁，宝宝2岁，当了妈妈后靠业余投资作为收入来源。几年前，倩倩决定做全职妈妈时，当年一起读MBA的同学惊呼她"浪费"了自己。从收入不错的证券公司辞职，连老公也觉得她太草率。可她早就打算实践一下自己从课堂上学来的知识。有多年的工作经验作后盾，她相信自己不会比工作时的收入差。

经过半年的"演练"，家人正式认可了她在金融投资方面的特长，他们认为她的确能够"稳操胜券"，老公也鼓励她"胆子可以再大一点"。

股票、基金、理财类型的保险，这些都是她的投资对象。这些投资中掺杂着风险，但正是这种风险和挑战练就了她敏锐的目光，激励她做生活中的强者，永远不会被社会淘汰。尽管在业余投资中，有赔有赚，但都不会对她的生活环境带来太大的影响，这就是全职投资与业余爱好的区别。除此之外，有了这个让她接触外界的平台，即使在家中，也能得到在职场中接受挑战的乐趣。现在倩倩的月收入在5 000~7 000元左右。

谁说只有职场女性才能获得收入，而今全职妈妈也可以做到，甚至做全职妈妈利用自身的时间优势还会有更多的收入。现在的世界，只有想不到，没有做不到。年轻的女人应该用自己的智慧和胆识去创造财富，让自己的钱包鼓起来，一方面可以为家庭减轻负担，另一方面也可以增强我们的自信心。

别让压力超过自己的承受底线

杨月从某名牌大学计算机系毕业后没多久,便找到了一份工作,在一家金融软件公司里做软件工程师助理(工程师位置空缺),主要从事软件的维护与开发。公司的试用期为3个月,试用期满后若是被留用,她还可以有机会转为正高级待遇。

参加工作没几天,杨月便接到了一个大任务:把公司一套核心的甲骨文数据库系统从8.0升级到9.0。在当时,甲骨文在市面上还属稀缺,把这样一个烫手山芋的"大案"交给新人,这不明摆着要试试她的能耐吗?

接还是不接?不接,就意味着自己承认没能耐;接了,这是给自己找麻烦!"麻烦就麻烦,拼了!"杨月想了想,最后还是接了。接下来的日子里,杨月没日没夜地查资料,读程序,周末加班加点,干得不亦乐乎!她的心里只有一个念头:既接之,则成之,否则……

经过2个星期的不懈努力,在修改了无数个程序后,升级工作接近尾声。杨月兴致勃勃地向主管报告了进度,主管只是轻轻地点了点头,说了声"OK"就完了。

但几天后,事情起了变化:原因是公司的质检部门全面测试升级版后,发现改动的程序里有几个小漏洞。杨月本以为这是小事一桩,却不曾想到因此给自己带来的杀伤力!

那天,主管黑着脸,劈头便质问杨月为什么程序里会有漏洞。杨月心想:"这下完了,白辛苦了还不算,转正的希望也没有了,真是倒霉!"

自信心一受到了打击,压力便转化成了懒散。在以后的日子里,杨月成天恍恍惚惚,做什么事都提不起精神来。用杨月自己的话说:"那段时间每天都过得胆战心惊。"最后,主管找她谈话,"转正"没问题,但目前转成正高级是没指望了。原因就是她心态太脆弱,爱给自己制造压力,又承受不了压力!

杨月因为承受不了压力而与更好的职务失之交臂,那处于日常生活中的我们呢?是否也有压力?是否也懂得化解压力?

作为女人,事业、家庭、小孩这每一项都可能让我们喘不过气来,但是我们不要忽略:我们承受压力的能力是有临界点的,一旦超过临界点,自己就很可能被压垮。

因此,当面对过多负荷不了的压力时,女人应该懂得分散转移,而不是一味地忍受。

1. 找个知心朋友

在这里所讲的知心朋友,是指那些能为你保守秘密的朋友。其实这点是非常重要的。专家说:"这样的知心朋友,不但可以帮助你守秘密,而且他们知道尊重你的隐私。"

2. 学会倾诉

如果你把你的压力和困扰告诉朋友,可以让你觉得舒服些的话,这未尝不是个好方法。把你的压力说出来,也许你会觉得舒服很多。那么你也可以找一些自己信任的朋友,一起出去喝喝咖啡,把你的困扰告诉他们。记住了,千万别过度强调你的压力,因为这样做,你和朋友都只会更加压抑。

3. 压力大时不要做太多工作

女人在压力大的时候,还是会装出女强人的架子,接很多的工作和任务,但是往往就是这个时候,你会忘了顾及自己。这些情况都是应该避免的。当你的压力很大时,一定要记得把自己放在第一位,先考虑自己的情况,再去想其他的东西。

4. 懂得给自己更好的待遇

这个时候，你应该要加倍呵护自己。压力大的时候，你可以泡个热水澡，去散散步，和朋友去逛街或者安静下来看些书。只要你喜欢，你可以做任何让自己开心的事情。

下面介绍一些适合女人的减压法。

1. 时尚"嚼吧"，减压"酷招"

近日，在一些顶级写字楼里，出现了一种时尚"嚼吧"，时尚人士尝试通过咀嚼口香糖舒缓紧张的情绪。脑电图技术表明，咀嚼口香糖可引起α脑波增强，会使情绪状态相对放松。在美国进行的一项调查中，56%的被调查者同意"咀嚼口香糖帮助我克服日常紧张情绪"的说法。"嚼吧"主张让都市繁忙人士通过"歇一歇，嚼一嚼"来寻求繁忙工作间隙的轻松一刻。身心疲累的人们可以在此"偷得浮生一刻闲"，接受专业人员的简单按摩从而放松紧张情绪；还有"打地鼠"、压力发泄机等小强度的游戏，也可让人宣泄一下压抑的心情；"嚼吧"还设置了"减压墙"，大家可以将烦恼写出来贴到墙上、"告诸天下"，从而帮助释放焦虑和紧张情绪。

"嚼吧"的设立，很快引起了很多人的关注，许多人在午休或其他工作间隙来"嚼吧"尝试"嚼掉压力"。这种减压方法简单、经济，可以随时随地帮助舒缓紧张情绪。

2. 美女崇尚"暴力健身"

美女＋时尚＋武打，这些通常只在《霹雳娇娃》等美女动作影片中才能出现的场面，如今已悄然在众多体艺馆、健身房中精彩"上演"——时尚女人的目的在于强身健体和磨砺意志，而她们习惯把这种过程叫做"暴力健身"。

在重庆的许多跆拳道馆里到处可见青春美女的身影。

"跆拳道会馆开办2年来，唱主角的竟然是一大群年龄在16~28岁的妙龄

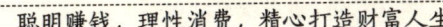

女,一度让我和男教练们始料未及。"一所跆拳道馆的负责人说,许多女孩子以此作为减肥健身的手段,同时把跆拳道看成是磨砺意志、振奋精神、宣泄压力的途径。

"跆拳道讲究礼义廉耻、忍耐克己和百折不屈,目的在于健体防身。"在平安保险公司干营销工作的跆拳道学员王小姐直言,职场压力大,没有坚强的意志和强健的身体,很难顶住各方面的压力。而练习跆拳道让她的意志和体质得到了增强。

对于女人而言,相对于一般的运动,"暴力健身"的减肥效果更明显,强劲有力的挥拳摆腿和呐喊,既能帮助健身者快速减掉全身腰、腹、大腿、手臂、肩背等各处多余的脂肪,又对促进心血管健康有所帮助,还可适当缓解和释放身心压力,比较适合现代人。

3. 异域SPA,风情减压

由于现在的工作节奏加快,很多人压力大,休息质量下降,身体乏力,此时,那些融入了古医学、古法养生学的SPA项目,如泰国古式草球SPA、印度阿育吠陀滴油SPA等,能够有效地解除你的压力困扰。

如果你最近工作压力大,易失眠,或者是睡眠质量差,白天感觉身体困乏无力,此时最好选择印度阿育吠陀滴油SPA,它是把印度古法养生学的理念应用于身体护理的一种自然疗法。所有的精油都是根据个人的身体状态现场配置的,再把调配好的精油放入特制的印度传统木质滴油器中,让温热的油忽慢忽快地滴在人的第六能量中心(即前额,印度人称为第三只眼)。据说,对第三只眼的触动,能够激发人的冥觉,引导人的身体彻底放松。特有的印度音乐空灵超脱,将人的思绪带入冥想状态。在做完这个SPA以后,你会感觉之后的许多天里睡眠特别沉实,白天的乏力感也不那么强烈了。

健康的财富效应

一个年轻人因为自己的贫穷悲伤不已。一位八旬的老翁对他说:"小伙子,不要悲伤,你至少有100万元,只是你自己不知道罢了。"小伙子很奇怪,问道:"我怎么会有100万呢?"老翁反问:"我剁掉你的一根手指,给你1 000元,你干不干?""不干!"小伙子毫不犹豫地说。"要是我砍断你一条腿,给你1万元,你干不干?"老翁又问。"不干!"小伙子照样斩钉截铁地说。"那要是让你立刻变成像我这么老,给你10万元,你干不干?"老翁再次问道。"还是不干!"小伙子回答。"要是给你100万元,你立刻就得死掉呢?"老翁最后问。"那怎么能行?"小伙子答道。"是啊,就算你有100万元,如果你没有健康、没有生命,钱对你来说又有什么意义呢?记住:如果你有100万元,那么你的健康就是前面的'1',没有它,后面再多的'0'也没有意义。"

是啊,如果健康已经没法用钱来买或没法用钱来维持,再多的钱又有什么意义呢?古今中外,大凡成功者对健康的重要性都体会颇深。

高尔基说过:"健康就是金子一样的东西。"保持健康,这是对自己的义务,也是对社会的义务。

人活在世上,有许多财富,健康应该是第一财富。因为失去了这种财富,其他所有的财富都没有依存的基础,很多人对这个问题看不透。现在,一些人为了赚钱而奔波,因为他们相信财富可以使人快乐;然而,拥有财富却不一定拥有健康,并不会真的幸福。少了健康,任何财富都一文不值;有了健康,我们就可以重新找回美貌、金钱、荣誉、诚信、机敏、才学。这时,健康便成了唯一的见证人。

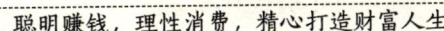

健康既是一种可计算的财富,又是一种不可计算的财富。健康的身体和心态可以为我们节省一大笔用于治疗的费用。保持健康,可以使我们远离疾病的困扰,不仅节省了医疗资源,还可以创造出更多的财富。世界首富微软公司的创始人比尔·盖茨就曾表示,就他本人而言,健康比财富更重要。他说:"虽然计算机技术是一个非常有吸引力的领域,该领域的发展十分重要,然而与健康相比,财富和高技术都只能名列其后。"

所谓健康,就是在心理、精神和身体上都达到完善状态。知识需要积累,财富需要积累,健康也需要积累。从某种意义上说,积累健康比积累财富、知识更为重要。世界卫生组织指出,一个人的健康长寿,60%取决于自己,另外40%才取决于遗传基因、医疗条件等。面对如此脆弱的生命,我们怎么可以不认真把握住属于自己的那60%的权力呢?

真正富有的人不是拥有钱财最多的人,而是拥有财富且身体健康的人。

发达国家和地区的豪富们不比阔气比健康,这令人深思。在美国,多数实业家认为,一个人无论有多高的权势、地位和名气,只有当他们保持普通人的心态、拥有正常人的健康时,才会有真正的快乐。一些企业老板最忌讳炫耀财产,而是注重养生保健。在日本,清心寡欲、俭朴自然之风正吹遍这个昔日以"工作狂"出名的岛国。在我国,20年前,大老板们聚在一起,不是比坐骑,就是比手上的宝石、身上的衣服;如今,他们比的是谁的血脂、血压、血糖、胆固醇低,谁的腰围没超标。由此可见,拥有健康的人生已成为现代人最大的需求。

有健康即有希望,有希望即有一切。拥有健康,就是拥有世间最宝贵的财富,取之不尽,用之不竭,快乐也因此而生。

聪明的女人,会挣钱,爱工作,更要会休息。人如果像机器一样,无休止地运行只会死机。

认识到健康的重要性,职场女性还要了解下面这些影响健康的因素,尽量选择健康的生活方式：

（1）工作紧张、知识更新、信息过量引起精神焦虑。

（2）环境污染影响着代谢平衡。

（3）药物滥用、各种食品添加剂、农药残留物等直接摄入人体消化系统，严重威胁身体健康。

（4）在市场经济条件下，竞争加剧，导致相当一部分人心态浮躁、心理扭曲，另一部分人呈弱者心态、阿Q精神，致使人们精神心理失衡。

（5）过度疲劳，过分透支体力，免疫力下降，亚健康状态人群明显增多，甚至占职业人群的60%~70%。久而久之，疾病也就从量变转变为质变，甚至酝酿成重症、绝症。

（6）不良生活方式。社会上一部分人"五毒"俱全。吃：吃出的问题很多，营养不均衡，暴饮暴食或无节制减肥；喝：酒精过量，养成依赖性，甚至酗酒；嫖赌：性生活杂乱，玩乐过度，导致某些疾病传播；抽：大焦油量香烟泛滥，几乎与毒品等同。

（7）身体素质，包括遗传因素。现代医学发现有7 000多种遗传性疾病，另外，人的性格、体形、生活习惯等致病因素也都有遗传倾向。

（8）感染性疾病、交通事故、意外伤害等因素。

第5章
省钱有道：用低成本打造奢华的生活

"月光族"的理财计划

如今，"月光族"成为了许多年轻人的代名词，如果不能很好地规划财务，薪水族很容易成为"月光族"。为了让生活有一定的保障，"月光族"必须摆脱月光。"月光族"薪水节流有以下8大妙招。

1. 计划经济

对每月的薪水应该好好计划，哪些地方需要支出，哪些地方需要节省，每月做到把工资的1/3或1/4固定纳入个人的储蓄计划，最好办理零存整取。储额虽占工资的小部分，但从长远来看，1年下来就有不小的一笔资金。储金不但可以用来添置一些大件物品如电脑等，也可作为个人"充电"学习及旅游等支出。另外，每月可给自己做一份"个人财务明细表"，对于大额支出，看看超支的部分是否合理；如不合理，在下月的支出中可作调整。

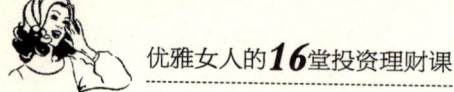

2. 尝试投资

在消费的同时,也要形成良好的投资意识,因为投资才是增值的最佳途径。不妨根据个人的特点和具体情况作出相应的投资计划,如股票、基金、收藏等。这样的资金"分流"可以帮助你克制大手大脚的消费习惯。当然要提醒的是,不妨在开始经验不足时进行小额投资,以降低投资风险。

3. 择友而交

你的交际圈在很大程度上影响着你的消费。多交些平时不乱花钱、有良好消费习惯的朋友,不要只交那些以消费为时尚、以追逐名牌为面子的朋友。不顾自己的实际消费能力而盲目攀比只会导致"财政赤字",应根据自己的收入和实际需要进行合理消费。

同朋友交往时,不要为了面子在朋友中一味地树立"大方"的形象,如在请客吃饭、娱乐活动中争着买单,这样往往会使自己陷入窘迫之中。最好的方式还是大家轮流坐庄,或者实行"AA"制。

4. 自我克制

年轻人大都喜欢逛街购物,往往一逛街便很难控制自己的消费欲望。因此在逛街前要先想好这次主要购买什么和大概的花费,现金不要多带,也不要随意用卡消费;做到心中有数,不要盲目购物、买些不实用或暂时用不上的东西,以免造成闲置。

5. 提高购物艺术

购物时,要学会讨价还价,货比三家,做到尽量以最低的价格买到所需的物品。这并非"小气",而是一种成熟的消费经验。商家换季打折时是不错的购物良机,但要注意一点,应选购些大方、易搭配的服装,千万别造成虚置。

6. 少参与抽奖活动

有奖促销、彩票、抽奖等活动容易刺激人的侥幸心理,使人产生"赌博"心态,从而难以控制自己的花钱欲望。

7. 务实恋爱

在青春期中,恋爱是很大的一笔开支。处于热恋中的男女总想以鲜花、礼物或出入酒店、咖啡厅等场所来进一步稳固情感,尤其是男人,在女友面前特别在意"面子",即使囊中羞涩也不惜"打肿脸充胖子"。但不要认为钱花得越多越能代表对恋人的感情,把恋情建立在金钱基础上,长远下去会令自己经济紧张,同时也会令对方无形中感到压力,影响对爱情的判断。倘若一旦分手,即便没产生经济方面的纠葛,也会使"投资"多的一方蒙受较大的经济损失。送恋人的礼物不求名贵,应考虑对方的喜好、需要与自己的经济承受能力。

8. 不贪玩乐

年轻人大都爱玩、爱交际,适当地玩和交际是必要的,但一定要有度,工作之余不要在麻将桌上、电影院、歌舞厅里虚度时光。玩乐不但易丧志,而且易耗金钱。年轻人应该培养和发掘自己多方面的特长、情趣,努力创业,在消费的同时,更多地积累赚钱的能力与资本。

节约1分钱,就是赚了1分钱

不要让自己的支出超过自己的收入,如果支出超过收入便是不正常的现象,更谈不上发财致富了。

一个偶然的机会,一位卖蛋的生意人向大富商亚凯德咨询致富的秘诀。

亚凯德笑了笑,向那位自称很节俭的人问了个问题:"假使你每天早上收进十个蛋放到蛋篮里,每天晚上你从蛋篮里取出九个蛋,其结果是如何呢?"

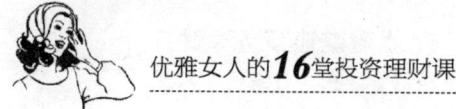

"时间久了,蛋篮就要满溢啦。"

"这是什么道理?"

"因为我每天放进的蛋数比取出的蛋数多一个呀。"

"好啦",亚凯德继续说,"现在我向你介绍发财的第一个秘诀,你要照我告诉蛋商的发财秘诀去做。因为你把10元钱收进钱包里,但你只取出9元钱作为费用,这表示你的钱包已经开始膨胀,当你觉得手中钱包的重量增加时,你的心中一定有满足感。

"不要以为我说得太简单而嘲笑我,发财秘诀往往都是很简单。开始,我的钱包也是空的,无法满足我的发财欲望,不过,当我开始放进10元钱只取出9元花用的时候,我的空钱包便开始膨胀。我想,你如果如法炮制,你的空钱包自然也会膨胀了。

"现在让我来说一个奇妙的发财秘诀,它的道理我也说不清,事实是这样的:当我的支出不超过全部收入的90%时,我就觉得生活过得很不错,不像以前那样穷困。不久,觉得赚钱也比往日容易。能保守而且只花费全部收入的一部分的人,就很容易赚得金钱;反过来说,花尽钱包存款的人,他的钱包永远都是空空的。"

"每次当我把10元钱放进钱包的时候,我最多只花费9元。"

有钱人的用钱原则就是这样,只把钱用在该用的地方,他们认为不该用的地方,是1元钱也不会花出去的。以崇尚节俭、爱惜钱财著称的连锁商店大王克里奇,他的商店遍及全美50个州和国外很多地方,他的资产数以亿计,但他的午餐从来都是1美元左右。

克德石油公司老板波尔·克德有一天去参观一个展览,在购票处看到一块牌子写着:"5时以后入场半价收费。"克德一看手表是4时40分,于是他在入口处等了20分钟后,才购买了一张半价票入场,节省下0.25美元。你可知道,克德的公司每年收入上亿美元,他之所以节省0.25美元,完全是受他节俭的习惯和精神所支配，这也是他成为富豪的原因之一。

年轻人在该舍得的时候要大方，该节省的时候要节俭。

著名的犹太船商银行家出身的斯图亚特曾经有一句名言，他说："在经营中，每节约1分钱，就会使利润增加1分，节约与利润是成正比的。"

斯图亚特努力提高旧船的操作等级以取得更高的租金，并降低燃油和人员的费用。

也许是银行家出身的缘故，他对于控制成本和费用开支特别重视。他一直坚持不让他的船长耗费公司的1分钱，他也不允许管理技术方面工作的负责人直接向船坞支付修理费用，原因是"他们没有钱财意识"。因此，水手们称他是一个"十分讨厌、吝啬的人"。直到他建立了庞大的商业王国，他的这种节约的习惯仍保留着。

一位在他身边服务多年的高级职员曾经回忆说："在我为他服务的日子里，他给我的办事指示都用手写的条子传达。他用来写这些条子的白纸，都是纸质粗劣的信纸，而且写一张一行的窄条子，他会把写的字撕成一张长条子送出，这样的话，一张信纸大小的白纸也可以写三四张'最高指示'。"一张只用了1/5的白纸，不应把其余的部分浪费掉，这就是他"能省则省"的原则。

可见，无论生意做多大，要想取得更多的利润，节约每1分钱，实行最低成本原则仍然是非常必要的。

节约每1分钱，应该是每个年轻女人对自己的基本要求。

精打细算能省不少钱

女人要生活，就离不开消费。小到油、盐、酱、醋、茶，大到教育、买

房、买车、休闲、旅游,生活的方方面面都和消费有关。如果每次消费你都以节俭为前提,那么你一定会省下不少钱。现在消费陷阱随处可见,如果你不会精打细算,会怎样呢?

当旅游成为休闲和时尚的时候,旅游消费的陷阱也在山山水水间游荡。许山水之秀丽,愿旅游之欢乐。每当推开旅行社的大门之时,提醒消费者开门的究竟是可爱的美少女,还是吃人的狼外婆呢?旅游中也要有"慧眼识珠"的本领。

互联网给人们展现了它高科技的奇迹后,也展开了一张张空中交织的网络,编织着美梦,也编织着谎言与陷阱。不知不觉中就"把你困在网中央"了,让"虚拟空间的黑色幽灵"吞噬着你的金钱与时间。当掉进这些陷阱里之后,"网络里的浪漫旅程"最终只是一条不归之路。

"学海无涯,教育消费无止境。"为了未来的成功,教育已经成为一项投资。从早期教育到出国留学,"路漫漫其修远兮",成才的道路漫长而艰辛。早期教育是孩子成为天才的真理还是谎言?

当购车不再是构想的时候,在购车消费中,许多购车陷阱随着车轮的旋转而启动,购车成了让你欲罢不能的圈套。

当换掉手机已经像换掉情人一样容易的时候,"手机消费的迷宫"也越来越扑朔迷离。"手机维修黑幕重重",小小手机名堂多,就算是脑袋上再长出一只眼来,也难以识别手机维修过程中的陷阱。

生活中处处都有陷阱,这就要求女人时时刻刻都保持清醒的头脑,精打细算,理智消费。如果你不会精打细算,而掉入这个陷阱里,想想你的钱包,还能保得住吗?

女人要精打细算地过日子,要注意养成下面的习惯:

一是定时存款。每月领到工资后要做的第一件事,就是根据这个月的开支做一个大概的估计,然后将本月该开支的数目从工资中扣出,剩下的部分存入银行。

二是计划采购。每月都要对自己该采购的东西做一次认真仔细的清点，如服装、日用品等，并用一个专用本子记上，然后到已经了解过行情的市场，按计划进行采购。

三是注意养成勤俭节约的习惯。这是减少日常开支的一个重要环节，如使用一些节能、节水设施等。其实，日常生活中很多费用是不必要浪费的，这些金额看似不起眼，但长年累月坚持下来，可是一大笔钱。

四是压缩人情消费的开支。现在的社会，人情消费的花样很多，但要掌握适当、适量、适度的原则。如果自己家有事，规模应越小越好。

五是延缓损耗性开支。任何物品，只要勤于护理，总可以延长寿命，提高其使用率，这无形之中就等于减少了因过早更新换旧而增大的开支。所以，要对音响、电视机、电冰箱、洗衣机、空调等大件家电以及自行车、摩托车等交通工具加强护理，延长物品的使用寿命。

下面告诉你一些成为巧手俏佳人的小技巧：

你可以用木头废料当做墙壁装饰；到轻纺市场购买零碎布，缝制写意浪漫的拼布窗帘；利用十字绣设计成的挂饰、桌垫、抱枕，利用旧物回收，再以创新的手法制作出新物品。

资源回收已成现代人的基本生活技巧，动机不只是在于节省天地万物的惜物心情，更是展现个人风格的精彩过程。你还可以利用彩绘、缝制的技巧，把旧衣上的蕾丝边、纽扣、颜料，加工到原本平凡无奇的牛仔裤、T恤上，甚至在老旧的除湿机、电冰箱上画上可爱的图案，让人每天都有好心情。

把钱花在刀刃上

把钱花在最需要的地方，其他的问题就能轻松解决了。生活中到处都需要我们花钱，而口袋里的钱是一定的，只有把钱花到最合适的地方，才能达到物尽其用。

要想做到把钱花在刀刃上，那么对家中需添置的物品要做到心中有数，经常留意报纸的广告信息。比如，哪些商场开业酬宾，哪些商场歇业清仓，哪里在举办商品特卖会，哪些商家在搞让利、打折或促销等活动。掌握了这些商品信息，再有的放矢，会比平时购买实惠得多。

一个人能否拿得出钱参加一次宴会，这本身并不是什么问题。你可能为此花掉了15元钱，但你也许通过与成就卓著的客人结交，获得了相当于100元钱的鼓舞和灵感。那样的场合常常对一个追求财富的人有巨大的刺激作用，因为你可以结交到各种博学多闻、经验丰富的人。在自己力所能及的情况下，对任何有助于增进知识、开阔视野的事情进行投资都是明智的消费。如果一个人要追求最大的成功、最完美的气质和最圆满的人生，那他就会把这种消费当做一种最恰当的投资，就不会为错误的节约观所困惑，也不会为错误的"奢侈观念"所束缚。

英国著名文学家罗斯金说："通常人们认为，'节俭'这两个字的含义应该是'省钱的方法'；其实不对，节俭应该解释为'用钱的方法'。也就是说，我们应该怎样去购置必要的家具，怎样把钱花在最恰当的用途上，怎样安排衣、食、住、行以及教育和娱乐等方面的花费。总而言之，我们应该把钱用得最为恰当、最为有效，这才是真正的节俭。"

真正会花钱的人都喜欢过简单的生活。

一些人认为拥有更多的物品和雇佣更多的人来服务自己，会让生活更加舒适，而且这已形成一种社会时尚。一旦你开始实行简化生活，你一定会觉得不需要清洁工而自己整理房子是一件很轻松的事；你不必再为厨师做的晚餐总不对胃口而大伤脑筋；也不会为了找个称职的司机而东奔西跑；当你的应酬减少了以后，你的衣柜也可以缩减到最小的状态；当你的对外联系减少的时候，你也不需要额外的答录转话服务了；当你的草坪面积减少了以后，你也不再需要专门雇佣的园丁了；你的人际关系单纯化之后，你也不需要去看心理医生了。每个人都必须作出决定：你是选择让物品和应酬的增加成为一种负担，还是停止增加这些东西来使生活简单、单纯，这都看你自己的选择。其实，太多的物品和服务反而会造成人们的压力。舍弃那些不必要的杂物，你会全身轻松，过得单纯而自在。

简单生活，可以让节俭不再是负担，让欲望不再时时膨胀。当你搭上简单生活的便车时，你会发现，原来生活可以更自在。

学会省下生活中不必要的开支

许多女人经常克服不了心中的那句"我想要"，结果总是让自己入不敷出。事实上，消费的第一守则应该建立于"我需要"，行有余力才能应付"我想要"。但很多女人却在"我想要"和"我需要"之间晕头转向，直到最后被物品所俘虏，导致必须付出漫长的时间和代价。

王琦，今年27岁，她在法国留学，长得又很漂亮，她最喜欢享受"I want it"的感觉。虽然工作能力很强，但是薪水族毕竟赚得有限，但她隔三差五就要到欧洲旅行，一旅行就一定会买名牌回来。记得有一次支付完信用卡费之后她就透支了，还有10天才发薪水，她已经濒临断粮的状态。

最后,她只好把她的宝贝名牌拿出来拍卖,其中有一件非常漂亮的丝质衬衫,双边的袖子上都绣着"MOSCHINO"的字样,花了她将近2万元。当初她简直爱死这件衬衫了,但她没想到,要忍痛割爱,降价降到3 000元,依然是无人问津。

年轻的女人常说,能花钱才能挣钱,所以她们不计后果地进行各项消费,喝一杯上百元的饮料,吃一顿花去半个月工资的大餐。她们认为这是一种生活体验,年轻就应该多见识。见识各种类型的消费是没错的,但是一旦养成这种消费习惯,你的生活就基本没了保障。打开你的衣柜,看一看是不是有很多衣服你买后就没穿过几次;打开冰箱,是不是很久前买的吃的忘了吃,坏了要扔掉……所以你在下次购物的时候,先问问自己:

这件东西我真的需要吗?

买了它,我会用多久?

它能实现所有的价值吗?

这样多问自己几次,你就会省下许多不必要的开支。

会花钱、会省钱,是一种理财的智慧。聪明的女人一方面要不断地向自己的小金库补充,另一方面要防止小金库的流失,这样才能让自己的小金库存得住钱。

开源亦要节流

有一次,一个朋友请富兰克林参观他的富丽堂皇的新居。他领富兰克林走进一间大得足够召开议会会议的起居室,富兰克林问为什么把房间搞得这么大,这个人说:"因为我有钱。"

然后,他们又走进一间可容纳50人就餐的饭厅,富兰克林又问为什么这

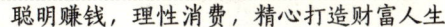

么大,这个人再次重申"因为我有钱"。最后,富兰克林愤怒地转向他,说:"你为什么戴这么一顶小帽子?你为什么不戴一顶比你的脑袋大10倍的帽子?因为你很有钱呀!"

聪明的人能从别人的失败里学到许多东西,而愚蠢的人从自己的失败里什么也学不到。

别人遇到祸患,自己学到谨慎,这样的人是幸运的。很多人为了穿得好而饿肚子,并且还使他们的家人饿得半死。绸子,缎子,绒衣,这些都不是生活必需品,也称不上是便利之物,可是就因为它们看上去漂亮,有多少人趋之若鹜!可见,人类的物欲远远超过自然之需,正如有人所言,对于穷人来说,贫穷是无边的。

由于奢侈和浪费,绅士们将会变得贫困,不得不被迫向那些曾被他们所不屑的人去借债,而后者则通过勤劳与节俭赢得了地位。显然,一个站立的耕者要比一个跪下的绅士高大。也许他们还剩有一点产业,连他们也不知从何而来。他们想:白天变不成黑夜,从这么多财富里面花掉一些是无足轻重的。可是,只出不进,粮仓很快就见底。如果他们采纳了这句良言:"如果想知道金钱的价值,那么就去借钱试一试。"因为谁借钱,谁犯难,而且,如果借出了钱,在讨还的时候也是如此。进一步忠告:"锦衣玉食是祸根,何不珍惜分文。"再者,虚荣如乞丐,行事更莽撞。一旦你买了1件漂亮的物品,你还会去买10件,然后便一发而不可收。如果你不能压住你的第一个愿望,那么随之而来的愿望就无法满足。穷者模仿富者,那是愚蠢的,如同青蛙要把自己胀得像牛一般大一样。因为大船能迎风浪,小舟不可远航。

抛掉那些挥霍无度的蠢行吧!这样你就不会有那么多世道艰难、税收太重、家庭不堪重负之类的抱怨了。

年轻女人越早开始储蓄投资,存的金额越大,就越容易提早帮自己累积到一笔资产。

初入社会的年轻女人,对于手中的钱财,常犯的错误是有多少花多少,想买什么就买什么,甚至因为可以利用银行借贷,而随意扩张信用,陷入负债累累、入不敷出的窘境。因此,懂得如何开源、节流以及正确评估投资风险非常重要。

节俭是财富的种子

罗素·塞奇说:"每一个年轻人都应该知道,除非他养成节俭的习惯,否则他将永远不能积聚财富。"

假设有一个人,他一直享受着优厚的工资待遇,现在突然失业了,而他又没有任何积蓄。他肯定会抱怨自己的运气太坏,而不会对自己的处境加以冷静地反省。

墨斯就是这样一个毫无准备而意外失去了自己工作的人。多年以来,他从不考虑为将来储蓄,花光了自己所有的工资。他绝望地说:"想起这些来我就后悔,几年来,如果我一天能够存上1美分,持之以恒,那么我现在也应该有不少的积蓄了。想到自己以前这么傻,我就要发疯。现在这样真是自作自受呀!"

细微的琐事可能是生活中最重要的事情。不积跬步,无以至千里;不积小流,无以成江海。忽视点滴的积累是可笑而荒唐的。

1美分对你来说可能微不足道,但是它却是财富得以生长的种子。

每一枚硬币都是一棵财富之树的种子,是我们人人都羡慕、人人都渴望拥有的财富之树的种子。如果你幻想自己拥有一棵这样的树,如果你想年老的时候可以过上安逸的生活,你就要理智地行动。从现在开始,认真地对待每一个硬币吧!

上班赚钱下班理财：
聪明赚钱，理性消费，精心打造财富人生

　　如果能够节俭地利用自己的收入，免除不必要的开支，那么几乎任何一个壮年劳动力都能够自给自足。但不幸的是，人们往往会发现，这却是一件世界上最困难的事情。许许多多的人甘愿艰苦的工作，但是能够做到生活节俭、量入为出的人却不到1/10。大多数人的收入没过多久就被吃喝一空，他们从不拿出一小部分作为积蓄，以备在疾病或者失业等紧急情况下使用。所以，在金融危机的时候，在工厂倒闭的时候，在资本家冻结资金不再投资的时候，他们就会陷入困境，甚至要破产。那些赚来钱就立刻花掉，从不为未来作任何储蓄的人，不会比一个奴隶过得更富足。

　　"假设他有一定的能力和理智"，菲利普·阿莫说，"一个节俭、诚实和有经济头脑的年轻人怎么会不成功呢？怎么会没有财富上的积蓄呢？"

　　当被问到什么品质使他成功的时候，阿莫说："我认为，节俭和运用财商创富是重要的原因。我从妈妈的教育中获益匪浅，我继承了苏格兰祖先们的好传统，他们都很节俭，讲究理财原则。"

　　每一个年轻人都应该知道，除非他养成节俭的习惯，否则他将永远不能积聚财富。在开始的时候，即使只节约几分钱也要胜过不做任何的储蓄；随着时间的变化，他将会发现，拿出一部分作为积蓄变得越来越容易了。银行积蓄的快速增长会令你吃惊，那些能够这样做并且持之以恒的人将会过一个幸福的晚年。有的人总是悲叹他没有变得富裕起来，因为他花掉了他所有的收入。一个人应该学会的第一件事情就是存钱，这样他会变得节俭，这是最宝贵的习惯。节俭是财富的创造者。节俭是文明人和野蛮人的分界线。节俭不仅创造财富，而且还磨炼一个人的意志，培养一个人的品格。

最省钱的减肥方法

不少女人在减肥上投入了大量的金钱与精力,然而却收效甚微。那么有没有既减肥又省钱的方法呢?有!减肥专家为你推荐下列几项运动。它们都是不必花大笔钱去健美中心也可以做的锻炼身体的运动,可达到既经济又健身的目的。

1. 看电视时锻炼

对于女人来说,看电视是生活中不可缺少的一部分,很多人在看电视的时候都是半躺半卧,时间长了就会明显感到腰酸背痛。其实,完全可以利用这段时间来锻炼身体。方法如下:身体端坐在椅子上,双膝并拢,脊椎骨靠在椅背上,双手抱住脖子,抬起左膝,用右肘去触碰,复原后,反方向重来。以此重复数次之后,你就会惊奇地发现所有的腰酸背痛都不见了,并且这样做还能消除腹部的脂肪。

2. 收拾房间

在收拾房间的时候,难免要弯腰、下蹲。千万不要浪费这个时间,它也是一个锻炼的绝佳机会。在你下蹲的时候,尽量拉伸背、腰和腿部肌肉的韧带。要注意,脚后跟尽量不要离开地面,弯腰的时候,也要使背部保持平衡、脊柱挺直。

3. 上下楼梯

上下楼梯的时候也是一个锻炼身体的好机会。上楼时,将整只脚都放在台阶上,膝盖稍微弯曲,同时抬头挺胸,大踏步上楼。下楼时,将整只脚的重心放在脚尖上,脚跟稍微抬起,抬头挺胸下楼。

4. 步行

步行有速度上的差别，如果是慢慢悠悠的步行，那就是散步。而如果是速度比较快的步行，那就是锻炼。正常的步行锻炼至少要持续30分钟，并且在前5分钟的时候要按照一般走路的速度进行，权当热身。接下来的20分钟，步行的速度就要变快了，最好能达到大步流星的程度，后面5分钟就变成慢走，跟散步的速度差不多。

如果上班到公司的路程正好是30分钟，那么不妨放弃自行车或者是公交车，早上早起一点，步行去公司，不仅能呼吸到新鲜的空气，还能让身体变得更好。

在现代生活中，很多女人已经从家庭主妇的角色中解脱了出来，成功转型到了办公室一族，那么在办公室的时候，能不能也同样进行一些运动来锻炼自己的身体呢？

1. 推掌运动

将右手握成一个拳头，左手伸开成掌状，用左手顶住右手，相互推压，保持几秒钟，换手继续。

2. 肩部运动

直立或者站立，将右手绕过后脑与抬起的左手相握，保持几秒钟之后再复原。复原之后左右手互换，再进行一次。

3. 夹球运动

身子随意坐在椅子上，将一个弹性张力比较好的皮球夹在双腿膝盖之间，双手随意摆放以保持身体的平衡。最关键的一点是，用腿部的力量尽量夹紧皮球，时间越长越好。

4. 抬腿运动

这种抬腿不同于一般的抬腿运动，而是通过一条短绳子来进行。具体做法如下：首先将身子端坐在椅子上，双手各抓住绳子的两头，将双脚放在绳

子上；然后双手同时拉起绳子，使得双腿离开地面，并呈水平状态。在上班休息的时候，不妨拿出抽屉中的绳子锻炼一番。

5. 跨腿运动

左腿向前跨出一小步，右腿则向后跨，使得双腿分开成弓状，此时将左手撑在左膝盖附近，右手撑在墙壁上或者是桌子上，上身尽量往前倾倒，并做一定程度的推压。复原后可以左右腿进行互换。

繁忙的工作并不是不进行锻炼的理由，即便是在繁忙的办公室内，同样可以进行锻炼，更何况在家里闲着的时候呢？对于女人来说，参加适量的运动是保持好身材的最好方法，因此，如果有时间，不妨做一些瑜伽、俯卧撑、仰卧起坐等运动以增强体质。除了这些常规的运动之外，还有两种运动也非常适合这些人群，只是很多人并没有发现而已。

1. 健胃运动

早上起床时，身子仰卧在床上，双腿自然伸直，深吸一口气后，将双膝向上曲起，并且用双手抱住双腿使得大腿尽量贴近腹部，坚持几秒钟之后复原动作，并且反复做这个动作几次。

有一点要注意，在做这个动作的时候必须是空腹，否则将伤害到腹部。

2. 健胸运动

身体站立，抬头挺胸。双手分握两个哑铃（重量以自己能拿起为准）或者是两个装满水的矿泉水瓶，然后将手臂伸直与肩膀齐平，保持几秒钟之后，双手开始向两侧平行移动成180度角，位置还是和肩膀齐平，同样坚持几秒钟，然后复原所有动作。如此反复几次之后，休息一段时间再进行。

其实无论什么样的运动，无论在什么时候进行，都一定要适度适量，不要为了追求所谓的时效而猛干、傻干，那样不仅不能锻炼身体，反而会伤害身体。

爱旅游，也爱省钱

对于一个爱外出旅游的女人来说，昂贵的旅游费可能会让你的钱包干瘪，存款变少。其实，你可以通过一些省钱的方法，让自己的旅游既有意思，又能充分领略省钱的奥妙。

出游理财都有哪些内容呢？

1. 选择旅游淡季出门

一般的旅游景点的门票价格都有淡季价格和旺季价格之分，旺季门票价格最少也要贵1/2，尤其像黄金周这样的时段，不仅门票贵，乘车费用、参团费用、住宿费用也都相应增加，算起来去同一地点旅游淡季和旺季花费差不少钱。因此，有条件的游客可以选择在淡季旅游，既避免了游人如织的不爽，又节省了不少钱。

2. 出游前要详细准备

出行不要过于匆忙，事先一定要做好充分的准备，如查寻资料、分析路线、分析出行的方式等。在许多景点，有学生证、记者证、导游证甚至预备役军官证都能获得半价甚至免票的优惠，如果你有此类证件，一定要带上。此外，要准备好一些出游的常备物品，如水、药品、毛巾等，以免在景点买高价假货。

3. 尽量选择旅游新线路

一些新开辟的新线路为了吸引游客，往往会有优惠。旅游新线一般以目的地旅游局出资、航空公司和旅行社让利的方式共同定出推广期优惠价，整个行程的花费较一般的线路要便宜。因此，有意识地避开热点景区，选择一些新线去旅游能让你少花费。如果在线路推广期参团，的确物超所值，如此

一来,既看了新景,又节省了旅游开支。

4. 选择景点时要注重精化

出门旅游前应该对自己旅游的景区有一定的了解,从中筛选出这个景区最具特色的地方,这样在旅游时可以有的放矢,玩得更尽兴;而重复建造的景观不必前往,尽量别坐缆车或索道,不必买通票,买通票只能让你走马观花,看不出景色真正的精彩之处,最好玩一个景点买一张单票。

另外,在旅游时,更应拿出一点时间去逛大街,看看景区和城市的风土人情,因为这么闲逛不需要花钱买门票,也许还会有惊喜的发现。

5. 野外旅游尽量结伴

在城市里,单枪匹马的自助旅行比较适合,既自由又放松。但若到边远地区自助旅行绝对不是最省钱的方式,跟团旅游反倒更划算。尤其是在不通车的地方,几个人一起租车、吃住、游玩景点能少花不少钱。另外,跟团旅游在安全方面也有所保障。

6. 尽量缩短出游时间

对于经济条件一般的家庭来说,短途旅游可以作为首选。到周边城市游玩有以下几个优点:花费少,从而减轻家庭经济负担;行程短,可以避免长途跋涉;携带东西简单,可以节省体力。

7. 尽量自助游

跟随旅行社组团外出旅游,虽然在导游和景点安排上要少操点心,但由于旅行社毫无例外地要赢利,所以有时比自己单独旅游要多花钱,而且玩得还不尽兴。尤其是在旅游景点有朋友的游客,更不要选择跟团,吃、住都在朋友家,还有免费导游,能省下一笔不少的钱。

8. 选择便宜的交通工具

在旅游时间比较充足的时候,如果不是到较远的地方去旅游,非得坐价格较贵的飞机抢时间不可,完全可以坐火车、乘汽车。在火车上看看沿途的风景，也算是一次变相的"旅游"了。

在城市中，乘坐公交车最省钱，而且公共交通非常发达，大都能到你想去的地方。买一张地图，就能详细地掌握哪路车可以带你去哪里，少坐一次出租车至少能省10元钱。

9. 选择住宿应量力而行

选择入住旅社完全不必贪"洋"追"星"，而应从实用、实惠出发，选择那些价格虽廉但条件也还可以、服务也不错的招待所为好。虽然星级宾馆听起来好听、招待也更周到，但那都是用钱换来的，不实惠。

10. 选择当地风味小吃

各个旅游点的地方风味小吃，价廉物美。旅游时，选择小吃店解决就餐问题，这样不但可以省下不少钱，而且也可通过品尝风味小吃，领略各地不同风格的饮食文化。旅游时也可根据路途长短、出游季节等情况自备餐食。

旅游风景名胜点的餐馆一般要比别处的价格高出两倍左右。所以，如果想在旅游风景名胜处的餐馆就餐，应有选择地吃，仅选择本旅游景点的特色菜。另外，还可以在旅游点的快餐店里买盒饭，这样算起来就实惠多了。

若在城市进餐，最好选择老字号的小吃店，这样的饭店面向当地群众，一来可以品尝地道的民间小吃，二来价钱十分公道，且因是老店，诚信好，没有被宰的危险。

生活中处处有学问，细心点，你会省下不少钱。

下面介绍一些出国游的省钱途径。

随着出国游的升温，职场女性也加入了这个行列。随着旅游市场的日渐成熟，出国游只要安排得妥当，不一定会花费很多钱。

1. 提前预订机票

最好将往返机票预订妥当，预订票离出行时间越近，打折越少。"散客"旅行，最好在国外买份误机保险，一旦途中发生了什么误机事件，说不

定这趟旅行的费用就全赚回来了。

2. 注意消费方式

最好的方法是办张国际卡,最好还是能先消费后还款的贷记卡,还可以提前到银行换点外币现钞随身携带。旅行支票可以当做出境者的零花钱,这也是一种既方便又经济、而且服务完善的外汇携带方式。

3. 选择经济的住宿

如果在旅途中有朋友,可住在朋友家,没有朋友可选择各地的旅社,甚至住到居民家里去。如果没有旅行团帮助,最便捷的办法是在出租车上向司机打听一下哪家旅馆比较好。如果有时间的话,可以多和旅馆的服务生交流一下,他们对当地比较熟悉,会告诉游客本地的特色,还会教你一些在当地购物的窍门。

4. 去免税商场购物

欧洲的各大城市都有免税购物商场,在这些商场购物可以享受到免税的优惠政策。但必须符合下列三个条件才能顺利退税:第一,必须在具有免税标记的商场购物;第二,必须索要VAT(增值税)发票;第三,购物要达到一定金额。

5. 选择合适的出行工具

出行交通工具有多种选择,应根据自己的消费能力、城市特色等选择合适的出行工具。如长途旅行,铁路是比较好的选择,便宜、舒服而且安全;如是在小范围内多人一起出行,租辆车开是最方便、划算的,但打车绝对不是好方法,因为打车费很贵;如果是市内出行,有地铁最好选择地铁,方便又快捷。

6. 选择合适的线路

如果是自助出国游,旅行的线路自由度很大。但是,如果通过旅行社,必然要涉及选择线路的问题。下面向你介绍三种常见的线路:

(1)特惠线:这种线路价格便宜,适合大众游客,但游客的自由时间更少，所有的行程都安排得满满的。

（2）经典线：这种线路也称精华游线路，价格适中，特别适合没有去过境外的游客，但行程排得很满，游客的自由安排会相对减少。

（3）精品线：这种线路的集体安排较少，行程较轻松，游客自由安排的时间比较多，适合那些想玩又想少受旅行团拘束的年轻人，也适合那些已去过境外、以放松心情为主、游览观光为次的客人，但是花费比较高。

无视小钱，定将痛失大钱

一位理财专家说："尽管金额完全相等，但不同面值的钞票，在使用时的情形会不一样。在对待一些数额既不太大、也不太小的钱款时，一般说来，人们都不会产生太强烈的心理震动，因此即使造成了浪费，也不至于心疼。"如果将较大的款项用化小的方式换算成一项一项的"款"，人们在使用时就会谨慎得多了。

实际上，往往是一些细枝末节的东西最能让人直观地、深刻地体会到金钱的宝贵。当准备无谓地消耗一笔钱时，你不妨想一想，用这笔钱能够购置多少日常的必需物品。通过这种"化小"的换算方式，也可以避免很多浪费。

一些商家也正是利用了这种"化小"术，"以其人之道还治其人之身"，诱使顾客掏腰包。

比如，很多商品的广告在宣讲其价格时，喊出响亮的口号：

"你每天只需少抽一支香烟，就可以……"

"你每个小时只需付出3角钱……"

……

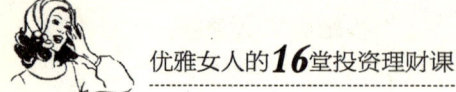

通过如此的"化小"之后，给人的一种感觉就是：只不过这么一点点钱，小意思，买吧（借吧）……殊不料，这正中商家的下怀。这种"化小"术之所以能如此有效地刺激顾客的购买欲，就是因为它具有极强的迷惑性，往往将相当昂贵的商品，鬼使神差地在购买者的心目中变成了廉价的商品。

看着这诱人的"送温情"大销售，本来不敢"轻举妄买"的顾客，也不免怦然心动了，于是购者如潮。许多人因此打破了节俭计划，等到发现自己开支超过计划时，已经晚了。

吕玉玲是个不折不扣的彩民，每周定期花100元购买彩票，她认为，用100元的小钱去投资，就有收获500万元的可能，实在是很值。

现在市面上流行一句话：穷人买彩票，富人买股票。吕玉玲虽然是一家公司的部门经理，月入9 000元，算不上是穷人，但她却也有买彩票的习惯。

吕玉玲每周都要坚持拿出100元购买彩票，她从第一次购买彩票至今已经坚持5年多了，买彩票俨然成了她的一个习惯。吕玉玲的投资理念就是：只要工夫深，铁杵磨成针。只要能将购买彩票的习惯坚持10年，肯定能有中大奖的可能。

但是5年过去了，她获得的最大的奖金额也仅为1 000元，中奖的次数也只有可怜的3次。如果细细地算一笔账，就知道这个习惯吞噬掉了她多少钱：1年总共有52个星期，按照每星期投资彩票100元计算，5年里，她总共在彩票上花费的金额是26 000元。再减掉她三次总共的中奖额是3 000元整，彩票投资总共吞掉吕玉玲23 000元整。

在很多投资大师眼中，投资彩票赢利比赌博赢的可能性还要小，因为投资者根本无法知道彩票总的销售数量，因此也根本无法知道自己的中奖几率和回报率。

打个比方说，假如总共有400万张彩票，吕玉玲买了一张，那她能赢的几率就是400万分之一，而她期望的收益是100万元人民币。按照风险与回报率

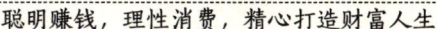

看，事实上大部分博彩游戏都是玩家必输的游戏。

如果吕玉玲把她每月用于投资彩票的钱拿来投资基金，即使是购买年收益率在5%左右的基金，如果采用定期定额固定投资法，然后再将每年的分红转为再投资，这样，5年来她可获得的投资本金及收益总共为3万元；若按10%的复利计算，5年的本息和就更高了，如果能坚持10年收益则可能突破8万元。

不算不知道，一算吓一跳，平时轻视小钱的女性朋友们，相信仔细算过账之后，一定也出了一身汗，事实胜于雄辩，浪费小钱所付出的代价实在是很高的！

第6章
花钱有度：女人该如何做到理性消费

能挣的不如会花的

一位大富豪走进一家银行。"请问先生，你有什么事情需要我们效劳吗？"贷款部的营业员一边小心地询问，一边打量着来人的穿着：名贵的西服、高档的皮鞋、昂贵的手表，还有镶宝石的领带夹子……

"我想借点钱。"

"完全可以，你想借多少呢？"

"1美元。"

"只借1美元？"贷款部的营业员惊愕得张大了嘴巴。

"我只需要1美元。可以吗？"

贷款部营业员的心头立刻高速运转起来：这人穿戴如此阔气，为什么只借1美元？他是在试探我们的工作质量和服务效率吧？营业员便装出高兴的样子说："当然，只要有担保，无论借多少，我们都可以照办。""好吧。"

这个人从豪华的皮包里取出一大堆股票、债券等放在柜台上,"这些作担保可以吗?"

营业员清点了一下,说:"先生,总共50万美元,作担保足够了。不过先生,你真的只借1美元吗?"

"是的,我只需要1美元。有问题吗?"

"好吧,请办理手续,年息为6%,只要你付6%的利息,且在1年后归还贷款,我们就把这些作担保的股票和证券还给你……"

富豪走后,一直在一边旁观的银行经理怎么也弄不明白,一个拥有50万美元的人,怎么会跑到银行来借1美元呢?

他追了上去问道:"先生,对不起,能问你一个问题吗?"

"当然可以。"

"我是这家银行的经理,我实在弄不懂,你拥有50万美元的家当,为什么只借1美元呢?"

"好吧!我不妨把实情告诉你。我来这里办一件事,随身携带这些票券很不方便,便问过几家金库,要租他们的保险箱,但租金都很昂贵。所以我就到贵行将这些东西以担保的形式寄存了,由你们替我保管,况且利息很便宜,存1年才不过6美分……"

经理如梦方醒,但他也十分钦佩这位先生,他的做法实在太高明了。

"能挣会花",究其本意,是"好钢要用在刀刃上"。"能挣"是"用自己所能去争取",靠自己的勤劳获取应得的利益;"会花"就是"花有所值",而不是做毫无意义甚至是有损美德的消费。

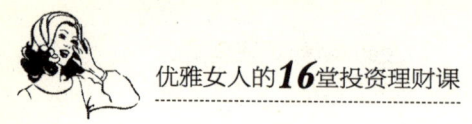

看透金钱本质，不做拜金女

拜金女不是一个被社会所认可的群体。拜金女盲目崇拜金钱，把金钱的价值看做最高价值，一切价值都要服从于金钱，她把亲情、友情、爱情等都放在金钱脚下；她认为金钱不仅万能，而且是衡量一切行为准则的标准。正是由于拜金女们太过强调金钱的重要性，以至于她变得唯利是图，对许多事物经常只看得到表面，看不到其内涵、精神层面，往往过得极为空虚。

我们都不希望我们所爱的人是拜金的人。因为在拜金的人心里，能够为了钱而舍弃其他一切。这种人太可怕！等到这种人最有钱的时候，也就成了她最贫穷的时候，因为她穷得只剩下金钱了。

在2008年亚洲小姐竞选总决赛中，原籍中国西安的1号佳丽姚佳雯获全场最高的137610票，摘下桂冠及"最完美体态大奖"。姚佳雯是全场学历最高的硕士佳丽，赛前并不瞩目，但当晚成为夺冠黑马。在最后与颜子菲两强决战阶段，她被发问嘉宾踢爆此前曾两度参加选美。2004年参选"中华小姐环球大赛"时，她因在"金钱与老公""金钱与父母""金钱与国家"三道选择题中，除以父母为首选外，其他两项都毫不犹豫选择金钱，而被网友视为"拜金佳丽"并炮轰。当晚嘉宾向她尖锐提问：参加选美目的何在，是否为钓金龟婿？她真情表白："2004年我参加选美被人骂，以为我是为钱。我如今再战江湖，其实因为我想做个主持，想打这份工！"这个回答令她票数飙升。

从这个例子中就不难看出，人们都不喜欢拜金的人。一个女人即使长得再美，如果拜金，就会让人感觉她缺少了作为人最基本的一些情感，让人感觉她似乎与我们不是同类了。

金钱并不是万能的,有一首《买到与买不到之歌》就很好地诠释了这一点:"金钱能买到房屋,但买不到家;金钱能买到药,但买不到健康;金钱能买到美食,但买不到食欲;金钱能买到床,但买不到睡眠……"一些腰缠万贯的富翁不就常感叹自己是精神上的乞丐,穷得只剩下钱了吗?所以,女人要树立正确的金钱观。

人生有两种幸福,即"生活的幸福"和"生命的幸福",能够获得这两种幸福的人应是最幸福的人。生活的幸福追求衣食住行、功名富贵;生命的幸福追求平安喜乐、真爱温暖和永恒的归宿。如果满脑子都是拜金的想法,即使最终你的生活之路变得富有,你的生命之路却会贫穷。那么即使满屋子都是高档奢侈品,你却只剩下空虚做伴、寂寞为枕。

女人要看到金钱与人生有着密切关系,更应该看到金钱不是人生的全部内容,不是人生价值的决定因素。女人生活的目标并不单单是为了赚钱,同时也是为了更好地享受幸福和生活得更加充实。

所以,女人不做拜金女。女人要做的,是把拥有财富当做一种爱好,而不应完全拜倒在它的脚下。女人只有做金钱的主人,才能享受金钱给自己带来的快乐。

购买商品"六不要",女人不妨一试

一是不要求价廉。女人在购物时很容易选价格最便宜的。但现在有一些商家故意误导消费者,把一些低档的,甚至是已经过时的商品搞一个"特别推出",如果不懂该商品的性能而仅仅以价格决定取舍,女人很容易上当受骗。

二是不要求"洋"。我国某些产品确实不如外国生产的,但并非所有的产品都如此。比如电器，我国有不少名牌电器早已远销国外，如果一味地舍"中"求"洋"，很容易花冤枉钱。

三是不要求"全"。许多女人在购买商品时喜欢选那些功能全面的，以为功能全的就是质量好，这是一个误区。"全"并不代表"精"。如果你买一台电视，只要画面清晰、音色好就已足够，没必要选那些带"画中画"功能的，因为你很少有使用它的机会。

四是不要求"大"。比如，有些女人不考虑自己的住房面积和经济能力，买商品一味求大，结果是花大价钱买回的庞然大物根本难以安置。

五是不要求"美"。商品是买来用的，不是买来看的，如果只看外表而不注重性能，很容易买到徒有其表的"绣花枕头"。

六是不要求"新"。任何商品在刚上市时都有两个特点：一是价格贵；二是性能不完善。如果为抢"新"而买，很容易被淘汰。

别用购物发泄坏情绪

女人总是会有情绪的起伏波动，但不知是社会风气使然还是由于强烈的自尊心，女人都习惯性地在人前挂上一副面具，隐藏起内心真实的感受。于是，当情绪积压到某个无法承受的限度时，女人就会寻求一些比较极端或疯狂的方式来宣泄，伤身、伤财，甚至还会不小心伤了身边的人。

我们都知道，过分地压抑可能会造成心理上沉重的负担，却又不知道该怎么卸下脸上那张戴得太紧的面具。所以，女人习惯跑到人声嘈杂的地方逃避面对自己，花了一堆钱买了一堆东西，试图想"买"回一点快乐，结果呢，每当女人看见那些东西时，也许又勾起了那些不快乐的记忆。

调查发现，女人心情低落时总和逛街脱离不了关系。也许女人的购物欲

和男人的烟瘾一样，只是一种情绪的转移。

很多女人，其情绪变化往往很外露。如果某个女人哪天换了一个新发型，戴了一对新耳环，穿了一件新皮裙，买了一个新手包，或是和一大群朋友到KTV唱了一夜的歌，她的答案很可能是："我只是心情不好。"

小蕾和交往了很久的男友分手后，刷爆了几张卡，买了一大堆的东西想要以此来填补心里的那份失落，结果呢？真的成功地转移了悲伤，重新找回快乐了吗？当然不是了。每当听见一首和她遭遇相近的歌曲时，她又会开始发狂地刷卡。

在美国，也有一位叫凯琳的女网友，因为刷卡刷爆没钱还，竟然异想天开，自己建了一个网站，呼吁全世界的网友捐钱给她——"请大家救救凯琳"，没想到3个月后，捐款已经多达1万多美元。

用血拼来发泄坏情绪的女人，一定不少。在刷卡的时候，其情感已经战胜了理智。其实，当女人抱着大包小包的"战利品"回到家之后，就会发现那些导致心情低落的原因和问题并没有消失或解决，反而因经济出现不良状况而增添新痛。所以，女人依靠疯狂购物来转移情绪的做法是不可取的。

其实，当女人心情不好的时候，试着静下心来，休息一下，再想方法重新出发；当沮丧的时候，找个谈得来的朋友聊聊；悲伤的时候，去看场感人的电影大哭一场，或者和好友相约到户外走走，大口地呼吸新鲜的空气，找个健康而又积极的方法调整心情，适时地释放压抑的情绪。

总之，女人生活可以随性，却不能任性。

"想要"的还是"需要"的

消费动机对消费行为起着至关重要的作用。消费动机决定着消费行为，

在消费活动中，女人树立正确的购买动机非常重要。

正确的消费动机很多，主要有以下几种：

第一种是生存类购买动机。这种购买动机多出自于生活所必需，不购买就不能生存。如购买油、盐、柴、米、衣服、鞋、帽等日常生活用品。这种购买动机为所有消费者所共有，是最基本的。

第二种是理智类购买动机。这种购买动机对要购买的商品有计划性，有一个深思熟虑的过程，并在购买前作了一番调查研究，对所购买商品的特点、性能、价格、质量、用途等做到了心中有数，购买时重视商品的质量和耐用性能的挑选，购买后不轻易退换。

第三种是自信类购买动机。这种购买动机大多有一定的目标，不受他人的影响，毫不怀疑地按选定目标去购买，即使情况变化，也坚定不移地去购买。

除了正确的购买动机外，还有一些购买动机很难区分对错：一种是被迫类购买动机。这种购买动机往往是购买者求助于人办事，需要请客送礼来还情，不得不购买，是被迫违心地花钱。另一种是保守类购买动机。这种购买动机多发生在商品供大于求时，观望等待，选择性较强，不称心合意不买。

此外，还有一些购买动机不正确，是绝对要抛弃的：一种是冲动类购买动机，这种购买动机通常被商品新奇的外观、便宜的价格所吸引，感情冲动，心血来潮，不顾自己是否需要，草率购买。另一种是时髦类购买动机。这种购买动机通常被社会上流行某一种时髦的款式所驱使。爱买服饰是女人的天性，尤其在这个消费过度的年代。

日本女星"流行教主"滨崎步是个鼎鼎有名的拜金女。滨崎步喜欢法国名牌LV，据说光是LV大大小小的包，她就有200多个，而且在持续增加中。2001年，滨崎步到新加坡领取最具领导力的艺人奖，光是两三天的行头就足足带了十几大箱，而且全是LV的大包包，派头十足。

商家喜欢用大幅的海报、醒目的图片和夸张的语言吸引你，现在有减

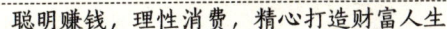

价、优惠、促销等活动，有时特价商品的价格还会用醒目的颜色标出，并在原价上打个×，让你感到无比的实惠。

如果你面对诱惑蠢蠢欲动，但是又发现物品的价钱超出你的承受能力，那么你应该分析"想要"和"需要"之间的差别。

把钱和注意力集中在有意义的或是有用的东西上才值得，如果是真的"需要"，那么可以在其他支出方面节省一些，在预算范围内还能抽出钱来购买所需的东西；如果只是单纯的"想要"，想一想那些因你冲动购买而仍被置冷宫的物品吧！你还要再犯相同的错误吗？

其实，人们对物品的占有欲与对物品的需求没有什么关联，你可能并不是因为需要某样东西才想去拥有它。此时不妨先冷静一下，转移注意力，当你隔几天再回头看时，说不定发现你已经不想再要那个东西了。这样，尽管你买的东西比想要的少，但是能收益更多，并逐渐养成良好的消费习惯。

另外，还要远离"遗憾消费"。心理学家和心理医生指出："遗憾消费"可以说是轻微心理变态的一种表现。在购物中，压抑的心情虽可以有所缓解和得到发泄，但为此却常常付出了可观的金钱代价。

"遗憾消费"的形成有很多原因，也因人而异，它不仅和人的性格、阅历、收入水平有关，而且还和人的修养水平有一定的联系。怎样才能有效地防止这种"遗憾消费"呢？有以下几招，你可以试一试。

首先，不要一次性购买。换句话说就是不要突击花钱，采取统筹兼顾，随遇随买的办法。家庭消费应该从大处着眼，小处着手。买东西最好有个计划，各个击破，切忌全面开花。

其次，冲动性购买不可取。就是说不要在事先无计划的情况下，临时产生购买行为。尤其是不要受广告和精美包装的冲击及片面追求新奇和从众心理的影响，打乱了正常的消费开支。避免冲动，要遵循价值原则，所购物品应是生活必需品，遇到可买可不买的东西，不管别人怎样抢购，也不要盲目

从众。

女人要远离"遗憾消费",最重要的一条是买任何东西都要有主见,要选择适合自己的商品消费。

要克服缺乏主见的购买行为,就要培养自己的合理决策能力。首先,要有自己的主见和信心,不要盲目地模仿别人,也不要盲目地听别人说三道四,这样就会增强我们对购品的鉴别力;其次,要在购物中进行合理决策,掌握所购商品的行情信息,这样就能在购物中避害趋利,减少后悔。

不选贵的,要选对的

女人买东西并不是越贵越好,只有适合自己的才是最好的。

事实上,在正常情况下,商品绝不可能既是最好的又是最便宜的,这是人们都明白的道理。而要想真正做到令自己满意,要先对所谓的"好"有一个切实的界定。

卖的人精,买的人也不是傻瓜,贵东西必然有它贵的道理。但对这贵东西的"好"则要具体分析,传统认为所谓的好,多表现在材料、制造、设计、工艺等方面。在现代社会,"好"的方面要广泛得多——两件材料、制作、工艺等完全相同的西服,名牌的比非名牌的就可能贵上好几倍,那些多出来的钱不是花在商品上,而是花在牌子上了。有的时候两件质量、款式一样的商品,豪华店、精品店卖的就比在普通商场里贵得多。因为前者地处繁华区、装修考究、服务周到,这些钱都要让消费者掏腰包,所以它贵也不是没有道理。多元化是现代社会消费的一个重要特征,所谓好与坏的标准常常不能用一根固定的尺子来衡量。可见,东西越贵越好是没错的,只看这"好"是否能为你所接受。如果超出我们的承受范围,就会给我们带来很繁重的负担。

事实上在正常情况下，商品绝不会既是最好的又是最便宜的，这是人们都明白的道理。而要想真正做到令自己满意，首先对于所谓的"好"要有一个切实的标准。比如，装修居室：商店里的木地板价格便宜的每平方米单价为30元，但贵的也有100~200元的，论质地更是令人眼花缭乱。这时就不要管价格，而是先就自己房屋装修的档次、规格、颜色等，选择较为满意的木地板。这里的"满意"与装修的好坏程度及个人的审美标准有关，而不是单指东西的好坏，然后在满意的基础上再选取价廉的。如果在这些木地板中，觉得中等档次的与自己的装修水平相适应就叫"满意"，那么可以在这一类里进行选择。当然，你会发现同样符合条件的木地板，每平方米单价为45元的比60元的合算。

1. 买东西还要分清购买时机

什么是最佳购买阶段？花的钱最省，买的东西又不落后，那就是最佳购买阶段。

商品特别是耐用消费品的出现总要经历开发、研制、小批量生产、大量投产、萎缩等阶段，然后是又一轮的开发、研制……

在最初的开发、研制阶段，产品的性能还不稳定，但十分新潮，产品的成本高、售价贵，市场销量逐步上升，但升幅不大，这个阶段的商品不宜购买。应等到进入批量生产阶段，此时商品的性能、质量逐渐趋于稳定，生产批量大了，价格有所下降。假如不是特别急需使用，最好再等一等，因为其价格还未降到低谷。

下一步是"维持量阶段"，市场已接近饱和，形成买方市场，价格大幅下降，这时才是最佳购买阶段。这个阶段不但价格合算，而且产品质量进一步完善，厂家竞争也趋于白热化，消费者正可坐收"渔翁之利"。这说起来好懂，但真的做到"恰到好处"也难。

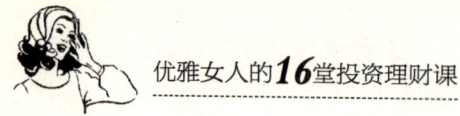
优雅女人的16堂投资理财课

欣欣特别喜爱手机,刚参加工作就花上万元买了一个"最新款"手机,谁知还没过1年,市场上这款手机的价格已降到不足5000元,不能不说损失惨重。可见,找准最佳购买阶段是把钱花到实处的重要一环。

许多女人都崇尚名牌,名牌的优良品质是许多人选择的原因,你能花较少的钱购买名牌吗?名牌消费的科学能帮你省下不少银子。

名牌的信誉和质量都是毋庸置疑的。比如,诺基亚的手机,美的的小家电,佳能的相机,这些品牌的商品都是所在领域的佼佼者。如果想一劳永逸,女人不仅要接近名牌,而且要学会买名牌产品。只有具备了名牌消费的方法,女人才能在护住自己钱包的同时又拥有价廉物美的物品,何乐而不为?

2. 挑选名牌时要注意,东西的价与值是否相符

利用打折期间挑选名牌,你一定能买到物超所值的名牌。比如服装,较符合价与值相当原则的是一般平价的名牌,如果你选对了买的时间,在打折期间,甚至比仿冒品还便宜许多。

名牌打折其实不难碰到,很多名牌专柜通常都会配合商场做换季甩卖,有时也有"花车特价品",所以,偶尔逛一逛商场的特卖场,就可以捡到便宜货。

对于消费名牌,也要学会钱要花在刀刃上,价格与品质相差很多的名牌最好不要买。只有在价格打了折扣时,买名牌才符合理财的原则——划算,让钱财发挥最大的效用。其实,购物是一件相当感性的事,但重点在于商品或服务的价与值一定要相当,才真的有价值。

名牌消费得当,也是有钱人的一种花钱方法,只有真正学会挑选价廉物美的名牌,你的钱包才会保住。

勇敢走出心理消费的误区

许多女人花钱从不知道控制，她们大多有严重的消费心理误区。为了不过那种"上半月富人，下半月穷人"的尴尬生活，为了望着一时冲动买回来的无用物品而兴叹的事少发生，女人要学会花钱，走出心理消费的误区，做个聪明的女人。

女人在购物过程中，对所需商品的不同要求，会出现不同的心理活动。这种消费心理活动支配着人们的购买行为，其中有健康的，也有不健康的。

1. 盲从心理

大多数女人喜欢盲从，购物也一样，盲目跟风是很典型的心理消费误区。很多女人在购物认识和行为上不由自主地趋向于同多数人相一致的购买行为。

盲目追随他人购买，表面上是得到了某种利益，事实却并非如此。很多女人都曾受抢购风的影响而买回一大堆东西，事后懊悔不已。女人的合理消费决策必须立足于自身的需要，多了解商品知识，掌握市场行情，才能有效地避免从众行为导致的错误购买。

2. 求名心理

许多女人在购物时都容易有求名心理。

名牌拥有经过长期努力而获得的市场声誉，名牌代表高质量，代表较高的价格，代表使用者的身份和社会地位。如果女人为了追求产品的质量保证而选择名牌产品，那是明智的；但如果买名牌是为了炫耀，以求得心理上的满足，则是陷入了购买名牌的误区。

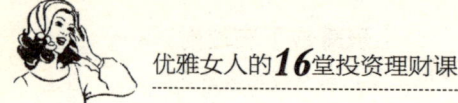

3.求廉心理

求廉心理在女人的购买行为中表现得最为突出。其中的主要原因是经济收入不高和勤俭持家的传统思想，用尽可能少的经济付出求得尽可能多的回报。

物美价廉也可能产生消极的后果。一方面，在观念上求廉心理引导着女人低水平消费、吝啬消费；另一方面，有的女人的求廉心理走向极端，购物时永远把价格便宜放在第一位，进而发展为只要是廉价商品，不管有用没用都会购买。

所以有求廉心理的女人在市场上寻求价廉商品的同时，必须考虑商品的实用性和一定的质量保证，否则会得不偿失。

走出消费误区，才能做到理智消费。

账本，告诉你钱去了哪里

居家过日子，进进出出的开支非常零星。一日三餐、交通、娱乐等，看上去好像很固定，但总是会有一些不经意的额外支出，到月底时吓你一跳，不仅仅大大超出了预算，还思前想后不知道钱花到哪儿去了。所以，从现在开始就赶快准备一个账本，记下你生活中的每一笔开支。这个方法看似简单，却非常有效。

要记账，首先要选择好记账的方法。只要肯花时间，从每天的记账开始，把自己的财务状况数字化、表格化，不仅可轻松得知财务状况，更可替未来做好规划。一般人最常采用流水账的方式记录，按照时间、花费、项目逐一登记。若要采用较科学的方式，除了须忠实记录每一笔消费外，更要记录采取何种付款方式，如刷卡、付现或是借贷。

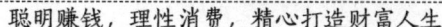

其次要特别注意记好钱的支出。资金的去处分成两部分：一是经常性方面，包含日常生活的花费，记为费用项目；二是资产性方面，记为资产项目。资产提供未来长期性的服务，例如，花钱买一台冰箱，现金与冰箱同属资产项目，一减一增，如果冰箱寿命5年，它将提供中长期服务；若购买房地产，同样可带来生活上的舒适与长期服务。

最后要搜集整理好各种记账凭证。如果说记账是理财的第一步，那么集中凭证单据一定是记账的首要工作，平常消费应养成索取发票的习惯。平日在收集的发票上，清楚记下消费时间、金额、品名等项目，如没有标志品名的单据最好马上加注。此外，银行扣缴单据、捐款、借贷收据、刷卡签单及存、提款单据等，都要一一保存，最好放置在固定地点。凭证收集全后，按消费性质分成食、衣、住、行、育、乐六大类，每一项目都按日期顺序排列，以方便日后的统计。

记账贵在坚持，要清楚记录钱的来去。无法养成记账的习惯，除了意志薄弱，记账太琐碎也是原因之一，好像不值得为了记录金钱支出下这么多工夫。

事实上，记账有一些小技巧，可以协助持续记账的习惯。

一是概略记录法。日常生活点点滴滴的花费相当琐碎，能够逐项记载当然最好，不过如果纯粹因为这个因素而放弃记账的人，可以使用仅记录大略支出的方式代替。例如，每日三餐费加起来总共25元，那么，1个月的伙食费即可记录为750元（25×30）。其他项目也可比照这种做法办理，简化方式、记录重点，就容易把记账变成习惯维持下去。

二是支出检讨法。仅是流水似的记录每日的消费还不够，更重要的是要从这些枯燥的数据中分析出省钱的技巧。检讨包括两部分：就收入面来看，想想有没有其他"开源"的可能性；就支出面来看，检视每笔花费是否必要与合理。

除了记下平时的生活花费以外,还要有家庭财产记录。家庭有必要建立理财的三个账本:理财记账本、发票档案本、金融资产档案本。

1. 理财记账本

其账簿可采用收入、支出、结存的"三栏式",方法上可将收支发生额以流水账的形式序时逐笔记载,月末结算,年度总结。同时,按家庭经济收入(如工资收入、经营收入、借入款等)、费用支出(如开门七件事、添置衣服等费用)项目设立明细分类账,并根据发生额进行记录,月末小结,年度做总结。

2. 发票档案本

发票档案本主要收集家庭贵重物品的购物发票、合格证、保修卡和说明书等。当遇到质量事故给自己带来损失时,购物发票无疑是讨回公道、维护自身合法权益的重要凭证,所以一定要妥善保存。在保修期内,保修卡是商品保修凭证,在发生故障时,说明书是维修人员的好帮手。

3. 金融资产档案本

金融资产档案本能及时将有关资料记载入册,当存单等票据遗失或被盗时,可根据家庭金融档案本查证,及时挂失,以便减少或避免经济损失。

摒弃过节的陋习

每到年节,有两种人情最让人头疼:一是请柬满天飞;二是回不完的礼,这也是"过年钱"中的传统项目。当请柬变成"催款单",礼包变成"炸药包",还要你来我往比面子"消费",多少人笑在脸上,痛在心里!身为女人,你一样逃避不开这些应酬,但是应尽量摒弃这些陋习。

1. 陋习之"人情礼"

陈女士近年来在事业上步步高升，节日一开始便陆续有朋友亲戚送礼。常言道，来而不往非礼也，陈女士又不敢学着别人，把西家送来的礼"赠"东家，于是合计着回送，一算下来，仅仅"回礼品"就价值几千元，她只好望着满屋子中看不中用的礼品发愁。

避陋消费建议：一是远离人情这条链。全家出门旅游不失为一个好办法，所谓不知者无罪，请柬找不到主就自然找"不到你"。二是千万别玩来而不往的游戏。对送上来的礼坚决不收，特别是那些需要还的礼更应该拒绝，坚持2年必有成效。

2. 陋习之"年货狂"

有一对夫妇总是瞧见别人买什么，心里就不平衡。春节前，每天都往家里搬东西，直到220立升的冰箱撑得关不上门。在阳台上挂着堆着的全部是年货，有些才买来几天就变了味。

逢节购物本是无可厚非的事，但这种春节消费不乏盲目攀比、跟风的现象，加之商家逢年必搞"大减价、大拍卖"的活动，因此，女人在节日购物，因贪多求全，要面子攀比跟风，可能会变成吃哑巴亏的购物狂。

避陋消费建议：一是做一个购物计划。平日可买得到的东西，没必要过节才买，切忌冲动和贪便宜。商家都有"趁节赚钱"的习惯，你只需"你说你的，我买我的"就不吃亏。二是千万别患"消费红眼病"。兴许你那身穿几千上万元一套西装过年的邻居，口袋里只有不到100元的现金。三是不少商家趁过节大卖库存积货是个事实。记住，过年卖的东西不一定是好东西。四是有条件、有时间的话可提前购买一些节货，这样消费质量才有更好的保证。过节时人们都忙购物，你挤我挤，很容易上当受骗。

3. 陋习之"请客赛"

小刘平日上市场买菜，连青菜都要拿在手上抖三抖，抖掉了水分才让过秤。可每逢过年,他家里必定宾客盈门,七大荤八大素的吃个不亦乐乎,呼朋唤友一下子花个上千元也不皱眉头,有时初一他请,初二我请,轮流比赛山吃海喝。结果过一个节下来,工资奖金全吃光不算还背上一身债。小刘自己的解释是:逢年过节咱也不懂消费什么好,想想大家都爱吃,因而过年的快乐就是请客吃饭!

大家过节时的穷吃猛喝,根本不是在品尝美食,更像是在吃一种"讲究"。请客吃饭名义上是让节假日过得更祥和更高兴,实际上却是吃派头的附属品。

避陋消费建议:一是过节少吃凑份子的热闹,常在家吃便饭小菜,一来健胃,二来保命。二是为过年7天的"吃"做一个预算,超出平日吃喝消费的30%~50%即可。

4.陋习之"赌博风"

且不说广东、四川等地夜夜"筑长城"的习俗,一到过年,全国各地似乎都会出现聚在一起玩麻将、打牌的人群,有的人在很短的时间内便输掉了1年的血汗钱,有的人赌红了眼,大打出手,最后把自己赌进了牢房。

避陋消费建议:眼不见,心不乱,很多赌博是从"看别人赌"开始的,过年凑热闹,可千万别往这堆人跟前凑。

5.陋习之"凑热闹"

别的且不提,就这几年才兴起的节日旅游来说,必定是哪里热闹往哪里挤,哪里人多哪里一定好,哪里线路热,不往那条线上走一走就算不上出门旅游,如此等等。最终多是花钱买罪受。

如此一来,不少人如"老鼠进风箱,两头受气",在家里无聊得恐怖,走出家门玩来玩去人山人海,挤得浑身是汗,花了比平时多一倍的钱还玩不出平时50%的快乐。

避陋消费建议:一是,倡短途旅游。过年时到郊外踏青、赏雪,花费

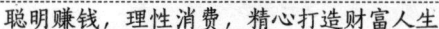

少、行程短，携带东西简单，可去的地方又多，倘若采取自助、自驾车、自由结伴等方式出门更好。二是，携家游一回，合家乐一年。不妨改变一下团圆的方式，家住祖国各地的亲人相约一处旅游风景点小聚；平日不常一起走动的一家人，约上个时间扶老携幼出门逛逛，绝对能收到意想不到的节日效果。三是，避热就冷。出游与他人无关，与时尚无关，只与自己的需求和欲望有关。

买自己会穿出去的衣服

添加衣物是女人的常事，可是许多女人做事情往往凭直觉，购衣、穿衣更是如此，只是之后总免不了后悔。想成为穿衣高手吗？在漂亮衣服面前，冷静地判断、理智地分析可是很重要的。

下面购衣高手教给你不能不领会的家庭购衣原则。

1. 经济原则

家庭的任何一个支出点，都要以家庭经济为基础。很多女人比较喜欢打扮自己，舍得花很多钱来包装自己，然而，这需要以家庭条件为基础。如果一个家庭月收入为5 000元钱，你都用来买衣服，这个月的日子就可想而知了。

2. 计划原则

有计划、有目的地去买衣服，通常有两大好处：其一是可以节省时间，知道这次要买什么衣服、到哪里去买、买什么款式等，这就节省了满市场搜寻的时间；其二是省钱，为家人添置衣服如果有计划，就能在一定程度上减少看见什么买什么的习惯，买得少了，当然钱也省下了。

3. 兼顾原则

添置衣服的时候,要照顾到家里所有的人,而不要单顾一头,因为这会让家里的其他人有想法,产生不必要的矛盾。不要只让自己衣装华丽,而让家人衣裳破旧,这样既不合适,也会让家人感觉到不平衡。

穿着和谐应是女人应该追求的穿衣境界。

穿着和谐的女人都只买自己喜欢的、适合自己的,她一般不太注重品牌,因为这样往往会让人忽视了内在的东西。

优雅的衣着有温柔的味道,但对于成熟的都市女人来说,最根本的是高贵和冷静。

黑色是都市永远的流行色,但如果你脸色不是太好则最好避免,加入灰色的彩色既亮丽又不会太跳,是合适的选择。

寻找适合自己肤色的色彩,一定要注意服装是穿在自己身上的,而不是白色或者黑色的模特衣架。

聪明的女人还有自己的购物必杀技:

(1)衣服和男人一样,适合自己的就是最好的。

(2)应该多花些时间和精力在服装的搭配上,不仅能让你以10件衣服穿出20款搭配,而且还能锻炼自己的审美品位。

(3)绝没有所谓的流行,穿出自己的个性就是真正的流行。

(4)无论在色彩还是细节上,相近元素的使用虽然安全却不免平淡,适当运用对立元素,巧妙结合,会有事半功倍的美妙效果。

(5)时尚发展到今日,其成熟已经体现为完美的搭配而非单件的精彩。

(6)闪亮的衣饰在晚宴和party上将会永远风行,但全身除首饰以外的亮点不要超过两个,否则还不如一件都没有。

(7)一件品质精良的白衬衫是你衣橱中不能缺少的,没有任何衣饰比它更能够千变万化。

（8）mix&match（混合并和谐着）的原则不仅体现在服饰的搭配上，同样可将便宜与贵的、新的与旧的服饰搭配起来。

（9）每个季节都会有新的流行元素出台，不要盲目跟风，让自己变成潮流预报员，反而失去了自己的风格。关键是购买经典款式的衣饰，耐穿、耐看，同时加入一些潮流元素，不至于太显沉闷。

（10）重视配饰，衣服仅仅是第一步，在预算中留出配饰的空间，认为配饰可有可无的人是没有品位的。

（11）逐步建立起自己的审美方向和色彩体系，不要让衣橱成为色彩王国。选择白色、黑色、米色等基础色作为日常着装的主色调，而在饰品上活跃色彩，有助于建立起自己的着装风格，给人留下明确的印象。而且由于色彩上不会冲撞，也可以提高衣服间的搭配指数。

掌握逛街砍价的技巧

逛街砍价成职业，你一定觉得挺新奇吧。有媒体报道，砍价已成了一种新职业，沈阳一位邹先生就注册了全国首家砍价公司。现在一些圈子内公认的逛街高手们都流行一句术语——称逛街为"淘货"，衣服样式好不好看，在高手说来就是"货色好不好"。既然逛街成了"淘货"，那么不仅仅要能慧眼识好"货"，更在于能以合适甚至较低的价格拿下。砍价高手陈小姐总结了多年"淘货"的经验，愿意与读者分享这套与服装店老板讨价还价的"方法论"。

1. 看到中意的衣服不可喜形于色

"在一些个性十足的服装小店，不经意间发现了令人眼前一亮的，并且能一见钟情的衣服的概率是非常高的。但是此时千万不可以像发现新大陆

一样立马眉开眼笑，跑去向老板询问价钱。""淘货"高手陈小姐向记者讲述着，"如果让老板察觉到你对这件衣服喜欢得死心塌地了，那么他往高里喊价的风险也就随之增加了许多。"的确，从刚刚开始发现喜欢的商品，并且有了购买欲望的时候，和老板的心理战就打响了。那么"行家"的做法又是怎么样的呢？陈小姐告诉记者："发现好衣服的喜悦要藏在心里，脸上要不露声色。你可以漫不经心地先摸摸衣服的料子，或者对老板提出试穿的要求。价钱大可不必急着问。穿上之后，还可以再和老板过几招，比如问问这个款式还有没有别的颜色，即使身上穿的这个颜色你已经非常喜欢了；也要说'要是袖子再长点就好了'之类鸡蛋里面挑骨头的话。这时，老板多半会打圆场，说这件衣服的好话，但你千万不能就随着他的思路走了。当他的好话说得差不多的时候，你就可以开始问价了。让老板觉得你不是特别喜欢，凑合卖了算了，所以开的价钱一般不会很高。"

2. 杀价要心狠嘴辣

"当试穿后发现没有什么问题，一切中意后，和老板之间关于数字的拉锯战就拉开了帷幕。这段时间，最重要的就是不能心慈手软，要知道心软了，就得多掏银子，这没二话。"陈小姐说道，"有些时候，看准的衣服自己要有个心理价位，什么面料，什么款式，以及商店所处的地段是否为繁华地段等因素都与商品的价格直接挂钩。一件纯棉的长袖T恤衫，一般质量再好的也就40~50元，可是很多老板会喊出100元以上的价格。此时，你大可wt出掉头就走的架势，以示老板不是诚心想卖衣服。老板们则会拉住你，向你说这是有牌子的正宗货或是出口转内销的外贸货、质量有多好等。而你却不必理会这一套，因为谁都知道真正名牌的衣服都在大商场，在小店买衣服图的是个性和时髦。所以，你可以喊出比自己心理价位稍微低点的价格，也许是他喊出价钱的1/3都不到。此时，老板必然会向你加价，而你一定要坚持自己的价钱不能松口，大不了不买。几个回合下来，老板只要拗不过你，多半

会在你开出的价钱上稍微加点,这也许就正好是你的心理价位,你也就给个台阶,点头付钱收货吧。"

3. 天涯何处无芳草

众所周知,小店里的衣服是跟着一阵阵流行风而来的,很多时候在这家店里看到的衣服,在另外一家店里也能看到,有时也只是在细节的地方有些无碍大局的小变化而已。陈小姐说:"想跟风的话,就要多了解一些行情,当然就必须要腿勤,要货比三家了。"其实陈小姐此时说的货比三家,指的就是价比三家,同样风格的衣服在不同的小店就会有不同的价钱,当然这也和衣服的面料、小店所处的位置相关。"对于此类衣服,可以多在几家商店逛逛,若其中有店主流露出想和你商量商量价格的意向,你也不必急着和他开始口水仗。你可以很轻松地说在别家店也看到过这样的衣服,质量不见得差,价格比你低一半,即使你以前根本就没有问过价钱也没有关系,不是都说兵不厌诈吗?此时,小店老板们会很急切地表明你不识货,以那样的价格绝对买不到。当然,你可以很轻松地说一句去别家再看看,即使没有买到衣服,起码也摸清楚了行情。到下一家店和老板理论的时候就有了心理准备,还下来的价钱也差不到哪里去了。"

要买到便宜东西除了会砍价外,还可以学一学下面这些窍门:

(1)充分利用各种渠道去获得消费品的信息。比如互联网:买房有"搜房",买手机去"通信天地",买电脑有"中关村在线",装修找"网上建材城",实在不行用个"引擎"什么的搜索一把,搭上点儿边的信息一览无遗,搞不定才怪!

(2)平时也该多留意一下相关产品的信息。只有多动脑、勤思考、多积累,在消费的实践中你才会迅速成长。

实践是检验真理的唯一标准。女人要在实践中努力成长为"购物专家",这样才能在当今频繁的商品交易中立于不败之地。

第7章
百变卡主：女人要让刷卡来得更潇洒

做好信用卡管理，消费才不吃亏

信用卡虽然让人们消费更方便，但是，每个女人都应该思考："自己真的适合使用这种塑料货币吗？"除非自己真能做好信用卡管理，消费才会不吃亏。

小菲是一位快乐的单身女郎，但是，毫无节制地消费，却是她最大的财务致命伤。每个月她都辛勤地工作，但是一下班看到喜欢的东西就刷，刷完以后的对账单据不是随便乱扔，就是揉成一团放在皮包里，然后隔天换个皮包出门就忘记。所以每个月她都不记得自己到底刷了多少钱；刷的时候很开心，可是等到信用卡账单一来，整个户头剩下的钱就全部缴械。

你是不是拿到信用卡账单的时候，常常想不起自己何时消费了那么多的金额？还是在刷完信用卡之后，随手就把签过名的收据丢弃呢？现代女人使用信用卡，要先做好支出管理，因为，"理债"比"理财"还重要。

刷完信用卡后，要将当月的收据整理好，这样不但随时可以对账，还可以随时提醒自己知道"已经刷了多少钱的债务"。若是你刷了信用卡，然后在下一次缴款期限前缴清支出，信用卡绝对会是一种方便的理财工具。如果只是因为钱不够用，就把信用卡当成是提款卡，那么，马上就会一脚踏入负债的漩涡当中。

减少持卡的张数

刘汶翰，他个人总共有142张信用卡，全部摞在一起，足足有将近20厘米厚。更离谱的是，刘汶翰曾经积欠信用卡债务100多万元，现在却是一位理财顾问。当谈到自己有那么多张卡时，他说："当卡片排出来这么多的时候，我也觉得实在是太离谱了！"

还好，这位聪明的刘汶翰不仅在后来的几年内还清了自己的债务，并且还把这段故事写成了书，赚了不少版税与名气。

你有多少张信用卡呢？其实，很多女人不是没钱投资，只是没有控制住欲望，而让辛苦赚来的钱轻易地从指缝间流失了。少用信用卡消费，减少循环利息的支出，1个月省下3 000元绝对不难，就看你是不是能够控制住欲望，少刷一次卡，就可以增加一次投资的机会，可投资的金额也会不断地提高。

减少没有必要的持卡张数，可以让自己减少胡乱消费的概率，也可以增加自己理财记账的效率。同时，将自己的花费集中在数张信用卡上，也有集中管理支出的好处，了解自己的收入及支出形态，是有效理财的第一步。

优雅女人的 *16* 堂投资理财课

巧用信用卡的几种方法

很多女人感觉信用卡在自己的日常生活中很有用。一卡在手,你就不用为买东西而身揣大量现金出门了。如果你要在餐馆请一群客人吃饭,也用不着事先算计要取出多少钱用。买机票时,你只需打一个电话,报上信用卡号,就省得自己跑到售票处去了。当你去国外旅行时,不再需要操心该换多少外汇,因为多数付款都可以通过信用卡完成。此外,很多网站都允许你使用信用卡在线订购各种产品和服务。

简单一句话:信用卡为你省了许多时间,减少了许多麻烦。它们还可能为你带来其他一些好处,如旅行时的优待服务和买东西时的折扣等。

女人经常说:爱信用卡,是因为它使用方便,并提供增值服务;恨信用卡,是因为它的不可控性常常带来恶性负债,使自己每月都要支付高额的利息。如果你在日常使用信用卡时,只是把它单纯地当成刷卡和投资消费工具的话,那么,真的就是太"委屈"它们了。信用卡的使用,重在一个巧字。巧用信用卡,将其变成个人理财的工具之一,不仅可以享受诸多的便捷,还可以帮忙省钱以及享受银行为持卡人提供的增值服务。巧用信用卡,学会用明天的钱改善今天的生活。

巧用信用卡,女人不妨尝试从以下几个方面开始。

1. 多刷卡可以免年费

信用卡每年所收取的150元或300元的年费常常令办卡人觉得是一笔过高的额外开销。这样看来办信用卡似乎并不划算。然而,在目前国内的信用卡市场,各大银行都有推出1年中刷卡若干次,即可免年费的优惠政策。这样说来,其实,在国内,信用卡的拥有和使用基本上是免费的。

2. 学会计算和使用免息期

使用信用卡一般都可以享受50~60天的免息期（各银行有所不同），这也正是信用卡最吸引人的地方。免息期是指贷款日（也就是银行记账日）至到期还款日之间的时间。因为持卡人刷卡消费的时间有先后顺序，因此享受的免息期也是有长有短的，而上面说到的50~60天的免息期，则是指最长的免息时间。举个简单的例子，比如你的一张信用卡的银行记账日是每月的20号，到期还款日是每月的15号。那么，如果你在本月20号的刷卡消费，到下月15号还款，就是享有了25天的免息期；但如果你是本月21日刷卡消费，那么就是到再下一个月的15日还款，也就是享受了55天的免息期。而在这55天的时间里，你就在享受着无息贷款。

3. 尽情享受信用卡的增值服务

目前，国内的信用卡还处于推广期，各大银行纷纷出奇招揽信用卡用户。对于银行的各类促销手段，持卡人可以善加利用，尽情享受。银行的信用卡促销活动是没有单独的通知的，都是随每月的对账单一起寄到持卡人手中。收到对账单的信件后，不要急于丢掉，花几分钟的时间仔细阅读一下相关的内容。也可以登录自己所持有的信用卡的银行网站，更全面地了解自己所持的信用卡可以在哪些商户享受特殊优惠。

总体说来，目前的信用卡促销手段包括积分换礼、协约商家享受特殊折扣、刷卡抽奖、连续刷卡送大礼、商家联名卡特殊优惠等。应该说，使用信用卡比用现金更经济、更优惠，持卡消费1元绝对比用现金消费1元得到的价值多。

4. 信用卡是商旅好帮手

经常出差或是喜欢出去旅游的人，会对信用卡更为钟爱。他们习惯用信用卡通过各大旅行网来订机票，手续简便而且可以享受免息的优惠。更多的，也避免了携带大量现金出行的麻烦。此外，信用卡在异地刷卡使用是免手续费的。

聪明女人如何巧用信用卡

女人有天生的购物冲动，很多女人办理了信用卡之后常常会导致很多无谓的开销，信用卡的诞生和透支额度的不断增加，造就了一批又一批的"骨灰级"购物狂。其实只要能够更理性地消费，使用信用卡就可以帮助女人做好合理的消费规划，提高女人的信用卡理财能力，帮助她们早日走向财务自由。

很多银行针对女人的消费特点，推出了女人专属的信用卡，在卡功能上做出独特的设计，满足了女人的消费需求。如中国民生银行推出的女人花系列信用卡，包括欧珀莱联名信用卡、"品位"联名信用卡、思妍丽联名信用卡、昕薇联名信用卡等，在购物消费时可以享受到不少女人专用品牌的优惠、多倍积分等服务，女人可以利用这些信用卡为自己精打细算。

1. 利用信用卡记账

每个月银行寄给持卡人的信用卡账单，除了提醒持卡人还钱的金额之外，其实还详细记录了持卡人的消费账目，在何处购买了何样商品及服务，账单上面一目了然。女人可以利用信用卡账单进行记账，对照账单总结出1个月的总支出，并一一核对检验。同时，女人还需要对每月的消费做一个思考，看账单上的哪些支出是必需的，哪些消费属于典型的"冲动作祟"，应该避免。这样可以提前对下个月的消费数额和消费项目进行提前规划，减少不必要的开支。

2. 充分利用信用卡积分

有人说信用卡积分是鸡肋，很多女性持卡人并不重视。其实银行信用卡积分除了能够兑换礼品之外，各个银行为争夺客户资源和鼓励持卡人多刷卡消费，开拓了许多信用卡积分的使用范围或直接高额赠送礼品。如不少信用卡积分可以兑换成航空里程、加油卡等，民生银行曾推出刷卡399/999送伊利营养舒化奶的活动，在市场上刮起了一阵旋风。除此之外，银行也经常与商场联手进行"刷卡返现"的活动，相当于凭空多出一部分现金重复使用，创造双倍的价值。平时爱刷卡的女人，一定要注意多参加积分奖励和回馈活动，为日常生活精打细算。

3. 充分利用联名卡

信用卡联名卡不仅具备了普通信用卡的功能，还具有该联名企业的会员卡功能，持卡在这些商场、品牌消费，都能够享受到折扣和积分优惠等。如民生银行的欧珀莱联名信用卡、思妍丽联名信用卡等，都可以享受品牌优惠和多重好礼。女性可以根据自己的消费需求和习惯，办理相关银行的联名信用卡，信用卡和会员卡合二为一，可以带来更多的便利和实惠。

保证信用卡安全的基本做法有如下几条：

（1）努力记住密码，不要把它写下来。

（2）收到信用卡后尽快签上字。

（3）把信用卡号和紧急求助电话的号码记在一个安全的地方，这样卡一旦被盗就可以立刻挂失。

（4）永远不要告诉任何人你的密码，就连发卡公司和公安局的人也不要告诉。

（5）不要让别人拿到你的卡。

（6）保留所有的销售小票和ATM机提款收据。

（7）出现损失时立刻报告——多数诈骗都是在卡主报告之前的那段时间完成的。

（8）如果需要扔掉对账单或收据，记得把它们撕碎或烧掉，以免别人看到上面的具体信息。

（9）如果你知道发卡公司会通过邮局给你寄卡来，却一直没有收到，就要和发卡公司联系。

养成每月整理对账单的习惯

阳阳在国外读书的时候，每个月总有一天早上她会大声尖叫，原来她收到了自己的信用卡账单："怎么会有这么多？怎么会有这么多？"

每个月收到账单的时候，要留下来做整理，因为账单会列出消费明细，你可凭此分析自己的消费形态，检讨自己是否有多余的浪费。如果你已经无法全额付清你的信用卡债务，就表示你的花费需要有节制。

养成整理对账单的习惯，可以帮助自己在发现收入不足以负担开支时，就要缩减消费的欲望，按照需求的重要性来排序。绝对不要贪图一时的满足，等到信用卡账单一来，才开始懊恼不已。有计划地消费，不但可以因此而得到满足感，更可以证明自己能持之以恒地储蓄而获得成就感。摆脱"月光族"的命运，才能为未来的人生计划，如买房子、投资或结婚等做准备。

信用卡的对账单其实总是透露出非常多的信息，如刷卡支出的状况、最低应缴金额的多寡、点数的累积、奖品的兑换等。养成每月整理对账单的习惯，可以在对账单中得知个人的消费记录，就算是使用电子账单，也应该保存对账单的文件，方便随时调出来查阅。

聪明的女性持卡人如果懂得避免年费的支出，并且还能够充分了解银行"红利积点"的方式，那么，信用卡不但会为你带来理财的方便，还能因为你的使用而让你"享受"到一些福利呢！试试看，你会发现原来自己每个月可以攒下至少一半的薪水！

第8章
日常储蓄：积小钱成大钱，让财富细水长流

你的储蓄习惯是你的财富

越早学会理财，就越早掌握获取财富的技能。只有越早树立投资理财的意识与追求财富的观念，才能在资源竞争越来越激烈的现代社会中更易、更快、更早获得成功。现代社会是经济时代，或者叫财富时代，衡量一个人的主流价值标准就是财富。所以，女人，请马上开始储蓄吧！

怎样才能养成储蓄的习惯？

1. 积攒零钱

很多人从孩子开始，就有很多零钱，但是却不会想到要储蓄。结果，当发现没钱可存时，才会提醒自己平时应该把钱存起来。为此，你可以给自己买一个小储蓄罐，一有零钱，就立刻放进去，持之以恒，储蓄罐就会满满的。

2. 银行储蓄

不管你采取哪种储蓄模式，你一定要鼓励自己在干其他的事情之前，先将一部分钱付给自己——即把钱存到银行里。有人建议强迫储蓄，就是一拿到薪水就先抽出25%存起来。长期下来，就可以收到很好的效果。当然，方式可以不加限定，但你务必要在规定的日子里把钱存到银行，以形成储蓄的习惯。

3. 为储蓄设定目标

如果你要存钱做什么事情，建议你写在纸上，并写明希望实现的日期。然后把它放到容易看到的地方，使自己能时时看到目标，以起到提醒的作用。

4. 不时回顾

不时地看到自己的银行储蓄在一点点地增加，会体会到数字逐渐变多的喜悦。时间久了，你便会感受到金钱得来不易。这些钱都是自己辛苦挣来的，一定要珍惜，不能随意地花。

聪明理财，做好个人的收支管理

据统计，目前国内城市居民一个家庭平均拥有5个以上的账户。有些人薪资转账、基金、证券、贷款、定存都放在不同的银行账户里，拥有5本以上的存折一点也不奇怪，但是管理起来也比较麻烦。

很多人都拥有5家以上银行的储蓄卡，但是每张卡上面的余额都所剩无几，由于现在商业银行普遍开始征收保管费——也就是余额不足100元，每存1年不但没有利息而且还要倒贴大约2元钱的保管费。如果不加管理，无疑会让自己辛苦赚来的钱四处"流浪"，或是让通胀侵蚀其原有的价值。建议整合你的账户,做好个人的收支管理,才能够将存折的资金流动记录转变为财务管理及理财分析的信息。

此外,可以多加利用网上银行,也能方便快捷地查阅管理自己的收支情况,至少每个月都要查询,才能清楚自己的钱都流去了哪里。了解自己在投资、储蓄与消费上的比例,有助于平衡生活的同时作出明智的投资决定。

女人应该尽早开始投资和储蓄,起步越早,成功的机会就越大。女人要懂得理财,人生就是要由自己来掌控,学会理财才是追求独立自主的基础。女人有钱,不光是为了追求享乐,而是要找回自己。懂得理财,就可以不必当钱的奴隶,就可以决定自己的生活质量。当然,绝对不能为了金钱而不择手段,只有这样,你的人生才会幸福!

聪明女人,养成记账的好习惯

账单最大的作用,除了警示消费人"你最近花钱有点太多了"之外,还能详细列出,你究竟是哪一项开支需要节约。

小新是新时代的精明女性,在接到招商银行寄来的信用卡账单记录之后,小新不禁皱了皱眉头,根据这张账单的显示,除了每月固定的房贷支出外,最大的花费居然是通讯费用。除了经常与国外客户联络,拿起手机就打电话的习惯,也导致通讯费居高不下。在看了这张分析表后,小新立马开始控制该项支出,能用固定电话的时候尽量不用手机,手机只用来接听,同时运用Skype和国外客户联络,结果每个月起码剩下了500~600元。

聪明的女人会时刻关注自己的收支情况,身边总是会备有一个小账本,把每天的消费支出都记录下来,然后每个月都进行比较总结,找出哪些钱应该花,哪些钱不应该花。然后在下个月消费时就会注意,从而节省开支。收集发票也是一种简单的记账方法,计算一下这个月总共的发票金额,消费记录基本上也就历历在目了。

下面列出几条改变你的消费习惯的小贴士:

(1)在大减价时购买东西,原本是可以用较少的金钱买到想要的东西。但如果事先没有预算的观念,很可能会因为打折期的闲逛而产生更多预算外的花费。购物本来是一件让人心旷神怡的事情,聪明的女人可以运用聪明的省钱购物绝招,让自己在买东西时精省"小钱",然后将小钱存成大钱,这样才不会到最后望着满屋子买回来的战利品及账单,摇头感叹:自己真是个败家女!

(2)查清每一笔钱的来龙去脉也一样重要,这样才不会造成财产的凭空蒸发——这绝不是危言耸听。很多女人可能会有这样的体验:月末粗略估算自己这个月的花销的时候,怎么也算不平账,明明记得只花了1 400元,怎么支出总额却是2 600元?还有那1 200元钱到哪里去了?追查每一笔钱的来龙去脉,最好的方法就是做好存折管理,因为现在大部分人都把钱存在银行,存折上会记载你在银行所有资金进出的记录。聪明的女人每个星期至少刷一次存折,或是在网上银行上查看金钱进出的历史记录,只要5分钟,你就能了解每一笔钱的来往状况,进而提醒自己要开源节流。

用好银行,服务自己

女人要学会利用银行来存钱,储蓄宜早不宜迟,越早储蓄,你也就会越早积累到财富,越早拥有积蓄展开投资的经费。

一般来讲,储蓄的金额应为收入减去支出后的预留金额。在每个月发薪的时候,就应先计算好下个月的固定开支,除了预留一部分"可能的支出"

外,剩下的钱都以零存整取的方式存入银行。零存整取即每个月在银行存一个固定的金额,1年或2年后,银行会将本金及利息结算,这类储蓄的利息率要高得多。将一笔钱定存一段时间后,再连本带利一起领回是整存整取。与零存整取一样,整存整取也是一种利率较高的储蓄方式。

也许有人会认为,银行利率的高低关系不大,其实不然。在财富积累的过程中,储蓄的利率高低也很重要。当人们放假时,银行也一样在算利息,所以不要小看这些利息,1年下来也会令你有一笔可观的收入。

银行都提供什么服务呢?

(1)和我们密切相关的是,银行为我们提供薪水发放的服务。

(2)银行还有不同种类的存款,如零存整取、活期储蓄、整存整取、支票存取、专项储蓄等。除了活期存款可以随时存取现金外,定期存款还有3个月、6个月、1年、2年、3年等不同的期限和利率档次,每个人都可依自己不同的需求进行选择。

(3)银行还提供贷款的服务,一般有消费性贷款,如汽车消费贷款、购房贷款等。

(4)在银行可办理代缴转账。即家里的水电费、电话费、手机费、信用卡消费的代缴等。

(5)汇款也是银行服务的一种,如要汇钱给别人或是转到某地,可以直接将钱经过银行汇给对方。在此项服务中,银行只收取部分手续费。

(6)如果你要买外国的货币,或需带汇票、旅行支票出国,也可以通过银行办理,回国之后如果用不完,仍然可以返给银行。

说起银行,就不能不提到支票。

很多人以为支票只是生意人的工具,但在西方国家,很多人上超级市场买东西或吃饭等日常生活花费也都用支票,很少会用到现金。事实上,支票和信用卡一样普及,是日常必需品。

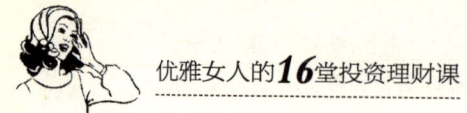

如果用现金付款而没有拿收据或发票的习惯,就常会忘记款项的用途,以支票支付能避免这种不足。支票上有号码,可以写收受人的姓名及款项的用途,由于支票要经过银行,因此每一笔现金往来都会有记录,可方便查询及对账。一般来说,支票应是见票即付的,但大部分的人会以支票作为延迟支付的工具,开1个月的票,可以生1个月的利息。有些人还会使用远期支票向银行办理融资,称为客票融资。也就是需要现金时,将收到的远期票送至银行,经银行分析核准后先行垫付,等支票兑现,扣除融资的利息,再将剩余的金额付给融资者。

尽量以支票付款,这样做不但能够使资金安全、方便地交换,而且能够帮助你养成记账的习惯,做到有账可查。

和银行打交道,还要学会挂失。储户在银行或信用社的存款,唯一的凭据就是银行存单或存折。支取存款时要凭存单或存折,如凭印鉴支取,还必须预留印鉴。一旦发现遗失,无论存折是否到期,都要持本人的身份证件到银行办理挂失手续。办理手续时要说明遗失的原因,并提供原存款的时间、种类、金额、户名、账号及存入日期等有关情况,向原存款银行声明挂失止付。银行根据所提供的内容查找储蓄存单底卡,如存款确未被领走,由储户填写"挂失申请书",办理挂失止付手续。在办理手续7天后,由银行向储户补发新存折;凭印鉴支取的存单或存折挂失时,必须在挂失申请书上加盖印鉴。如存款在挂失前已被冒领,银行应协助查找,如未找到银行不负责任。

另外,信用卡也是银行的主要业务,平时大家用得也比较多。下面介绍信用卡使用五大技巧。

1. 会算信用卡透支的利息

"信用卡免息50天"也有例外,稍有疏忽就有可能支付高达18%的年息和5%的滞纳金。

2. 信用卡取款没有免息

"我就不明白，信用卡里的钱是我自己存的，我再取出来为何还要收我30元的手续费？"手头有急用的张小姐临时从信用卡里取了200元钱，可她一看对账单，手续费竟然高达30元，如此高额的手续费让张小姐心里觉得窝火。

各家银行信用卡取现金都要收手续费，而且更为关键的是，如果是透支取款，1天的免息期都没有。这样持卡人不仅要缴纳几十元的手续费，还要缴纳每天万分之五的透支利息。

3. 选择"最低还款方式"没有免息期

许多持卡人在拿到银行寄来的对账单时会发现，一般对账单上都有"全额还款"和"最低还款"两种还款方式供持卡人选择，其中最低还款一般只需偿还透支金额的10%左右。持卡人千万别想当然地按照自己认为的最低还款额还款，由于加了利息，还款金额也在增加，因此持卡人一定要按照银行对账单上的还款额来还款，否则不仅享受不到免息期，还要为未还款的部分支付5%的滞纳金。

4. "花外币存人民币"，别到最后几天再还款

"我明明是在最长免息期的前两天去还款的，银行凭什么要收我100多元的利息和滞纳金？"去银行还美元的刘女士被告知，美元还美元当天生效，人民币还美元却需要3~5天的入账时间，如此一来，等到刘女士的钱到账，已经过了免息期，不得不补缴一笔利息和滞纳金。

招商银行、中信银行、中国银行都已规定，不管是人民币还是美元还款，还款都当即生效，人民币入账耽误的责任都由银行承担，但是也有银行存在着"花外币存人民币"的滞后现象，因此持卡人最好别卡在最后两天的"节骨眼儿"上再去还款。

 优雅女人的16堂投资理财课

5. "50天免息期"各家银行计算方法不相同

目前,各家银行规定的50天(或56天)免息期计算并不相同,持卡人最好也能心里先有个底。其中,工商银行规定本月消费到下月25日为免息期。假设持卡人是上个月30日消费的,那截止到本月25日,免息期为25天;如果持卡人是上个月1日消费的,免息期就为最长的56天。招行信用卡则每张都有一个记账日,免息期=记账日期+18天。假设5日是你的信用卡的记账日,那么在3日的消费,免息期就为本月3日到当月23日,共21天;如果是在6日消费,那么从本月6日到下个月的23日,49天都属于免息期。中信银行也是每月有一个记账日期,最长免息期为56天。

下面介绍一些银行储蓄细微规定小贴士:

目前,银行储蓄仍是大多数人首选的理财方式。但在银行储蓄中有一些细微的规定,影响着储户的利息所得。

在银行的规定中,各种存款以元为计算单位,元以下的角、分则不计息。存期是指从存入之日起,至取出的前一天为止,即存入当天计息,支取当天不计息。存款的天数按1个月30天,1年360天计算,不分大小平月。30日、31日视为同一天,30日到期的存款31日来取不算滞后一天,31日到期的存款30日来取也不算提前一天。活期存款遇利率调整,不分段计息,而以结息日挂牌公告的活期存款利率计息。定期存款遇有利率调整,不受影响,仍按存入之日公布的利率计算。定期存款如部分提前支取,提前支取部分按支取日当天活期利率支付,剩余部分按存入时定期利率计算。定期存款如全部提前支取,都按支取日当天活期利息支付。定期存款到期未取的,除办理了自动转存业务的以外,从到期之日起至支取日期间的利率,按支取日当天挂牌公告的活期存款利率计息。

虽然这些规定对于小额存款的利息几乎难以察觉,但对于大额存款的利息所得,影响也是很大的。

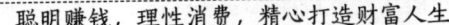

上班赚钱下班理财：
聪明赚钱，理性消费，精心打造财富人生

储蓄是投资的蓄水池

储蓄虽是所有理财途径中风险最小的，但也是收益最小的，在高通货膨胀的时代，储蓄的利率如果低于通货膨胀率，银行里的钱就等于越存越少。明白了这个道理的人们，都不甘心把自己辛苦赚来的钱放到银行，而是想尽办法投资理财产品。因此，在个人理财产品大行其道的今天，理财似乎也成了储蓄的代名词。有许多人忽视了合理储蓄在理财中的重要性。不少人错误地认为只要理好财，储蓄与否并不重要。

安莉就是个只重投资不重储蓄的女孩，她几年前刚刚本科毕业，现为某公司的业务员，每月收入为保底收入2 000元+提成+公司奖励。安莉是个典型的江浙女孩，人漂亮又会打扮，最主要的是头脑灵活会赚钱。

安莉还在大四实习期就被这家公司选中，虽说死工资不多，可是小姑娘特有经济头脑，每个月总能为公司拉到不少生意，光提成就有2 000多元。由于业绩突出，公司还会额外发给她不少奖金。这样下来，每个月安莉的收入都在5 000元以上。

但安莉认为，存钱是件费力不讨好的事，于是她几乎把钱都投入了基金和股市。前些年看到房价不停地涨，她想抛掉股票投资房产，可是却被深深套牢怎么也动不了，还没有买房的安莉，只好眼巴巴地看着房价一路飙升，自己干着急。虽然2006年股市基金打了翻身仗，可是相对飙升多年的房价，依然是小巫见大巫。

事实上，合理储蓄是个人投资理财的基础，每月的储蓄是投资第一桶金的源泉，只有持之以恒，才能确保投资理财规划的顺利实行。所以说只有做到合理的储蓄，才算迈开了投资万里长征的第一步。

定期存款还是活期存款

银行存款是最传统的存钱渠道之一，可分为活期性存款和定期性存款两类。

前者利息较低，但随时可以存领，而且金额不拘。后者利息较高，但有存款期限，未到期前提款，会有利息的损失。储蓄的目的是为了累积财力，所以最好不要经常动用已存下来的钱，基于这种考虑，以定期性存款作为储蓄较佳，活期性存款则只用来存放家庭的急用款，保持大约3~6个月的生活费用就够了。定期性存款又分为定期存款和定期储蓄存款，前者需要整笔的资金，后者则可以采用"零存整付"的方式。

只有在一定期限内不用的钱，才适合存定期，而且期限越长利率越高。这里很关键的一点是把期限确定好，比如：存一笔定期1年的钱，结果半年刚过便有急用，不得不提前支取，这半年银行只按活期存款的利息计算，就不如当初存半年定期，那样利息会比活期的高得多。

鉴于期限越长，利率越高，所以定期储蓄是长线投资的一个重要手段，即使国家利率调低，已存的钱利率也不变，而若调高，则从调高之日起，按高利率计算，这是银行的惯例，也是国家保证储户利益不受损失的措施。

家庭主妇林女士有一笔5万元的私房钱，这笔钱在几年内都用不上。但是存活期利率为0.72%，1年下来税前利息只有135元，她觉着这样太不划算。因此她在保证这笔资金在几年内都不会动用的情况下，选择"整存整取"这种定存方式，因为这种方式是所有定存里面利息最高的。

而白领小张，月薪为6 000元，刚工作，没有太多的积蓄，并且不能保证这些积蓄是否不动用，在这种情况下选择活期的方式就比较合适。

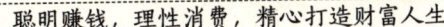

其实,活期和定期存款没有什么好与不好,关键是根据自己的情况,选择适合自己的存款方式。

就活期存款而言,目前银行一般约定活期储蓄5元起存,多存不限,由银行发给存折,凭折支取(有配发储蓄卡的,还可凭卡支取),存折记名,可以挂失(含密码挂失)。利息于每年6月30日结算一次,前次结算的利息并入本金供下次计息。

活期存款用于日常开支,灵活方便,适应性强。一般可将月固定收入(如工资)存入活期存折作为日常待用款项,供日常支取开支(水电、电话等费用从活期账户中代扣代缴支付最为方便)。

由于活期存款利率低,一旦活期账户结余了较为大笔的存款,应及时支取转为定期存款。另外,对于平常有大额款项进出的活期账户,为了让利息生利息,最好于每2月结清一次活期账户,然后再以结清后的本息重新开一本活期存折。

定期存款和活期存款有所不同,它是50元起存,存期分为3个月、半年、1年、2年、3年和5年共6个档次。本金一次存入,银行发给存单,凭存单支取本息。在开户或到期之前可向银行申请办理自动转存或约定转存业务。存单未到期提前支取的,按活期存款计息。

定期存款适用于生活节余的较长时间不需动用的款项。在高利率时代(如20世纪90年代初),存期要就"中",即将5年期的存款分解为1年期和2年期,然后滚动轮番存储,如此可利生利而收益效果最好。

在低利率时期,存期要就"长",能存5年的就不要分段存取,因为低利率情况下的储蓄收益特征是"存期越长、利率越高、收益越好"。

当然对于那些较长时间不用,但不能确定具体存期的款项最好用"拆零"法,如将一笔5万元的存款分为0.5万元、1万元、1.5万元和2万元共4笔,以便视具体情况支取相应部分的存款,避免利息的损失。若遇利率调整时,

刚好有一笔存款要定期,此时若预见利率调高则存短期,若预见利率调低则要存长期。

女人在选择活期存款还是短期存款时不能仅仅考虑哪个获得的报酬更多,要更多地结合自身的经济条件,选择适合自己的方式。

第9章
家庭理财：让你的生活锦上添花

巧用房贷，"房奴"变房主

现在，越来越多的人加入贷款购房者的行列。因房子而为银行打工，已是无法改变的事实。那么，如何巧妙地利用银行房贷的方式为自己解忧，规避风险，由"房奴"变为房主呢？

巧妙地利用银行房贷的方式，不光有利于尽快还款和方便投资，精明的投资人还能从一个合适的贷款中赚出钱来。根据贷款品种的功能，选择适合的投资方式和目的，关系到你的投资是否能获取更高的利润。

为了利用房贷，使"房奴"变房主，你就需要选择功能灵活的贷款产品。贷款产品的功能是至关重要的，有的产品对多还款和再取款有若干的限制，这会滞后还款期。有时这类产品以较低的初始利率来吸引客户，一些客户只看到其表面利率，不了解其稳定性、功能及限制条件。选择功能灵活的贷款产品，使各种收入直接进入贷款账户，在第一时间冲掉本金、抵消利

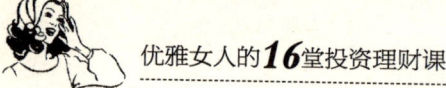

息，能大大缩短还款期。你可以采取以下措施。

1. 选择适合的还款期限

一般而言，贷款购房，还款年限选择15～20年较为适中。若贷款年限过短，还款压力相应较大，一旦工作发生变更，可能导致无力还贷。但如果预期自己未来收入会大幅增长，则不妨选择较短的还款期限，这样可少付利息。若有住房公积金的，在购房时能用多少公积金就尽量用。就算工作不久，公积金较少，能用也最好用，这样可以少付利息。

2. 选择变种房贷

变种房贷有两种方式：

（1）宽限期。贷款发放后，在合同约定的时期内，只需每月支付利息，暂不归还贷款本金。待宽限期结束后，按合同约定的等额本金或等额本息方式还本付息。

（2）存贷通。建立一个存贷通账户，超出5万元以上的存款，银行按比例视为提前还款，以减少你的利息支出。一旦急需，可提取房贷理财账户中的所有款项。

3. 选择移动组合房贷或入住还款法

26岁的甜甜活泼漂亮，老家在外地，她是一个潇洒的自由职业者，和别人合租在一个50多平方米的老房里。她平时专为市区几家大的医药公司跑销售，收入不稳定，高时月薪过万，低时两三千元。因花钱大手大脚，她常常不到月底就已身无分文，是个典型的"月光族"。现在，甜甜想要买房了，可手中能用的资金没多少，她后悔没在有钱的时候给自己留点备用金。

对于"月光族"来说，要想成为房主而非"房奴"，入住还款方式可以降低交房初期的经济压力。还款人可以申请从贷款第一个月开始，与银行约定一个时间段，仅偿还贷款利息，无须偿还贷款本金，约定期满后，再开始采用等额本息或等额本金的还款方式归还贷款的本金和利息。如果购买的楼盘是期房，用这种房贷方式，还可以免除购房者过一边交着房租，一边交着月供的生活。

不过，需要提醒的是，这种"只还息，不还本"的最长时间不能超过12个月，但也不能低于6个月。期满后，购房者需按照事先与银行约定的等额还款方式或等额本金方式还款。女人买房需要注意的三个问题：

（1）学会鉴赏样板房。如果说很多男人买房太注重实用性的话，那么很多女人则常常是漂亮第一，实用第二，样板房对她们的买房起着决定性的作用。而这也正中了房产商下怀，因为建造样板房的最大目的就是让购房者产生购房冲动。样板房总是能把玻璃和镜子用到极致，那种通透感可能正是你要追求的，因为感觉光照好啊。可是你有没有想过如果这里原本没有玻璃，又是什么效果呢？这点房产商自己最清楚，原来实际的房子其实没有你现在看到的那么大，光线也没有现在那么好。怎么办呢？设计师说了，用玻璃啊，再加上镜子，这样看房者的眼睛就花了。也许你会说，用玻璃和镜子装饰一下也没什么不好呀？是没什么不好，起码好看。但是现实是在玻璃和镜子前你还能放什么东西呢？样板房里的几样家具，其实完全不能满足你生活的实际需要，玻璃和镜子帮你放大了眼睛里的空间，同时减少的是你的实际空间。

（2）看清楼盘模型。楼盘模型和实际楼盘是不可能完全一样的。比如，楼盘上注明它和实际楼盘的比例可能是1∶80，但在做楼盘之间的栋距时，比例可能是1∶100。这样人们感觉到楼与楼之间的距离是可以接受的。另外，要关注模型总平面图，因为它可以让你准确地了解楼盘的位置、相邻关系、住宅开发和交通配套等大致情况。还有模型中的道路分市政道路和社区道路，市政道路可能就有噪音问题。所以如果你看不懂就应该主动问清各道路今后的使用情况，以免造成生活的不便。有时模型中还有一些小建筑，你千万不要忽略这些小摆设，因为它们往往是小区的配套设施，如变电站、垃

圾房等。这些小东西虽然不会影响基本生活，但可能会让恰好住在低楼层附近的你不舒服。

（3）区分房子的实用性和投资性。买房之前要想清楚，是投资还是自住。投资不必在乎采光和户型，面积、位置和升值潜力是第一要素；如果是自住，且时间较长，那么户型、位置、性价比以及经济能力就要优先考虑了。顾不上那么多的时候，女人就要挑最心动的一点，好比选择最终的爱人。

选好买车时机

任何商品都有价格浮动期，汽车也不例外。对于想买车的女人来说，选对买车时机能省下不少银子。

1. 在大幅降价之后买车

由于车市竞争压力越来越大，有些厂家迫于压力又不得不摆出姿态，象征性地下降几千元，隔一段时间又会来一次，又降几千元。如果在第一次降价就出手则不能得到最大的实惠。那么，厂家降多少才是底线呢？一般来说，一款车型降价幅度超过1万元甚至2万元时，消费者就可以考虑出手了，因为厂家在短期之内一般是不会再降价了。这个时候就是最佳的买车时机。一般这个降价的时机过去之后，以后很难会出现如此大幅度的降价了。所以说，"过了这个村就没有这个店"了，女人买车时要牢记和把握这个时机。

2. 选择改款新车上市之前买车

汽车生产厂家为了迎合消费者的需求，不断地推出一些性能更好的新车型，没有新车就推出升级版，因此消费者在车市上经常会见到"06款""第六代"之类的车型。有些厂家研发投入不足，推出的改款新车改进不大，却借此来维持原有价格。但在推新款车之前，厂家都会对原来的车型进行降价处理，所以，当消费者得知某一款车要推新车型之后，马上买旧款可能会比较省钱。

3. 在车市淡季买车

在淡季阶段，汽车经销商为了增加销量，往往会降低车价以吸引消费者，这时购车、买车能省下不少钱。

第一个淡季一般是在春节过后至清明节前这段时间。春节的高潮期过后，汽车行情一般比较淡，有的厂家和经销商由于没能完成上一年的销售任务，库存压力大，不得不降价。还有许多厂家习惯在此阶段推出新车，对市场的冲击力不小。所以，此时汽车的价格比平时便宜不少。

第二个淡季就是7~8月间。这时天气炎热，加上没有什么新车下线，车市热点少，消费者买车的兴趣也大减。如果选择此时买车，也许能从经销商那里谈到一个好价钱。

第三个淡季是国庆黄金周之后到11月份。此时已接近年末，如果厂家和经销商前期的销售量与年初制定的目标还有很大的差距，为了完成全年的任务，他们会想尽办法清理库存，所以优惠促销的措施相应也特别多。

4. 在畅销车型下线之前订车

现在，很多人有这样一个误解，那就是以为新下线的车的价格一定会很高，所以一般不敢问津。殊不知，他们其实犯了一个错误，新下线的车价格不一定很高，反而很有可能会比较低。

汽车业的跨国巨头们为了抢占市场，不得不把一些在国际上的当家车型拿到中国来生产，而且这些车型刚上市时的价格要低于人们的预期，上市后1年之内是绝对不会降价的。如果你得知某大型生产厂家有新车将要下线，马上到专卖店提前订车，这样也许无需加价就能早早拿到时下最畅销的车了。

5. 旺季优惠要小心

很多经销商为了吸引购车者的眼球，在车市旺季也推出优惠活动，但这种优惠是有很大水分的，此时消费者必须仔细审视，谨防上当。因为有些经销商打出的优惠措施很可能只是虚张声势，甚至有的车型降价是以减了不少配置为前提的。一般来说，车市的旺季主要集中在以下三个时间段："五一"黄金周、"国庆"黄金周、春节前1个月左右。

女人特别容易在这个时候上当受骗，所以要睁大眼睛，不要被厂商这些华而不实的优惠所蒙蔽，小心上了旺季优惠的当。

爱情和理财，你可以平衡

现代社会，女人如果没有理财的自由，是万万不可的。特别是对于恋爱中的男女，他们大多觉得充满铜臭味的金钱在充满玫瑰芬芳的爱情面前看起来确实很庸俗。别再傻了，擦亮你的眼睛，学会在爱情中聪明理财，做个自由女人。其实，爱情与理财并不矛盾。

下面是聪明女孩小兰写给她深爱的男友的理财计划书：

你刚工作不久，却已经有了第一桶金，是很值得鼓励与敬佩的。你的生活作风还是很值得欣赏的，在这方面你做得的确比我好。但是，在对待这第一桶金的问题上，把它们全部以活期的方式储存银行，却并非明智之举。

和你深层次的沟通交流后，加上我们的实际情况，得知你近几年的理财目标是购车计划、结婚计划与老人的赡养计划。依我个人的理解来看，应是2～3年的结婚计划，3～5年的购车计划，10～20年的老人赡养计划。

而你目前的财务情况是刚工作，收入不高，工作还很忙，但因你的生活习惯较好，且单位包吃包住，所以你的月开销生活费能控制在60%的合理消

费比率内,这一点还是不错的。同时,你的净储蓄率高,达到了80%(净储蓄率=净储率÷总收入,一般合理的范围是20%~60%),而你的资产负债率为零,自然债务偿还率也为零了。平均投资报酬率仅仅为你的活期利息,净资产增长率也远远低于5%~20%的合理范围,更不要谈你的财务自由度了。从对你的财力指标分析来看,若想在几年后买车、结婚及将来孝顺老人,基本很难,但如果选择适合的理财方法,或许可以事半功倍。下面给你几条具体的建议。

1. 个人备用金的准备

将你的第一桶金只留1 500~2 000元,作为活期存于卡内,主要用于防止意外事件的发生。有可能的话办理一张信用卡,平常在购物方面,尽量选择刷卡,因为这样可以减少动用你的流动资金,让更多的资金投入到理财中去,增加理财收入。

2. 恋爱消费物的准备

另从第一桶金中拿出5 000元买台笔记本,因考虑到我们的恋爱因素,导致手机费暴涨,即恋爱开销陡增,要是按3月份的手机费400元来算,1年我们就捐给移动公司4 800元,务必要将这一成本降下来且控制在一定的范围内。以后可以通过网络联系,另外不同意你买组装台式机的原因有两点:一是因为我已有一台式机,考虑到婚后利用率的问题,还有方便携带的问题;二是因为考虑对你个人投资隐私的问题,以后会让你开通网银,尽量利用电脑的优势节约时间等各方面的成本。

3. 一次性投资用于理财目标实现的准备

剩下的资金,希望你拿出其中的80%一次性投资一只或两只基金,因你的工作时间较忙,加上对股票知识的不足,所以不建议你投资股市,而是选择最擅长的基金领域。在基金的选择方面,我已帮你决定好,会选择基金中相对平衡型的基金,即选择哑铃式投资的基金,虽然现在市场不稳定,但相

信对于我们来说，基金是最适合不过的一种理财方式了，投资回报率应会超过你的活期储蓄回报率。

4. 定期定额投入基金

月工资规划，每月拿出40%的钱用于定投两只基金，主要分别用于购车计划的准备金与结婚计划的准备金。如若觉得定投的时间太长，也可每2个月利用网银一次性投资基金，不停地累计叠加，经过2~3年的时间，离目标应不会太远，毕竟收入在以递增的方式增长，而财富收益会以几何式的方式增长。只要坚持，假以时日，结果应会让你满意的。

5. 保险规划

这一点主要是为赡养老人准备的。我考虑了很久，你父母的年龄现在加起来已过100岁，务必要让他们注意健康，不要他们再为你操心。必须让他们明白，他们健康平安就是给你最大的财富与资产。我会多学习保险知识，选择一款适合他们的险种。另外，对于你的保险规划，我想买一份1年100元钱的意外险就可以了，然后看适合的机会给你买一份寿险。鉴于你的身体素质比较好，医疗险我想等到你30岁的时候再考虑。

其实爱情固然重要，但是也应该学会规划未来，特别是打算结婚的情侣朋友们。两人之间如果总计算钱的事情，似乎有点庸俗，但若没有正确的理财观念和计划，更容易让爱情之舟搁浅。因此，恋爱中的男女更应该认真地谈一下理财的问题，毕竟以后的日子还很长，只要转换一下思路，两个人照样可以从理财中享受到爱情的甜蜜。

恋爱中女人需要注意以下几个问题：

1. 借给他钱

很多女人在恋爱时都会借给男友钱，认为这是爱的表现，但这是一个不折不扣的错误。为什么这是错的？事情在一开始就不清不楚，对方答应你一定会还钱的，但你既不知道是什么时候，也不知道他如何还，这种隐藏着不

信任的关系在情侣间制造了压力。

一方持续充当着消防队员的角色,时刻准备为另一方解围,也许认为这是爱的表示,但实际上是加重了两人之间的不平等和依附的关系,这对两个人的爱情来说是非常有害的。

2. 让男人负担所有的开销

这也是很多恋爱中的女人常犯的错误。因为如果男人长期独自承担经济压力,会使他的心情变得沉重,非常不开心,焦虑暴躁,面对女人的无忧无虑,会感到很不公平。

最好的解决办法:金钱的烦恼应该是由两个人来分担,即使男友的收入真的比你高很多,你也可以主动提出负担一部分开销。虽然你可能并没有出多少力,但是会让男人找到心理的平衡点。

3. 一个人负责还房贷,另一个人负担日常开销

很多女人在处理与男人之间的金钱问题时,都会选择让男友负责还房贷,自己负担日常开销,但理财专家认为这是错的。因为没有从经济上参与两个人的重大投资决定,一定会带来日后的遗憾。不参与还房贷的那一方会感觉房子不是属于自己的,这种情绪对情侣来说是个定时炸弹。

最好的解决办法:30岁以下的年轻人在共同投资的问题上经常犹豫,因为他们对自己的未来还不确定。但心理学家说,如果两个人想共同投资,房子是最好的选择:在一处各自拥有权利的房子里共同生活能带来精神上的平等感受。

保障退休后的生活

"时光的溜走犹如白驹过隙",如果你在老了的时候再去考虑养老,那

时就会承担很大的风险。

辛苦工作了几十年后,人人都希望自己退休后的生活可以安乐幸福一点,过上相对富裕的晚年生活。我国的传统观念是"养儿防老",家庭和个人成为养老保险的主要负担者。但据有关调查表明:当人们被问及一个问题:"有人认为根据我国国情和东方文化的特点,养老责任应主要由个人和家庭承担起来,您同意吗?"只有26%的人表示赞同,表明如今人们的观念已经开始发生变化。不同的职业对于此问题的答案也不一样。销售、文秘人员(31%),操作工、技术工、服务员(40%)和"其他"职业者(29%)以及自己拥有住宅的职工(31%)更倾向于传统的养老方式。另外一个问题,虽然也强调个人责任,但是从与政府责任对比的角度看:"有人说,政府不应该直接管理退休基金,劳动者应自己对自己的退休基金负责,您同意吗?"只有33%的人表示同意,而在这样的问题中不同类型的企业和收入不同的家庭显示了差异,外资(39%)、合资(38%)和私人企业(39%)及家庭月收入超过4500元的人(46%)更倾向于同意这一选择。当问及第三个问题:"有人提议我国应由个人、家庭、社会、国家四者共同承担养老重任,您认为对吗?"77%的人表示同意。其中,男性(82%)以及自认期望寿命70岁或较短的职工(87%)更倾向于同意这一观点。

从这样一个调查可以看出,如今人们已经不再仅仅倾向于传统道德中依靠家庭和个人来让自己的晚年生活幸福富裕一点,更多的是希望能够由多方面因素来共同决定。要知道,每个人在年轻的时候都要让自己一直处于不断的奋斗中,在这样的奋斗背后更是希望晚年的时候可以过上舒适的生活,而如今的社会形势则告诉人们,即使你再努力,依然很难做到晚年仅仅靠家庭儿女而过上想要的生活。针对于此,各种各样对于晚年生活保障的措施就产生了,而这些各种各样的晚年生活保障政策在很大程度上都是依赖于养老保险。所谓养老保险,是国家和社会根据一定的法律和法规,为解决劳动者在达到国家规定的解除劳动义务的劳动年龄界限，或因年老丧失劳动能力退出劳动岗位后的基本生活而建立的一种社会保险制度。这一概念主要包含以下三层含义：

（1）养老保险是在法定范围内的老年人完全或基本退出社会劳动生活后才自动发生作用的。这里所说的"完全"，是以劳动者与生产资料的脱离为特征的；所谓"基本"，指的是参加生产活动已不成为主要的社会生活内容。需强调说明的是，法定的年龄界限（各国有不同的标准）才是切实可行的衡量标准。

（2）养老保险的目的是为保障老年人的基本生活需求，为其提供稳定可靠的生活来源。

（3）养老保险是以社会保险为手段来达到保障的目的。养老保险是世界各国较普遍实行的一种社会保障制度。一般具有以下几个特点：①由国家立法，强制实行，企业单位和个人都必须参加，符合养老条件的人，可向社会保险部门领取养老金。②养老保险费用来源，一般由国家、单位和个人三方或单位和个人双方共同负担，并实现广泛的社会互济。③养老保险具有社会性，影响很大，享受人多且时间较长，费用支出庞大，因此，必须设置专门机构，实行现代化、专业化、社会化的统一规划和管理。

对于我国这样一个发展中国家，为了使养老保险既能发挥保障生活和安定社会的作用，又能适应不同经济条件的需要，以利于个人晚年生活水平的提高，为此，我国的养老保险由3个部分组成：

（1）基本养老保险。基本养老保险亦称国家基本养老保险，它是按国家统一政策规定强制实施的为保障广大离退休人员基本生活需要的一种养老保险制度。在我国，20世纪90年代之前，企业职工实行的是单一的养老保险制度。1991年，《国务院关于企业职工养老保险制度改革的决定》明确提出："随着经济的发展，逐步建立起基本养老保险与企业补充养老保险和职工个

人储蓄性养老保险相结合的制度。"从此，我国逐步建立起多层次的养老保险体系。在这种多层次的养老保险体系中，基本养老保险可称为第一层次，也是最高层次。目前，按照国家对基本养老保险制度的总体思路，未来基本养老保险目标替代率确定为58.5%。由此可以看出，今后基本养老金主要目的在于保障广大退休人员的晚年基本生活。

（2）企业年金。企业年金是指企业及其职工在依法参加基本养老保险的基础上，自愿建立的补充养老保险制度，是多层次养老保险体系的组成部分，由国家宏观指导、企业内部决策执行。企业年金与基本养老保险既有区别又有联系。其区别主要体现在两种养老保险的层次和功能上的不同，其联系主要体现在两种养老保险的政策和水平相互联系、密不可分。企业年金实行市场化运营，应选择经劳动保障部认定的运营机构管理。企业年金由企业和员工共同承担，单位缴费一般不超过上年度工资总额的1/12，单位和职工合计缴费一般不超过上年度工资总额的1/6。

（3）个人储蓄性养老保险。职工个人储蓄性养老保险是我国多层次养老保险体系的一个组成部分，是由职工自愿参加、自愿选择经办机构的一种补充保险形式。由社会保险机构经办的职工个人储蓄性养老保险，由社会保险主管部门制定具体办法，职工个人根据自己的工资收入情况，按规定缴纳个人储蓄性养老保险费，记入当地社会保险机构在有关银行开设的养老保险个人账户，并应按不低于或高于同期城乡居民储蓄存款利率计息，以提倡和鼓励职工个人参加储蓄性养老保险，所得利息记入个人账户，本息一并归职工个人所有。职工达到法定退休年龄经批准退休后，凭个人账户将储蓄性养老保险金一次总付或分次支付给本人。职工跨地区流动，个人账户的储蓄性养老保险金应随之转移。职工未到退休年龄而死亡，记入个人账户的储蓄性养老保险金应由其指定人或法定继承人继承。实行职工个人储蓄性养老保险的目的，在于扩大养老保险经费的来源，多渠道筹集养老保险基金，减轻国家

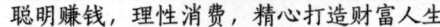

和企业的负担；有利于消除长期形成的保险费用完全由国家"包下来"的观念，增强职工的自我保障意识和参与社会保险的主动性；同时也能够促进对社会保险工作实行广泛的群众监督。个人储蓄性养老保险可以实行与企业补充养老保险挂钩的办法，以促进和提高职工参与的积极性。

婚后夫妻理财法则

　　财务问题成为纠缠许多人婚后生活的一个重大的问题。夫妻双方都有保证对方财务状况的义务。女人要多学习理财的相关知识，科学分配自己的财富，让婚后的生活更惬意。对财务的合理规划是婚姻走向成熟的第一步。

　　通常来讲，由于价值观和消费习惯上存在着差异，在生活中，每一对夫妻都会发现在"我的就是你的"和保持个人的私人空间之间会存在一些矛盾和摩擦。如果夫妻中的一个非常节约，而另一个却大手大脚、挥金如土，那么，要做到"我的就是你的"就非常困难，相互间的矛盾也就可想而知了。

　　虽然有很多的新婚夫妻因为财务问题处理不善，闹得吵吵嚷嚷、麻烦不断；但也有的小两口在面对这个问题时保持了必要的冷静，经过磨合，掌握了一些很好的法则，从而使自己的婚后生活达到了一种完美的和谐。这些法则包括下面几个方面。

　　1. 建立一个家庭基金

　　任何夫妻都应该意识到建立家庭就会有一些日常支出，如每月的房租、水电、煤气、保险单、食品杂货账单和任何与孩子或宠物有关的开销等，这些应该由公共的存款账号支付。根据夫妻俩收入的多少，每个人都应该拿出一个公正的份额存入这个公共的账户。为了使这个公共基金良好运行，还必须有一些固定的安排，这样夫妻俩就可能有规律地充实基金并合理使用它。

你对这个共同的账户的敬意反映出你对自己婚姻关系的敬意。

2. 监控家庭财政支出

买一个如由微软公司制作的财务管理软件,它将使你们很容易地就可以了解钱的去向。通常,夫妻中的一人将作为家中的财务主管,掌管家里的开销,因为她或他相对有更多的空余时间或更愿意承担这项工作。但是,这并不意味着,另一个人对家里的财务状况一无所知,也不能过问。理财专家黛博拉博士建议可以由一个人付账单,而另一个人每月一次核对家庭的账目,平衡家庭的收支,这样做能使两个人有在家里处于平等经济地位的感觉。另外,那些有经验的夫妻往往每月会坐下来谈一谈,进行一次小结,商量一些消费的调整情况,如消减额外开支或者制定省钱购买大件物品的计划等。

3. 保持独立

现在是21世纪,独立是游戏的规则。许多理财顾问同意所有个人都应该有属于自己的私人账户,由个人独立支配,我们可以把它看做成年人的需要。这种安排可以让人们做自己想做的事,比如你可以每个星期打高尔夫球,他则可以摆弄他喜欢的工具。这是避免纷争的最好办法,在花你自己可以任意支配的收入时不会有仰人鼻息或受人牵制的感觉。然而,要注意的是,你仍应如实地记录自己的消费情况,就像对其他的事情一样,相互坦诚布公。你要把你的爱人看做是你的朋友,而不是敌人;要看做是想帮你的财政顾问,而不是想打你屁股的纪律检查官。

4. 进行人寿保险

每个人都应该进行人寿保险,这样,一旦有一方发生不幸,另一方就可以有一些保障,至少在财政方面是如此。你可以投保一个易于理解的险种,并对保险计划的详细情况进行详细的了解。如果在与你的爱人结婚前,你已经进行了保险,要记着使你的爱人成为你保险的受益人,因为这种指定胜过任何遗嘱的效力。

5. 建立退休基金

你将活很长很长的时间，但是也许你的配偶没有与你同样长的寿命。基于这个原因，你们俩应该有自己的退休计划，可以通过个人退休账户或退休金计划的形式，使你的配偶（或孩子）成为你的退休基金的受益人。

6. 攒私房钱

许多理财专家建议女人尤其应该储存一笔钱以便用它度过你一生中最糟糕的时期。根据你的承受能力，你可以选择告诉或者不告诉你的配偶这笔用于防身的资金；如果你告诉你的配偶，你应将它描述为使你感到安全的应急基金，而并不是在"压榨你丈夫"的钱。

协调夫妻双方薪水的使用

对一般的小夫妻而言，理财的关键在于如何融合协调两份薪水的使用，毕竟，双职工的工薪家庭占我们这个社会的大多数。但是，两份薪水也意味着两种不同价值观、两种资产与负债，要协调好它绝非易事，更不轻松。女人在这方面要尤其注意了，不要让它成为阻碍你家庭幸福的绊脚石。

所谓定位问题，一般来说，是要确定夫妻分担家庭财务的比例。在一般情况下，夫妻在家庭财务上的分担包括以下三个类型。

1. 平均分担型

即夫妻双方都从自己收入中提出等额的钱存入联合账户，以支付日常的生活支出及各项费用。剩下的收入则自行决定如何使用。

这种方式的优点在于：夫妻共同为家庭负担生活支出后，还有完全供个人支配的部分。其缺点是：当其中一方的收入高于另一方时，可能会出现问题，收入较少的一方会为了较少的可支配收入而感到不满。

2. 比率分担型

即夫妻双方根据个人的收入情况，按收入比率提出生活必需费，剩余部分则自由分配。

这种方式的优点在于：夫妻基于各人的收入能力来分担家计。其缺点是：随着收入或支出的增加，其中一方可能会不满。

3. 全部汇集型

即夫妻将双方收入汇集，用以支付家庭及个人支出。

这种方式的优点在于：不论收入高低，两人一律平等，收入较低的一方不会因此而减低了彼此可支配的收入。其缺点是：从另一方面来讲，这种方法容易使夫妻因支出的意见不一致造成分歧或争论。

选择最合适的分担类型，先要对家庭的财务情况进行认真分析，再根据具体情况进行选择。所以在确定分担类型前，夫妻应该认真整理一份自己的家庭账目，并从中寻找到家庭财务的特点。简单地说，夫妻理财分收入与支出两本账即可，或者规定一个时期为一个周期，如1个月，或1个季度，一列是收入，另一列是支出，最后收支是否平衡一目了然。

收入账应记：①基本工资：各种补贴、奖金等相对固定的收入。②到期的存款本金和利息收入。③亲朋好友交往中如过生日、乔迁收取的礼金、红包等。④偶尔收入，如参加社会活动的奖励、炒股的差价、奖学金所得等。

支出账应记：①除了所有生活费用的必需支出外，还包括电话费、水电费、学费、保险费、交通费等。②购买衣物、家用电器、外出吃饭、旅游等。③亲朋好友交往中购买的礼品和付出的礼金等。④存款、购买国债、股票的支出。

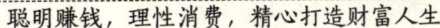

上班赚钱下班理财：
聪明赚钱，理性消费，精心打造财富人生

夫妻财产明晰、透明

今天，夫妻理财从婚前财产公证到婚后的"产权明晰""各行其道"，已形成了一个比较完整的模式。这不仅仅是一种时尚的潮流，而是反映了中国社会、家庭结构变化以及家庭伦理观念转变的趋势。

结婚不满2年的娟子有一肚子的苦水："我和丈夫几乎天天吵架。他给外面什么人都舍得花钱，从来不和我商量。家里经济压力很大，既要还车贷，又供着我单位的一套集资房。这些他都知道，可是真要他节省比登天还难。"

娟子还说，她和老公谈恋爱的时候就觉得他出手挺大方的，结了婚以后才反应过来，敢情这"大方"都是对别人的，自己家里那么多地方要花钱，他却说自己要应酬朋友，希望娟子"理解"他。

"结婚前我们约定要做一对自由前卫的夫妻，开销实行AA制，各人管个人的钱，可是现在看来，一对夫妻再前卫再另类，过起日子来还是像柴米夫妻一样。他很反感我过问他的财务，说钱该怎么用是他的权利。"

娟子的老公于先生面对娟子的指责也很不满，他很苦恼，妻子每天对他口袋里钱的去向盘查得近乎"神经质"，而她自己却三天两头地买新衣服、新鞋子。结婚后，按照先前的约定，他和妻子实行财产AA制，因为他的薪水比较高，所以娟子希望他能多付出一点，但是正在为事业奋斗的于先生除了负担家庭支出，更多的财力都花费在了应酬、接济亲友、投资等事情上。因为妻子管得过死，于先生心理上接受不了，他反而变本加厉地"交际"。

这种矛盾在现代家庭中经常发生。专家说，不透明的个人财产数目和个人消费支出是这小两口家庭矛盾的真正核心，娟子和她老公的独立账户都不

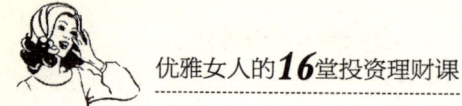
优雅女人的16堂投资理财课

是向对方公开的，彼此之间又没能很好地沟通每笔花费的去向，从而失去了夫妻之间的信任感。

当男女两人组成家庭时，不同的金钱观念在亲密的空间里便碰撞到了一起，要应付金钱观产生的摩擦并不是一件易事。专家指出，夫妻间在理财方面意见的分歧，常常是婚姻危机的先兆。有人说，"夫妻本是同林鸟"，后面却又拖了一句"大难临头各自飞"。而这种连理分支情况的产生，往往是由于理财不当引起的。

夫妻双方该如何打理资产呢？该集权还是分权？花钱应以民主为宜还是独裁？一方"精打细算"，另一方却"大手大脚"时怎么办？这时候，夫妻AA制理财方式便新鲜出笼了。

所谓夫妻AA制并不是指夫妻双方各自为政、各行其道，而是在沟通、配合、体谅的情况下，根据各自的理财经验、理财习惯与个性，制定理财方案的方式。

夫妻AA制理财方式在国外极为普及。一位外国朋友说："我不能想象没有个人账户、没有个人独立会是什么样子。我认为，把我的钱放进我丈夫的账户里，或者反过来，把我丈夫的钱放在我的账户里，那简直就是愚昧。在我的家里，我负责50%的开支，我要的是对我的尊重。"

夫妻间管头管脚总是让人烦恼，这就使一定的个人资金调度空间显得十分重要。现实生活中青睐夫妻AA制理财方式的人还确实不少。

一位主妇说，我同丈夫现在就是明算账。他是一家公司的经理，收入比较高。通常，家中的重大开支如购房、孩子上学等我们都各出一半，各自的衣服各自负担。日常生活的开支由双方收入的30%组成，如有剩余便作为"夫妻生活基金"存起来，时间长了也相当可观，被视为一种意外收获。虽然我同丈夫的感情基础不错，但我们都有各自的社交圈，也许有一天，对方突然"撤股"，那么各自储备的资金将会弥补这种生活的尴尬。

上班赚钱下班理财：
聪明赚钱，理性消费，精心打造财富人生

理财无疑是目前全社会最为关注的话题之一。可是刚刚富裕起来的中国人理财方面的经验和传统实在是少得可怜，而国内理财行业受历史和体制影响尚不能提供科学完善的理财服务，所以几乎所有的中国家庭都存在着这样或那样的理财错误，最常见的有以下10类。

错误1. 拥有30年的按揭

30年按揭可能是家庭理财中最普遍的形式，这也是一个最大的错误和阴谋。如果你已经有了30年按揭，那么计算一下你的上一笔偿付款是多少，在这个数字的基础上再加10%，就是你下个月给银行的金额，如此类推。如果你坚持这么做，就可以用22年还清这笔30年的按揭，你可以轻松地节省下数万元的利息支出。

错误2. 不严肃对待信用卡债务

信用卡债务可以摧毁一桩婚姻。如果夫妻一方经常把两人拖入债务堆中，夫妻感情会受到很大的影响，如果双方都债务成堆，那只会让夫妻关系结束得更早。

错误3. 试图一夜暴富

让我们面对现实吧：积累实际财富所需的时间远远超过数月数年，它需要数十年。

错误4. 凭保证金购买股票

在你从经纪人公司借钱购买股票的时候，你就放弃了对自己账户的控制。因此决不购买你无法支付现金的股票。

错误5. 不及早地为孩子设立大学储蓄计划

上大学的费用非常昂贵，而且逐年提高，未雨绸缪非常重要。仔细研究大学储蓄计划的几种类型，找到最适合你的。

错误6. 不教授孩子管理钱财的方法

财商越早开发效果越好，向孩子们解释每月一小笔储蓄如何能发挥巨大

的作用,并为他们寻找一些适合孩子浏览的优秀理财网站。

错误7. 忽视签订婚前协议

很多婚姻会以离婚告终,这让人难过,却是事实。婚姻协议会先解决了"什么是你的和什么是我的"的争论,会使离婚过程容易些。如果你觉得跟亲密爱人无法启齿,建议你在订婚时(甚至在订婚之前)就及早解决它。

错误8. 没有一个超越你们两人的更高目标

更高的目标才会让人更有动力。建议你和伴侣在未来的12个月里,共同选择一个更高目标,花点时间持之以恒地追求下去。

错误9. 分不清各自的责任

每一对伴侣都应该拥有"我们的钱"账户,去支付所有的家庭账单。每一个人也应该保留自己的支票账户和信用卡账户,它能给我们一种必要的个人空间感。

错误10. 不听取职业理财建议

理财是一个长达一生的旅行,最好给自己雇一个向导。理财顾问就像职业的教练或向导,会与你们夫妻携手走完生活之路并发财致富。

理财的10%法则

进行理财计划时,很多女人常表示不知如何准备各种理财目标所需的资金。"10%法则"是指把收入的10%存下来进行投资,积少成多,集腋成裘,将来就有足够的资金应付理财需求。

例如,你们家每个月有1万元的收入,那么每月挪出1 000元存下来或投资,1年可存1万元;或者,你已经结婚,夫妻都有收入,每月合计有1.5万元的收入,那么1年就可以有1.8万元进行储蓄或投资。每个月都能拨10%投资,

再加上我们以前介绍的复利原则，经年累月下来，的确可以储备不少的资金。如果再随着年资增加而薪资也跟着调高，累积资金的速度还会更快。

只是常有人表示，偶尔省下收入的10%存下来是有可能的，但要每个月都如此持续数年可不容易。往往是到下次发薪时，手边的钱已所剩无几，有时甚至是入不敷出，要透支以往的储蓄。会觉得存钱不易的人，通常也不太清楚自己怎么花掉了手边的钱，无法掌握金钱的流向；有钱存下来，一般都是用剩的钱，属于先花再存的用钱类型。

这类人若想存钱就必须改变用钱习惯，利用先存再花的原则强迫自己存钱。要做到如此，可以利用记账帮忙达成。也就是说，买本记账簿册，按收入、支出、项目、金额和总计等项目，将平时的开销记下来，不仅可以知道各种用度的流向及金额大小，并且可以当做以后消费的参考。

记账记个一年半载，再把各类开销分门别类，就可以知道花费在衣、食、住、行、娱乐等各方面和其他不固定支出的钱有多少，并进一步区分出需要及想要，以便据以进行检讨与调整。

需要及想要是常提到的消费分类，例如，买件百元上下的衬衫上班穿是需要，买件数千元的外套是想要；一餐10元作为午餐是需要，午餐以牛排满足口腹是想要。透过记账区分出需要与想要后，日后尽可能压缩想要的开支，你会发现真的有一些多出来的钱可以存下来，而且可能还不只是收入的10%。

每个月拨出收入的10%存下来只是个原则，能多则多，实在不行，少于10%也无妨；重要的是确实掌握收支，尽可能存钱。

为了帮助自己做到10%法则，可以利用定期定额投资法持之以恒地累积资金。定期定额是指每隔一段固定时间以固定金额（如5 000元）投资某选定的投资工具，根据复利原则，长期下来就可以累积可观的财富。

这对于一些结婚的女人来说，是个不错的理财方法，可以尝试一下。

低收入家庭投资理财方略

玲玲今年24岁，参加工作只有2年，在事业单位工作，月收入大概在1 800元左右，为了改变职业，准备辞职专门学2年外语。由于刚结婚，花费了不少钱办婚礼，所以父母已经答应赞助她学习费用。她的丈夫在部队工作，开销比较小，但是收入也不高，1 500元左右。他们的现有资产是银行存款，约有5万元钱。他们的计划是买一套小户型，想先租出去几年，等收入提高了可以要孩子的时候再简单装修一下自用。她的问题是：什么时候买房子，贷款利息和收回来的租金比哪个更合算一些。

另外，像他们这样中低收入的年轻人，什么样的投资会有比较保险一些的收益。玲玲的希望是"不求利润最大化，只是希望能安全一些。"

理财师给出如下建议。

1. 逃避风险不如适当承担风险

家庭理财可依据自身风险的承担能力，适当主动承担风险，以取得较高的收益。例如，医疗等项费用的涨价速度远高于存款的增值速度。要想将来获得完备的医疗服务，现在就必须追求更高的投资收益，因而也必须承担更大的投资风险。一味地回避风险，将使自己的资产大大贬值，根本实现不了稳健保值的初衷。一段时间以来，借股市行情不好的机会，很多债券基金都热炒自己的"安全"概念。可曾经债市和债券基金的一度大跌，说明了安全的投资其实是不存在的。相反，重点通过股票基金长期系统地投资中国股市，将是普通百姓积累财富的好机会。

2. 房宜暂缓，二手房是首选

从玲玲的实际情况看也是这样，一方面积蓄不多，另一方面又要辞职读书，虽然租金很有可能弥补月供款，但打光了弹药，实在是风险太大。"财不入急门"，投资的机会今后还很多。如欲购房，对于玲玲这类积蓄不多的新白领，小户型二手房是惠而不贵的好选择。买二手房建议玲玲使用最高成数和最长期限，即20年7成组合贷款。留下资金可以消费以提高生活品质，或投资以赚取更多利润。

3. 多种投资都可尝试

如果想在几年后买房，可转换债券是个好的投资方向。这种债券平时有利息收入，在有差价的时候还可以通过转换为股票来赚大钱。投资这种债券，既不会因为损失本金而影响家庭购房的重大安排，又有赚取高额回报的可能，是一种"进可攻，退可守"的投资方式。另外，玲玲不妨也在股市中投些钱。虽然短期炒作股票的风险很大，但各国百姓投资的历史却证明，长期科学投资股市是积累财富的最好方式，是普通人分享国民经济增长的方便渠道。特别是股市行情不好的时候，正是"人弃我取"捡便宜货的好机会。当然，像玲玲这样的非专业投资者最宜通过基金来参与股票市场了。

4. 青年人也需要保障类保险

考虑到玲玲的老公在部队工作，保障很好，故只建议玲玲自己买些意外伤害和健康保险。"人有旦夕祸福"，保险既是幸福生活的保障，又是一切理财的基础。

另外，对于有些女人而言，收入低也要有自己的理财方法。不能因为钱少而忽视理财，而是更应该找到适合自己的理财方法，选择最优的投资方略，让自己手中的资本发挥最大的效应，从而为自己以后的生活提供优厚的保障。

子女教育理财规划

子女的教育在家庭花费中占有十分重要的比重。薪水族没有更多的财富来源，因此更要提前准备子女的教育费用。怎样对子女的教育支出提前规划呢？

1. 划定投资期限

子女教育理财规划应根据孩子不同的年龄阶段而选择不同的投资产品。如果你的子女年龄尚小，离上大学还早，为避免通货膨胀导致财富缩水，最好选择比较积极的投资工具，如股票型基金。如果你的孩子已经初中毕业，则可以选择注重当期收益的投资工具，如高配息的海外债券基金。就投资的角度来说，长期累积下来的复利效果是很可观的。因此，子女教育理财规划越早越好，甚至在小孩出生前就可以开始。

2. 选择风险偏小的投资品种

客户本身的风险偏好是制定理财规划的重要依据。选择积极进取型投资工具，一般收益率高，但同时也要担负一定的高风险；选择保守型投资工具时，获得的收益率不高，但承受的风险低。由于子女教育基金主要是为孩子的教育提供保障，风险承受能力较弱，所以一般不建议投资高风险品种。

3. 搞清楚经费的来源

客户所拥有的财务资源也是制定规划时要考虑的重要因素。很多经济实力强的家庭会选择让孩子出国留学，甚至在小孩初中时就出国，而且由于其风险承受能力较强，可以考虑投资较高风险的品种；经济实力较弱的可以选择先在国内读大学，花费较少，以后有条件了再考虑出国留学。

4. 提前做一个整体的规划

如同任何投资计划一样，"设定投资目标、规划投资组合、执行与定期检查"是规划子女教育基金的三部曲。其具体内容如下：

（1）设定投资目标。设定投资目标首先要计算子女教育基金缺口，然后设定投资时间，最后是设定期望报酬率。

（2）规划投资组合。规划投资组合一方面要了解自己的风险承受度，另一方面也要设定投资组合。

（3）执行与定期检查。在执行期间，一定要坚持子女教育基金计划，除非遇到特殊紧急状况，坚持专款专用；如果投资过大造成家庭经济负担过重，或者过少，将来受益不大，则要灵活处理，定期做调整。

家庭教育很重要，是每个女人都不可以回避的，女人更是在家庭教育中有着不可替代的作用，所以，一定要规划好孩子的教育理财。

教育资金的筹措可以通过各种途径来完成，通常使用的有下面几种方法。

1. 教育保险

教育保险是由保险公司针对教育金的需求而设计的。从刚出生的婴儿到十四五岁的孩子都适合投保。家长可根据需要和经济水平，由保险顾问帮助制订最适合自己的教育金方案和成长计划，并缴付保险费。孩子每到一个成长阶段（如初中、高中、大学、创业等），便可获得与保额相应比例的教育金给付。教育保险涵盖保障功能，保险公司承担孩子成长过程中各种事故、意外和健康风险。

教育保险有传统型和分红型产品，教育保险因为同时拥有保障、储蓄和投资收益等功能，所以需要有一定的费用支出。

2. 教育储蓄

教育储蓄是国家特设的储蓄项目，免征利息税，并以整存整取的方式计息；但存款条件较繁琐和复杂，只有小学四年级（含四年级）以上的学生方可参加，而且要等到孩子踏入高中校门后，家长才能凭存折和学校提供的身份证明去支取存款。

3. 教育贷款

现在教育的负担越来越重，为了缓解教育的压力，国家出台了一系列的扶助政策，要求不让一个学生因为交不起学费而退学。其中，国家助学贷款就是非常重要的一项措施，凡是符合条件的贫困生都可以申请，只需要信用担保，而且在校期间全部免息。国家的此项政策无疑是为贫困生迈向大学这所象牙塔提供了"绿色通道"。

低成本留学锦囊

现在，许多家长喜欢把孩子送到国外培养，这需要父母有一定的经济基础，从而能够保证孩子的基本生活。女人如果想把孩子送到国外培养，那么赶快行动起来吧！

出国留学需要一笔很高的费用。那么，怎样降低留学成本呢？女人和家人可以参考下面这些方法。

1. 申请政府奖学金

为加大在全球留学市场的竞争优势，各国纷纷推出各类奖学金项目。国外的奖学金项目名目繁多，资助力度较大，特别是具有政府背景的奖学金项目，有的学费甚至可全免。对经济能力有限的国内学生来说，如能获得奖学金，留学费用的大头部分就有了着落。以下是较为适合中国学生的一些奖学金项目：

（1）英国政府海外研究生奖学金：专为中国学生设立，由英国政府拨款，每名学生每年的奖学金约7 000英镑。申请对象为已在英国院校注册的攻读全日制硕士研究课程的学生。

（2）新西兰政府国际学生奖学金计划：全额资助学费、生活费、国际交通费、书本费、论文费等，平均资助额度约22万元人民币。申请对象是赴新攻读研究生层次学历教育的学生。

（3）法国"埃弗尔优秀学生奖"：针对来法学习的优秀外国学生，只限于工程学、经济与管理、法律与政治学三大学科领域的硕士阶段课程。

（4）韩国政府IT技术奖学金计划：每名学生每年的奖学金可达1 000万~1 400万韩元，主要针对攻读计算机系统、软件和电信学等IT相关学科的研究生和博士。

2. 利用课余时间打工

勤工俭学一直是留学生解决经济问题的常规途径，这不仅可减轻经济负担，还可积累海外工作经验。由于每个国家的打工政策有所不同，因此留学生打工一定要遵守相关的政策，以免造成不必要的麻烦。

（1）美国：留学生在校内打工无需申办特别许可，读书期间每周可工作20小时，假期时则可达40小时。到校外打工则需申办特别工作许可。

（2）英国：需要申请工作许可证。留学生每周有20小时的打工许可，超时者需缴税。假期打工则不受此限制。每小时工资约5~7英镑。

（3）日本：留学生打工必须先取得大学的同意，然后到入国管理局申请"资格外活动许可"。

（4）加拿大：在公立大学和学院学习的留学生，学习期间可在校内合法打工。

（5）新西兰：符合条件的留学生在学期间可申请打工，每周20个小时。每小时工资约10~15新币。

（6）德国：留学生可在读书期间打工，平时每周不得超过8个小时，或全年不超过3个月,且需得到政府相关机构的批准。

(7)法国:留学生第一年学习期间禁止打工,第二年已开始专业学习且申请到工作许可的学生可以打工。留学生打工每周不得超过20小时。最低工资为每小时75欧元。

3. 选择费用较低的国家留学

美国、英国等热门国家,不仅门槛高,费用也高。而今,中国学生的留学选择越来越多,那些教育质量相差不大而费用相对较低的国家,是不错的留学方向。

(1)韩国:1年学费加生活费约4万元人民币。理工科硕士课程大部分免学费。

(2)俄罗斯:1年学费加生活费约4万~5万元人民币。

(3)荷兰:政府对中国留学生实行一定的学费减免,同时,荷兰的生活费用较低,平均1年的花费总额约7万元人民币。

(4)马来西亚:修完3年学士学位课程只需5万~7万元人民币,2年MBA或其他硕士学位课程约需5万~7.5万元人民币。生活费用1年约2万元人民币。

(5)法国:公立大学免学费,再加上一些补助金,4年总费用只是英、美国家1年的费用。

(6)意大利:公立大学免学费。1年的生活费约4万元人民币。

4. 尽量避开热门专业和学校

留学生在选择留学院校和专业上掌握一些技巧,也可化解高额留学费用带来的经济压力。在学校选择上,公立大学一般只收注册费,而私立院校的学费贵为天价,特别是商科、工程等热门专业。通常,热门专业的优秀人才扎堆,获得奖学金的机会相对较少,而且入学申请竞争激烈,一旦申请失败,会造成一定的经济损失。因此,对经济能力有限的中国学生来说,不妨剑走偏锋,避开热门的地区和院校,能有效地降低留学费用。

5. 在国内攻读预科课程

对大多数留学生来说，预科是一道必过的门槛。出国读预科，不仅开销大，而且风险也相对较高。而在国内读预科，则可节省不少费用。目前，我国国家留学基金委启动了留学预科学院项目，选择10所国内高校，与美、英、澳等国的102所高校建立合作关系，共同开展国外预科教育。今后，中国学生可在国内完成国外预科课程，据估算，可节省约8万~10万元人民币。

6. 在国内攻读语言课程

国外很多语言学校大多是私立性质，入学门槛低，收费较高，还有倒闭的风险，无形中提高了留学成本。因此，对于有学历而缺乏语言基础的中国学生来说，与其到国外读语言，不如先在国内打好语言基础，拿到一定的语言成绩或直接通过国外某大学的语言考试后，再考虑出国留学。这样不仅节省了一笔费用，同时也提高了签证通过率。

7. 自己办理留学申请

国外正规院校都有自己的网站，详细公布招生信息。许多留学热门国家的驻华使馆也都推出了中文网页，详细介绍本国的教育情况和签证程序。学生和家长可通过院校和使馆的网站，了解留学信息和签证信息，然后按照要求自行申请学校和签证，就能节约一笔中介服务费。但由于缺乏经验，在申请成功率上面可能会打些折扣。

8. 申请学校讲究成功率

有些申请者为提高留学成功率，采取保底注册的做法，即在没有最终选定目标院校前，天女散花式地在多所院校注册，在注册费上开销较大。通常，加拿大的学校注册费为50~100加元，澳大利亚约为100~200澳元，新西兰为150~200新币，日本为4 200~7 000元人民币。因此，申请者最好先锁定几所目标高校，尽量减少不必要的注册费，这样可间接降低留学成本。

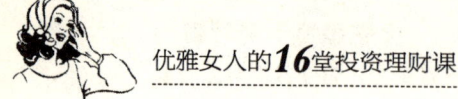

9. 尽量一次通过签证审核

许多留学申请者由于材料准备不充分等原因而遭拒签，不仅耽误学业，还白白损失不少费用，包括大学的申请费用、来往的国际传真、快件费、前期的办理费用、签证费等。再次申请就需要重新花钱，造成重复消费。因此，对申请者来说，要认真对待签证申请，争取一次就能通过。

10. 换汇、汇款有窍门

首先，由于银行的外汇牌价每天都有变化，合理换汇就能减少支出。

其次，选择适合的汇款方式也能节省费用。电汇虽到账迅速，但手续费比票汇高，因此选择票汇就能节省费用。如果学校接受信用卡付费，连汇款手续费都省了。在选择信用卡时，尽量选择国际卡，不少商业银行都推出了国际信用卡，适用范围涉及300多个国家，消费不收手续费，又提供一定的透支额度和免息期，应该是海外留学的首选。

各国留学的生活费情况如下。

（1）美国。美国四年本科留学的生活费大约需要36万美元。与英国不同的是，在美国，打工受到严格限制，留学生无绿卡不得在校外打工。如果打黑工，老板会把工资压得很低。

（2）英国。英国一般大学的年生活费大约8 000英镑左右。如爱丁堡大学的年生活费为7 500英镑。在生活费中，除了伙食费，住宿费也占有一定的比例。如利物浦赫普大学的年住宿费需要2 200英镑。自己单独住和与他人合住的花费明显不同，在伦敦、剑桥和牛津等物价较高的地区，每年不下8 000英镑，其他地区也得5 000~6 000英镑。英国允许留学生打工，不过需要申请工作许可证，获得许可证后可以在学习期间每周从事20小时以下的兼职工作，假期打工时间不限。中国留学生多半在餐馆和超市等场所工作，打工收入一般每小时4英镑，如果精打细算，1年打工的收入可以支付大部分的生活费用。但是，功课紧张时，留学生便很难抽出时间去打工。

（3）法国。法国每年最低生活费大约为4 000欧元，住宿费用分为几种情况：学校宿舍的费用较低，只需2 800欧元，但数量有限，学校的一些机构也会为留学生提供一些较便宜的住房。当然，经济条件较好的留学生也可以到校外去住公寓或是青年旅馆。

（4）加拿大。加拿大不允许留学生打工，打黑工是违法的。在该国学校的住宿和伙食费每年大约需要5 000~8 000加元；其他费用，如书本费、交通费、邮电费和洗衣费等，一年大约需要1 500加元。此外，留学生还必须交纳医疗保险费，每年大约650加元。如果希望住条件好一些的公寓，一居室的月租金一般不低于500加元，在一些大城市，月租金则需要700~1 000加元。

（5）澳大利亚。澳大利亚本科留学生的生活费用每年大约在8 000~12 000澳元，包括衣、食、住、行和医疗保险等费用（该国规定，外国留学生必须购买医疗保险）。澳大利亚和英国一样，允许留学生打工，但在学习期间每周不得超过20小时，假日还可以全天兼职工作。一般来说，如果省吃俭用，打工所得能解决大部分生活费用问题。至于住宿，如果不满意学校里的居住条件，可以住公寓。澳大利亚高层楼房的月租金大约需要100~300澳元，房主一般要求至少12个月的租期，租金按周计，按月付，先付后住。

（6）新西兰。新西兰的生活费大致每年需要7 000~11 000新西兰元，包括伙食、住宿、交通和服装等费用。新西兰也允许留学生打工，但只有读专业课程的学生才可以每周打工15小时，并且必须事先申请"更改签证条件"。

（7）日本。日本的物价是世界最高的，生活费自然也很高。在日本的留学生比较容易找到一份兼职工作，可以通过半工半读来减轻生活费用的负担。一般来说，每天工作4小时、每月工作20多天，就可以应付日常生活的支出了。但是，由于近几年来日本经济下滑，日本人的就业也出现了问题，留学生靠打工所得来支付生活费用已经不可能了。值得一提的是，日本接受留

学生的政策将出现重大变化,其主要表现之一,就是加强对留学费用支付能力的审查。在审查过去3年的收入证明时,要求留学申请人不仅要出示经费支付人的存款证明,还要提供过去3年的收入证明。对已经在日本学习的自费留学生,除了要求提供留学生本人的银行存款证明之外,还要求提供本人的银行存折,以便审查所需留学经费是否由经费提供人按期汇入,以及存款的存入和支出状况。

（8）俄罗斯。俄罗斯本科生的伙食、住宿和医疗保险等费用平均每年为1 900~2 500美元。各所院校的住宿条件不同,收费标准也不一样:莫斯科国立罗蒙诺索夫大学的宿舍分为单人间、双人间、三人间和四人间,每人每月住宿费从47~84美元不等,医疗保险费每人每年为135美元;圣彼得堡国立大学的住宿费,每人每月为100~120美元,医疗保险费每人每年为90美元;圣彼得堡国立技术大学的住宿费,每人每月为35～150美元,医疗保险费每人每年为90美元;巴甫洛夫国立医科大学的住宿费,每人每年为450美元,医疗保险费每人每年为60美元。

左手投资右手生财：

用钱生钱，财富循环，会理财的女人受益一生

第10章
股票投资：改变的不只是女人的钱袋

股票，女人新的理财名片

在城市，白领丽人们是新趋势——从最新款的移动电话到汽车以及咖啡饮料等——的第一追随者，而今天，她们还站在了另一种新时尚的前沿：股市投资。

全美投资协会统计表明，纯由女人组成的股票投资俱乐部，年平均收益达21.3%，而纯由男人组成的股票投资俱乐部，年平均收益只有15%。女人炒股，便由最初的小女人开始投身大世界。她们不再只看言情剧，而开始看新闻联播，关心GDP，关心政治，关心经济。股票改变的不仅是女人的钱袋，更是女人的生活方式。

在股市行情大好时，她们甚至忘记了失恋的痛苦，单身的寂寞。女人投身股市后，她们变得独立、坚强、勇敢，新鲜的生活方式让她们趋之若鹜。从几年前的女人要有自己的房，到现在要有自己的股，她们不断成长、独

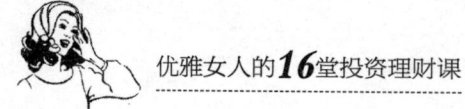

立,不断创造出属于自己的新天地。

投资股票的兴趣最初仅限于经验丰富的老股民,而目前已蔓延到更广泛的社会领域,特别是在大中城市。现在越来越多没有炒股经验的人去开户,股民的年龄越来越年轻。很多股民甚至是还在大学里读书的学生,股票真的成为新新人类的理财名片了。

小王是一位媒体工作者,有空时她总会关心一下股市和一些银行的理财产品。她总以小股民自居,"资金少、胆子小",别人把股市当做收割机,希望很快就挣得盆满钵满,她却以平常心看待股市。

她有一帮经常一起吃饭的朋友,朋友们从来不东家长、西家短的,话题最集中的就是手中的钱投资什么最容易增值,买什么股票最好,朋友们都炒股,方式各不相同,各有各的精彩。那是她们聚会的话题,也是她们的业余生活。小王拿5万元左右来炒股,也不指望暴富,有点收益就行,要知道,在银行5万元存1年定期,只有1 000元的利息,股市的收成总比放在银行里多。

小王觉得自己像一个收拾麦穗的农民,总是不紧不慢地提着篮子拣剩余。不过保守有保守的好处,股市行情不好时,小王依然有10%的进账,这已经比银行利息高了好几倍。有了这额外的收入,小王就拿这点闲钱去买打折的时装,与朋友喝茶吃饭,炒股也变得其乐无穷。

大多数的股东们只是拥有一份普通职业,不论是老师、司机、医生或学生都可能是某家公司的股东。所以即使你不是百万富翁,甚至身无长物,你也可以投资股票。

家里只要有了一个女股民,整个家里都会热闹起来,餐桌上的话题是股,收看电视的节目是股,读的报刊仍是股。钱没有赚多少,炒股的瘾却只增不减。不过,对股市的专一,使女人少了许多家长里短的是非,而且股市里的女人因关心国家大事而变得更豁达,因学习股市内外的知识而变得更理智。

炒股，让女人改变更多

沈小姐今年29岁，是一位房地产业务员，年收入七八万元。

沈小姐单位的年轻人多，80后占了一半。沈小姐工作近4年，前几年同事和同学的聚会多，吃、喝、购、旅游、唱卡拉OK，每年一半的钱都要花在这上面。另外加上1年1万多元的房租支出，攒下来的钱已不多。总以为理财的事离自己还很远，不留余地的消费是她的生活状态。

不过，去年因为股票，沈小姐的生活状态被彻底打破了。沈小姐是2006年10月才进入的股市，开始才投了1万元，买了500股普洛康裕，但不到1个月就赚了2 000多元钱。金小姐觉得投资确实能带来好处。后来，金小姐便毫不犹豫地把账户里一半的钱全都投了进去，2个多月就赚了2万多元。

从此以后，沈小姐有钱也不乱花了，把其他的时间都花在了研究股票上，每天都很充实，觉得生活很有乐趣。

原来，炒股改变的不光是女人的钱包，还有女人的生活方式。女人参与股市后，会变得节制、勇敢、坚强、独立。

炒股要善于舍弃

不少女人在精研各种技术图形、了解上市公司的基本面后，投资成绩仍不理想，其原因多种多样，其中之一是不会在恰当的时机舍弃，心中之结总也解不开。

古希腊的佛里几亚国王葛第士以非常奇妙的方法，在战车的轭上打了一

串结。他预言：谁能打开这个结，就可征服亚洲。一直到公元前334年，仍没有一个人能够成功地将绳结打开。这时，亚历山大率军入侵小亚细亚，他来到葛第士绳结前，不加考虑，便拔剑砍断了绳结。后来，他果然一举占领了比希腊大50倍的波斯帝国。

一个孩子在山里割草，被毒蛇咬伤了脚趾。孩子疼痛难忍，而医院在远处的小镇上。孩子毫不犹豫地用镰刀割断了受伤的脚趾，然后，忍着剧痛艰难地走到医院。虽然缺少了一个脚趾，但孩子以短暂的疼痛保全了自己的生命。

亚历山大果断地剑砍绳结，说明他舍弃了传统的思维方式；小孩子果断地舍弃脚趾，以短痛换取了生命。在某个特定的时期，你只有敢于舍弃，才有机会获取更长远的利益，即使难以避免遭受挫折，你也要选择最佳的失败方式。

很多女人都遭受过套牢之苦。哪怕当时有一万个理由支持你去买某只股票，但常常被市场中不是理由的理由弄得美梦落空。处于股市的复杂环境下，一旦被套住，大多数人都会采取守仓之策，虽然守住不动总有解套之日，但若1年、2年、5年都解不了套，资金的快速流动和增值就是一句空话。守仓是一策，但不是上策。

股市成功者往往只是一年抓住了一两次被别的股民忽视的机遇，而机遇的获取，关键在于你是否能够在投资的道路上进行果断的取舍。因而进入股票市场后，大多数女人的资金都不会闲置，很多女人的资金不是投资在这只股票上就是被套在另一只股票上。可见，学会化解心中之结，学会舍弃，有时要比学会技术分析更重要。

女性炒股有如下特点：

一是，追求完美。女人对待股票，和对待爱情一样，要求是相当地完

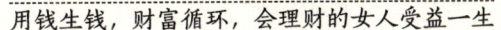

美。换句话说,女人的股一般是只涨不跌的。只要它敢跌,女人会立刻抛掉,就和在现实中一脚踹掉花心的男人一样,毫不留情。因此,凡是女人持的股,不必看K线图,就知道一定是天天红红的向上曲线。

二是,不倚危墙。大凡女人,都是独自凭栏倚柳,哀哀怨怨有万种风情,确确实实从来没有看到过哪个诗人或作家写一个女人靠着危墙的,危墙和女人绝对是联系不到一起的。在股市上亦然。

三是,全凭感觉。你要是问一个女人,为什么她爱上了那个臭男人,注定是得不到完美的答案的。事实上,女人就是一种莫名其妙的动物,她追求着完美,却永远给不出一个进行选择的完美答案!女人炒股也是这样,你问她为啥买这个股,她会满脸茫然:"这个股不错啊!"为什么不错?对不起,本姑娘不知,只是感觉它好。

四是,以柔克刚。女人温柔,从来不像男人那样硬顶硬撞,在炒股上亦然。当熊市时,女人都去逛街买口红什么的去了,只有男人还在股市上拼杀。这里就有个性别原因。女人很温柔,对于女人来说,吃点亏不算什么,一看不对就走了。可是男人不一样,男人个性刚烈,不拼个你死我活他是不会认输的,所以,凡是逆大势,不碰南墙不回头要坚决分出胜负的注定是刚烈的男人。

股票操作,明天永远有机会

股票赚钱的机会永远在,今天没赚到,永远都有明天。许多操作股票失利的女人,通常都是涨时追高、跌时停损卖低、或融资操作断头出现。为何散户永远被讥为"追高杀低"的一群,因为其永远是在错过买点时自怨自艾,而忍不住追高,寄望能赚上一支涨停板,往往成为涨势末端最后一只套

牢的白老鼠。而散户在股票套牢后,又常常受不了长期套牢亏损的心理压力,在跌势末端认赔出场。

为了不让你成为股市的宿命输家,建议树立"今天没赚,永远还有明天"的观念和心态,这很重要。

错过买点没关系,股票向来是怎么上就怎么下,不怕没有低点让你买;这次没参与到多头行情没关系,股市操作是比气长,是场龟兔赛跑。有资深的股民总结道:很少有进入股市的人是赚了一次或赔了一次钱就永远退出的,龟兔赛跑中乌龟赢的是气长,沉住气很重要。

保持清醒,不要盲目跟风

有些股民平时舍不得吃、舍不得穿,把自己积攒多年的血汗钱、糊口钱、养命钱一股脑儿塞进股市,然而万万没有想到,刚入市即被深套,只好眼睁睁地看着自己心爱的股票往火坑里跳,自己却无能为力,只觉得食而无味,睡而辗转,终日惶惶,神经兮兮。

"股市有风险,入市需谨慎",这是介入股市的投资者都知道的一句话。然而当投资者回头看"电梯升降,上天入地"的历程时,所经历的风险还真的是常常和"盲目跟风"紧紧相连。

大多数人的投资喜欢一哄而上,如早些年股市比较好,使得不少百姓把所有的资金都投资于股市,而不理会风险。随着市场的低迷才发现风险极大,可惜为时已晚。

股市被动地受诸多复杂因素的影响,其中股民的跟风心理对股市影响甚大。有的投资人,看见他人纷纷购进某股票时,也深恐落后,在不了解股市和上市公司经营业绩的情况下,也买入自己并不了解的股票;看到别人抛售

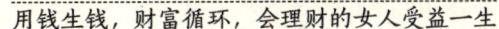

某家公司的股票，也不问他人抛售的理由，就糊里糊涂地抛售自己手中后市潜力很好的股票。有时谣言四起，由于羊群心理（跟风心理）作怪，致使股市掀起波澜，一旦群体跟风抛售，市场供求失衡，供大于求，股市便会一落千丈。这样往往会上那些在股市上兴风作浪的用意不良的人的当，而后悔莫及。因此，投资者要树立自己买卖股票的意识，不能跟着别人的意志走。

2007年年初，"忽如一夜春风来，千树万树梨花开"，股市疯涨，打出屏幕一片红，映入瞳仁两眼红。大好时机，怎能错过？股民的跟风效应发展到了极致。据媒体报道，那时候，每天有30万人成为新股民。然而又有多少股民真正的赚到钱了呢？

2008年年初，天气雨雪交加，股市暴跌，而且好多股票都大大出乎了意料，有几只"领头股"，反而却成了大跌的"带头羊"，最能"抗跌"的居然成了"超跌"的。又是由于"跟风效应"，股民在此期间该卖的没有卖，该买的没有买，最后不是在低位忍痛割肉，就是在高位站岗，煮熟的鸭子都飞了，"跟风"把股市中的千军万马牢牢地套在了一起。

小张是某公司的业务员，月收入为5 000元。在一次同学聚会上，一个炒股发了大财的同学劝她也买上几只股试试。于是小张就把好不容易积蓄的5万元买了一只前景看好的股票。

第一年的股市行情比较平稳，小张轻松地赚了5 000元，她准备在第二年再接再厉。凑巧的是，第二年小张买的这只股突然上涨，一天之中股指上涨了一百个百分点，有很多股民跟风购买这只股，小张欣喜若狂，她没有急于卖出手中的股票，还准备再买入1万元的股票，以图大赚。

这时小张的同学打电话给小张，告诉她不要盲目跟风，并说这种现象很可能是有幕后庄家在操纵这只股，但是财迷心窍的小张没有听从同学的劝告，又买了1万元的股票。没过几天，股指大盘下跌，小张一下赔了3万元。

看着网上众多股民的咒骂和悔恨，小张捶胸顿足、悔不当初。其实，只

要小张稍作思考,就能理性投资,就能避免跟风给自己带来的亏损。

由此可见,在炒股中跟风就涨是一种错误的想法,那么,当股市上出现跟风就涨这种现象时,女人应该怎么做呢?

最重要的是不急于购买或抛售股票。从众跟风是身处股海之中的股民的普通心态,跟风往往会让他们损失惨重。要充分了解所买股票的情况,不了解一只股,却急着购买,或在他人鼓动之下购买,虽然也会有"不小心"获利的可能,可是损失的概率更高。所以女人在面临股市跟风时,一定要了解自己所买股票公司的基本情况之后再决定是否跟风。

有人学习股神巴菲特,买几个单只股票。的确,股神沃伦·巴菲特最著名的理论就是"要把鸡蛋放在一个篮子里",但前提是一定要看准篮子。所以这个理论是有局限的,因为要挑个没有被发现的好篮子——很难。也许只有他能挑准。如果大家都挑准了,根据供求理论,篮子的价格也抬上去了,不是吗?

发现价值大大被低估而且风险又小的股票很难——在钱面前,没有人是傻子;市场往往比我们想象得有效率,低估的股票往往有很大的风险。正因为这样的公司风险高,很多人不相信这些公司未来能盈利,所以股票的价值才会被低估。

所以要发掘有潜力的股票,必须要有准确的预测能力,甚至包括对内部管理人员素质能力的了解等——因为在这种情况下,你的远见卓识是你化解风险的唯一办法。

要想不跟风,有主见,就必须克服自身的依赖性和惰性。

不论哪个行业哪个人,要想"发财致富",背后都付出了"流汗、流泪、流血"的成本。但又有多少股民"头悬梁、锥刺股"地学习股票知识呢?至于与股市相关的经济、金融知识更是一无所知。所以,要想靠炒股发财致富,就必须克服贪图享乐、不思进取的惰性,必须比常人付出百倍的精力去学习、钻研股市的各种政策、知识、技巧等。俗话说一分耕耘，一分收获；种瓜得瓜，种豆得豆。

股市是一个高风险的市场，也是一个在其中需要经年累月摸爬滚打的场所。既然来到了股市，就应该安下心来，一点一点地学，一招一式地练。

炒股大师都是特立独行不跟风的，他们往往带领风向。这其中包含了这样一个通俗的经济学原理：如果大家都嚷嚷一个东西便宜，那么等你去买的时候，这个东西一定已经不便宜甚至已经被炒高价了；最获利的是最初买进的人，接着是紧跟着买进尝到一些甜头就开始嚷嚷的人。

一句话：被普遍发现的好篮子一定是贵篮子。所以要学沃伦·巴菲特，就一定要比别人快，不要跟风，而要别人跟你！

第11章
基金投资：女人的投资首选

基金，让你的投资遍布全世界

应该说，基金是一种人气指数比较高的投资产品，很多女人都热衷于购买基金。因为它相对于股票来说，风险比较低，适合普通大众做投资。不过，对于新手来说，要想很快弄懂基金也不是一件容易的事情。

简单地说，基金就是一种间接的证券投资方式。它是由基金管理公司发行基金单位，集中投资者的资金，再由基金托管人（即具有资格的银行）托管，由基金管理人管理和运用资金，从事股票、债券等金融工具投资，然后共担投资风险、分享收益。形象地说，就是很多人把钱交给一个共同的"大管家"，这个管家来帮助这些做投资的人来用钱，代表他们投资，最后，投资所得或所失，所有买基金的人共同承担，正所谓"有福同享，有难同当。"这样，就有一个"大管家"帮助你来做投资，而且，大管家还有专业的投资知识。尽管你只出了一部分资金，但是，别人与你出的钱共同被"大

管家"管理之后,"大管家"代替你将你的资金投向各个领域,甚至还会投向国外。这就为偷懒的你解决了大麻烦了。

另外,对于基金的种类,可能刚刚开始学习的女人不太了解,下面对几种基本的基金种类做一简要介绍:

(1) 根据基金单位是否可增加或赎回,基金可分为开放式基金和封闭式基金。开放式基金不上市交易,一般通过银行申购和赎回,基金规模不固定;而封闭式基金有固定的存续期,期间基金规模固定,一般在证券交易场所上市交易,投资者通过二级市场买卖基金单位。

(2) 根据组织形态的不同,基金可分为公司型基金和契约型基金。公司型基金是通过发行基金股份成立投资基金公司的形式而设立的;由基金管理人、基金托管人和投资人三方通过基金契约设立的,通常称为契约型基金。当然,目前我国的证券投资基金均为契约型基金。

(3) 根据投资风险与收益的不同,可分为成长型、收入型、平衡型基金。

(4) 根据投资对象的不同,基金可分为股票基金、债券基金、货币市场基金、期货基金等。

大致来说,基金的基本种类就是上述这几种。由于篇幅所限,每一种基金具体的特点就没办法详细展开了。建议对基金感兴趣的女人可以阅读专业的书籍来了解每一种基金的具体特点,寻找适合自己投资的基金类型,而不要盲目地跟随别人去购买。

很多人虽然在投资基金,但是,对基金其实并不是很了解。他们可能只是盲从而已。为什么要选择基金作为你的投资工具呢?它有什么特殊的地方?这是每一个想要投资基金的女人都需要了解的问题。

1.基金是一种集中的理财方式,管理更加合理

正如上面所说,基金需要一个"大管家"来帮助众多的投资者理财。

也就是说，基金将众多投资者的资金集中起来，委托基金管理人进行共同投资，这样，它就表现出一种集合理财的特点。通过汇集众多投资者的资金，积少成多，有利于发挥资金的规模优势，降低投资成本。基金由基金管理人进行投资管理和运作。基金管理人一般拥有大量的专业投资研究人员和强大的信息网络，能够更好地对证券市场进行全方位的动态跟踪与分析。因此，相对于外行来说，中小投资者可以通过这种形式直接享受到专业化的投资管理服务。而这正是其他投资项目所难以拥有的特点。

2. 基金以组合的方式来分散中小投资者的风险

稍微了解一点基金的投资者都知道，基金的风险相对较低。而至于为什么基金的风险低，可能就没几个人能答得上来了。我国《证券投资基金法》规定，基金必须以组合投资的方式进行基金的投资运作，从而使"组合投资、分散风险"成为基金的一大特色。"组合投资、分散风险"的科学性已为现代投资学所证明，中小投资者由于资金量小，一般无法通过购买不同的股票分散投资风险。基金通常会购买几十种甚至上百种股票，投资者购买基金就相当于用很少的资金购买了一篮子股票，某些股票下跌造成的损失可以用其他股票上涨的盈利来弥补。所以，你就相当于是和别的投资者一起，用他们的钱来帮助你买多样化的股票，如果赚到了钱，那么，你就可以拿回属于你的利润；如果赔了钱，那还有别人帮助你分担。

3. 基金的"管家"不能觊觎你的资金

很明显，如果你投资了基金，那么你就是一定份额基金的所有者。你和其他的基金投资人共担风险，共享收益。基金投资收益在扣除由基金承担的费用后的盈余全部归基金投资者所有，并依据各投资者所持有的基金份额比例进行分配。为基金提供服务的基金托管人、基金管理人只能按规定收取一定的托管费、管理费，并不参与基金收益的分配。所以说，帮助你和其他投资者管理你们的资金的基金托管人，是不能觊觎你们的资金的。这就可以让投资者放心了。

4. 中国证监会帮你来监管

看了上一条,可能有人还是不放心,万一帮助自己管理资金的基金托管人,也就是我们的"大管家"动了歪心思,把我们的资金都给骗走了怎么办?正是因为考虑到这一点,为切实保护投资者的利益,增强投资者对基金投资的信心,中国证监会对基金业实行比较严格的监管,对各种有损投资者利益的行为进行了严厉的打击,并强制基金进行较为充分的信息披露。所以,在这种严厉的监管之下,基金的信息十分透明,可以让投资者也做一个监督者,这也是基金的一个显著特点了。

5. 用你资金的人与保管你资金的人不是同一个

如果负责管理你资金的基金"大管家"同时又能够帮助你做投资,那么,对他如何用你的资金就难以形成有效的监督了。所以,为了形成有效的监督机制,基金管理人负责基金的投资操作,却并不经手基金财产的保管。基金财产的保管由独立于基金管理人的基金托管人负责。因此,这种相互制约、相互监督的制衡机制对投资者的利益提供了重要的保护。这种保护加之证监会的保护,就更加提高了基金的安全性。

尽管女人的安全感一般比较低,但是,基金可以让所有的女人打消种种顾虑,让对财金信息头疼的女人省下不少精力,因为有人可以帮助你来打理你的资金了。优秀的基金经理会将你的资金按照不同的比例分成不同的份数,然后根据各种资金市场的情况进行合理投资,你的资金的触角也就伸到了很多不同的市场。这是你自己去投资所难以做到的,而且,你也不必一个人承担这些投资的风险,而是有其他的投资人与你共同承担。所以,女人热爱基金也就有因可循了。

优雅女人的*16*堂投资理财课

设计适合自己的基金投资组合

如何选择适合自己的基金,这是很多女人在投资基金时面临的一个困惑。

女人大多都有从众心理,大家做什么,自己就做什么,看多数人买了什么产品,自己就跟着去买。但事实上,投资的原则绝不会是"人多力量大"。买基金不能盲目,应根据个人的情况进行科学的选择。

女人都希望能寻找到一种既能兼顾高收益、高流动性又能保持低风险的投资产品。但是收益性、安全性和流动性从来都是此消彼长的,那到底能不能将三者调整到最大优势,符合女人对资金不尽相同的需求呢?相信组合是一个非常好的选择。

女人在被问及基金时,常常将其混同于股票,其实基金按其投资方向的不同也可分为股票型基金、平衡型基金、债券型基金和货币市场基金等。它们所呈现的收益性、安全性和流动性也各不相同。

举个例子来说,比如设计一个简单的保本组合,就可以让女人看清组合的优势所在。股票型基金在所有的基金品种中是风险最大而收益也是最高的,而货币市场基金的优势则主要体现在它的高安全性和高流动性,收益则是比较平稳的,与其他基金品种相比也是相对较低的。如果我们做一个简单的配置,将10万元的资金,80%配置于货币市场基金,20%配置于指数型基金(股票型基金的一种,跟踪指定的指数)。按目前货币市场基金年收益率3%左右来算,那8万元1年的收益就在2 400元左右,这样配置在指数型基金中的2万元即使下跌10%~14%,于整个组合而言,依然可保本金不失。但如果股市大盘在1年中上涨10%~20%,那整个组合的收益差不多就可以达到

4%~6%，比原来全部投资货币市场的基金增加不少。更为可贵的是整个组合在兼顾安全性和收益性的同时，资金也具有非常好的流动性。当然如果你将单纯跟踪指数的股票型基金替换成业绩优良的主动型股票基金或是平衡型基金，那可能收益更高，风险更小。如果同时能再加上一些波段操作，就可能会给整个组合带来锦上添花的效果。

当然上面的组合只是根据目前的市场收益情况举的一个简单的例子，组合有千万种，根据自己对于资金不同的需求和因人而异的风险收益偏好来配置资金，设计出适合女人自己的投资组合，那才是上上之选。

女人投资基金有以下几种选择方法。

1. 货比三家省费用

对于一个精明的女人来说，永远的货比三家才是购物的"王道"，选择基金也是一样。

投资基金要付出一笔不小的费用，如何选择"性价比"最高的基金呢？目前情况下，不少基金公司和银行都推出了基金申购费用的优惠，特别是网上购买基金一般都可以享受到4~6折的优惠。

女人何不从基金公司的网站上直接购买基金呢？费用降低了不说，转换基金、更改分红方式等方面也可以直接在网上进行，省时省力。

但是不少理财专家表示，不能只因为某只基金的折扣高就投资那只基金，"好货不便宜"的道理相信女人也不陌生。他们建议，女人可以选择出一些有投资价值的基金后，再比较其费用是否划算。

2. "风格"鲜明看内涵

现代女人买衣服讲求"风格"独一无二，选择基金的时候也可以如此追求个性。许多基金都有其独特内涵等待着女人发掘。

首先，女人可以作出的挑选是对于"设计师"——基金经理的，这将是获胜的基础，不少"明星级"基金经理会让你有想不到的收益。

关注一只基金最重要的是看该基金的基金经理的投资技巧和绝招：有些基金经理稳中求进，进行价值投资；有些基金经理追求超额收益，寻找价值反转型股票；有些基金经理对行业研究深刻而投资时机不准……女人在进行选择前需要鉴别，看清楚每只基金的内涵，寻找最适合自己"风格"的基金。

其次，投资组合可能是让女人的购基行为更有个性的办法，根据自己的特色——风险承受能力，来选择基金种类和投资的比例。如果风险承受能力好、对后市有信心的女人完全可以配置60%~80%的股票性基金，但要是风险承受能力差、并且认为牛市很快结束的女人，可以高比例配置债券型基金。

不同年龄阶段的女人如何挑选基金

理财专家认为，理财是一个把鸡蛋放在不同篮子里的艺术，而且是需要根据不同情况调整不同篮子里鸡蛋数量的艺术。为此，在实际理财中，投资前先做个投资风险承受能力测试，看看自己是属于保守型、平衡型还是激进型的理财风格，然后再制定家庭能够承受的理财投资组合，以免在一定阶段投资有亏损时影响自己的情绪。

比如保守型家庭可选取定期存款、货币基金、债券基金等风险较小的产品。平衡型家庭可以高风险和低风险产品各50%配置，做到降低风险的前提下追求收益最大化。激进型家庭可以考虑提高股票或股票型基金的投资比重，在承担高风险的同时，力求高收益。

女人理财还可根据自身的年龄状况和家庭情况的变化，不断地调整投资组合的比例。比如，不满30岁的女人多属于单身或处于刚刚成家阶段，这一时期的许多女人都没有良好的投资理财习惯，在理财方面可承受更高的风

左手投资右手生财：
用钱生钱，财富循环，会理财的女人受益一生

险，但也面临着无多少财可理的状态。为此，要以节流为主，比如对股票型基金进行定投，既能获较高收益，同时帮助自己强制储蓄，积累财富。

而30~50岁的女人基本上处于"上有老，下有小"的阶段，由于家庭的存在，对理财稳定性的要求大大提高，而渐渐成为风险厌恶型的投资者。这时理财组合中，将逐渐降低高风险资产的投资比例，风险较小的基金比重将会随着年龄的增长而逐渐提高，以更好地使理财组合比配风险承受情况。

50岁之后的女人已逐渐远离工作，但仍需要进行投资，以更合理的措施保障生活，并且继续为子女事业的发展贡献余热。理财产品主要应选择那些货币基金、债券基金等，这些投资产品既可以免税，风险又相对较少，收益又比同档次的定期存款高，而且流动性又比较好。

基金投资有如下4个价值点。

1. 基金转换投资中的"价值点"

女人在进行基金投资时，应时刻关注基金净值随证券市场变动的关系，并捕捉基金净值变动中的"价值点"，进行基金产品的巧转换。如当证券市场处于短期高点时（从技术形态上判断），女人就可以进行基金转换，将股票型基金份额赎回，转换成货币市场基金，从而实现基金的获利过程。

2. 基金申购、赎回费率上的"价值点"

女人在选择基金产品时，应当就不同的基金产品，针对不同的申购、赎回费率而采取不同的策略，切不能忽略不计。除此之外，在了解了各基金产品的费率特点后，应通过基金产品之间的转换而达到巧省费率的目的。

3. 场内交易和场外申购、赎回基金产品中的"价值点"

目前的开放式基金产品大多是不可上市交易型的。女人只能依照基金净值进行基金投资，而且在时间的把握上和资金的使用上，都受到场外交易条件的限制。即使进行一定的套利操作，也是一种估计。但上市开放型交易基金的推出，克服了这一弊端。女人完全可以通过上市型交易开放式基金的二

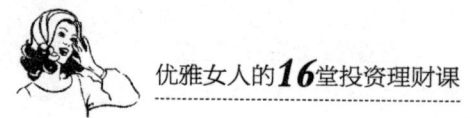

级市场价格和基金净值的变动实现套利计划。这种套利计划为那些进行短线操作基金的女人提供了基金投资的机会。

4.基金资产配置和投资组合中的"价值点"

一只基金的运作是不是稳健，投资品种是不是具有成长性，观察和了解基金的投资组合是非常重要的。通过基金的资产配置状况来预测基金未来的净值状况，将为基金的未来投资提供较大的帮助。

最适合女人的基金投资方法

女人在现代社会也肩负着越来越重要的责任，她们奋斗在各行各业，取得了骄人的业绩，收获了成功，受到别人的尊重。但在家庭理财方面，很多女人由于没有时间，或许缺乏专业的知识和技巧，或许没有专家指点，家庭财务没有得到很好的打理和规划，不知道如何实现家庭的梦想。

其实，通过基金定投，女人可以实现家庭的梦想。

基金定投业务是指在一定的投资期内，投资人以固定时间、固定金额申购某只基金产品的业务。基金管理公司接受投资人的基金定投申购业务申请后，根据投资人的要求在某一固定期限（以月为最小单位）从投资人指定的资金账户内扣划固定的申购款项，从而完成基金购买行为。对于定投的最低投资金额限制，每家基金公司和银行规定的下限并不相同，一般而言，国内基金的定期定额申购下限为1 000元，并以500元为向上增加的单位数。

基金定投是一种中长期的理财方式，也被称之为"懒人投资方法"，因为它既省去了购买的手续，对投资时机也有所弱化。但是在现有的基金品种中，如何选择实现投资收益的最大化，还是有技巧可言的。

1.弄清楚基金定投业务的主要事项，确定与自己匹配的理财计划

女人在选择定投计划时，应弄清楚该项业务的主要事项，从而确定定投计划是否与自己的理财计划相吻合。

（1）投资额度：每月最低扣款金额200元，并以100元的整数倍递增。女人应慎重额度选择，以实现投资的连续性。由于此产品适于长期投资，因此女人在进行投资额度确认时，不宜占全部收入的比例过大，以免影响正常的生活及最终投资目标的实现。

（2）期限：一般为3年和5年以上，也可以不约定扣款月数。对有一定精力愿意参与投资的女人，可注册网上银行，时时关注净值的情况，通过网上转账功能，自行选择月最低点进行调整扣款，以加强投资人对资金的自由支配性，从而实现收益的最大化。

（3）受理时间：开放式基金正常申购时间。

（4）基金赎回：随时可以在交易时间内办理基金赎回。

（5）是否有优惠活动等。

2. 正视风险的存在，理性参与

在投资过程中，女人既要防止把风险扩大化，甚至谈基金色变，又要防止把风险弱化甚至零化。女人要充分认识到：收益与风险永远并存，基金业务的风险不容回避。"基金定投"不做保本承诺，不能把银行宣传品和媒体列举的"收益案例"中的"预期收益"等同于"固定收益率"，从而简单地理解"定投业务"为：零存整取的方式高于银行储蓄的利率。当然，女人也要看到"基金定投"采用分散的投资方式将使风险充分得以弱化，同时，采用积少成多的购买方式将使投资更加趋于稳定。工商银行曾推出的六支优选基金（南方稳健成长基金、国联安德盛基金、广发聚富基金、申万巴黎盛利精选基金、华安上证180指数型基金、融通深证100指数型基金），全部为证券型，而2010年股市已达5年以来的最低点，下降空间有限，低点申购可为女人带来更大的收益。总之，长期积累分散风险的"基金定投"，作为女人再

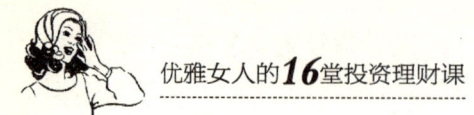

次进入基金市场的优势产品,值得一试。

3. 树立中长期的投资理念

不论购买基金的方式如何,中长期投资的理念都是需要的。因为"基金定投"的产品特性决定了适宜投资于波动性较大的市场,而中国股市一般18个月为一个周期,像3年期限正好是两个周期,这样,长期投资的时间带来的复利效果,就可以在一定程度上分散股市多空、基金净值起伏的短期风险。此外,长期持有也可以减少投资的各种手续费,像广发、融通等基金的定投品种,就采用后端收费的方式,持有超过一定的期限,赎回费可以减免。工商银行的基金定投之所以有3年或5年的投资期限,其业内人士也解释说,这只是对投资者正确投资的一种引导,以尽可能减小投资的风险,对投资的流动性并没有任何影响。

4. 挑选投资基金品种

"基金定投"产品的关键是对于基金的选择,这也是投资的关键步骤。

首先,应选择投资经验丰富且值得信赖的基金公司。因为定期定额投资期间长,选择稳健经营的基金管理公司可以维持一定的投资水准。

其次,不是每只基金都适合以定期定额的方式投资,而所投资的市场也需要考虑。如何在众多的基金中挑选适合自己投资的基金呢?一般来说,可从以下几个方面来进行考察:①考察基金累计净值增长率,基金累计净值增长率=(份额累计净值−单位面值)÷单位面值。②考察基金分红比率,基金分红比率=基金分红累计金额÷基金面值。③可将基金收益与大盘走势相比较,如果一只基金大多数时间能够跑赢大盘,说明其风险和收益达到了比较理想的匹配状态。④可以将基金收益与其他同类型的基金比较。

从某种程度上来说,定期定额对市价波幅大小的注重,会大于实际价格涨幅。波幅尤其是低价期的向下波动反而会提高投资者的收益率。这是因为你定期购买某一只基金,当它市价较高的时候,你所能购买到的单位便会较少；反之便能购买到较多单位。所以，一段时间内，两只基金如果涨幅一致，一只的波幅较大，也就意味着在低价位时购买的单位较多，显然长期持有时它的收益会更高。

波幅的大小可以通过"标准差"这个数据来衡量，投资者登录晨星等基金评级网站，如果两个基金产品其他各方面都差不多，标准差较大的那个会更加适合定期定额。

当然，对于一个长期持有的投资产品，波幅所伴随的则是风险。当女人通过定期定额的方法累积了相当数量的高波幅基金之后，就需要进行一些组合上的调整，将这些累积的高波幅基金转换为同类型的盈利水平差不多但波幅较低的基金。这样在保持盈利几乎不变的前提下，可以进一步降低投资组合的风险。

如果女人自己对基金投资方案拿不准，也可交给银行，让银行帮忙制定基金组合投资方案。那银行又如何进行推荐呢？据工行个人业务处的人士介绍说，他们一般推荐两种基金：一种是老牌绩优型的；另一种是无风险收益稳定的货币市场基金。

因为基金定投的资金是分期小量进场，价格低时，买入份额较多，价格高时，买入份额较少。基金定投可以有效降低风险，对于无暇研究市场及精确把握进场时点的女人来说，是一种比较合适的中长期投资方式。女人进行基金定投时应注意以下几点：

（1）量力而为：定期定额一定要做得轻松、没负担，因此，女人先要分析自己的收支状况，计算出固定能省下来的闲置资金。虽然每月投资金额并不需要特别固定，但为了达到强制储蓄的目的，女人最好还是从一开始就养成好习惯，保证每月投入的数额相当。

（2）设定目标：基金定投是一种长期见高效的投资法，重在积累和复利，所以采取这种办法投资，特别适合未来子女教育、个人退休养老等长期

目标。但对要想在短期内见高效的风险偏好者并不适用。

（3）选对市场：要选择处于上升趋势的理财市场，比如目前我国的股市，这类反复向上、但又大幅波动的市场，最适合开始定期定额投资。投入景气循环向上的市场，避免追高，是创造获利与本金安全的前提。

第12章
债券投资：女人稳妥的投资工具

债券投资，如何稳赚不赔

估计很多女人都有购买债券的经历，但可能就是在这些有购买经历的女人中，很多女人却连债券是什么都分不清。

债券是一种有价证券，是社会各类经济主体为筹措资金而向债券投资者出具的，并且承诺按一定利率定期支付利息和到期偿还本金的债权债务凭证。由于债券的利息通常是事先确定的，所以，债券又被称为固定利息证券。

正是因为债券的利息通常是事先就确定的，所以，相对于其他风险高的投资类别来说，债券相对来说应该是非常安全的投资工具了，尽管债券的回报率低了点，但是由于债券的种类不同，其收益和风险程度也不尽相同。如果合理搭配，就可以做到债券投资稳赚不赔。下面我们就根据我国目前的债券类别给女人介绍一下投资什么样的债券才能够赚钱。

（1）地方债。这种债券虽无风险，但其利率低于定期存款利率，所以，这种债券受欢迎的程度不高。如果买地方债，还不如直接存银行的定期了。

（2）公司类债券。公司类债券有一定的风险，因为其还款来源是公司的经营利润。任何一家公司的未来经营都存在很大的不确定性，因此公司债券持有人承担着损失利息甚至本金的风险。所以，这种债券不适合普通老百姓投资，而适合比较了解公司经营状况、眼光精准的投资者。

（3）城投债。由于缺少科学的评级体系，这种债券存在着潜在的偿还风险，且受资金投出成效影响，也不适合普通老百姓投资，建议大家慎重。

（4）债券基金。在国内，债券基金的投资对象主要是国债、金融债和企业债。债券基金有以下特点：①低风险，低收益。相对于股票基金，债券基金风险低但回报率也不高。②费用较低。由于债券投资管理不如股票投资管理复杂，因此债券基金的管理费也相对较低。③收益稳定。投资于债券定期都有利息回报，到期还承诺还本付息，因此债券基金的收益较为稳定。④注重当期收益。债券基金主要追求当期较为固定的收入，相对于股票基金而言缺乏增值的潜力。债券基金较适合于不愿过多冒险、谋求当期稳定收益的投资者。

（5）凭证式国债。这种债券无风险，适合资金基本不需动用的人，投资门槛最低是1 000元，可以通过银行柜台交易，其收益高于银行定期存款利率。这是一种纸质凭证形式的储蓄国债，可以记名、挂失，持有较好的安全性。

（6）记账式国债。这种债券也没有风险，适合有流动性需求的年轻人，投资门槛最低为1 000元，可以通过银行柜台、证券交易所交易，其收益略低于同期存款利率。认购记账式国债不收手续费，但不能提前兑取，只能进行买卖。记账式国债的价格是上下浮动的，低买高卖就可以稳赚不赔。记账式国债期限一般较长，利率普遍没有新发行的凭证式国债高。

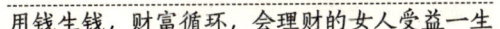

（7）电子储蓄国债。这种债券也无风险，适合对资金流动性要求不高的人，它只能通过银行柜台交易，其收益高于银行定期存款利率。电子储蓄式国债的投资门槛较低，一般100元为起点，按100元的整数倍发售，不可以流通转让，但可以按照相关规定提前兑取、质押贷款和非交易过户。电子储蓄国债在提前兑取时，可以只兑取一部分，满足临时部分资金需求。另外需要注意，电子式国债的质押需要系统支持，不是每个银行都能办理。

在看完这些介绍之后，估计我们都已经大致清楚该选择什么样的债券可以稳赚不赔了。主要是最后面的这三种！当然了，债券式基金尽管很受欢迎，但毕竟有一定的风险，而且严格来说，它属于基金而非债券，所以这里不列入我们稳赚不赔的项目。

也有些人觉得债券投资收益太小，便不愿意做这种投资，其实不然，只要坚持，还是能够获益不少的。而且，债券投资也并不只是收入一般的普通老百姓会选择的投资工具，很多资本充足的有钱人也会选择这种投资方式。

张女士是一位私营企业主，前两年在股票、基金市场都有投资，且获利颇多。今年年初，其朋友的公司正好需要一笔短期资金，张女士就卖出手上的股票、基金，清仓了！没想到，这一卖竟意外地躲过了股市的大跌。上个月，朋友还回了钱，躲过大跌而有些后怕的张女士再进行投资的时候，就没有再考虑买入股票，而是想到投资低风险、安全的品种。在一位做基金经理的朋友建议下，张女士最终果断地选择了投资债券。张女士买入的这家公司债券年回报率在8%以上，与银行存款等固定收益投资相比，利率还是高出不少，最主要的是风险很低。据了解，在买入这家房地产公司的债券之前，张女士专门和基金经理朋友一道前往公司进行了考察，发现该公司的发展前景不错。

为什么张女士会选择这种方式呢？其实很简单，因为通过买债券能够安安稳稳地赚小钱，赚得虽少，可是稳赚不赔，心里踏实！毕竟这世上稳赚不

赔的投资是很少的。

由于债券是可以流通转让的,在市场上债权转让的价格通常都与债券面值不符。如果这时候女人想确定所买债券的收益,那么考虑的范围就应包括债券的价格和买卖盈亏的差价。同时,债券发行以后,可能会在存期内经历多次交易。债券的买方应该向卖方支付截止到交易日所持有的债券所产生的应计利息。

例如,在2014年3月11日购买的债券,年利率为4.5%、每年7月4日付息的债券,应计利息天数为250天,应计利率则为3.08%(4.5%×250÷365)。

此外,债券在剩余有效期,即交易日距兑付日的时间内,仍保有一定的收益率,因此债券剩余有效期的长短也会影响到债券的交易价格。值得注意的是,债券的价格与市场利率成反比关系,市场利率上升,债券价格下跌;反之,债券价格就会上涨。

哪种债券比较适合女性购买

罗女士今年34岁,在当地县城一家私营企业工作,每月工资为1 600元左右。老公今年39岁,在街道办事处工作,每月到手收入约为1 000元,缴存公积金300元,两人都按照工资标准购买了社保,每月的社保费均是200多元。

孩子今年7岁,上小学一年级。每月的家庭开支在1 700元左右,此外每年为小孩缴纳3 000多元的保费。居住的房屋是单位宿舍,居住权为50年,已住了20年。

现在的家庭资产是:丈夫的公积金账户有3 000元左右的公积金,刚买的股票型基金7万元,混合型基金2万元,银行存款(人民币1.5万元,美金9 000元)。

罗女士有两个理财目标：一是积累孩子的教育基金，二是积累养老金。

专家认为，罗女士的家是比较典型的双职工低收入家庭。虽然经济状况比较紧张，但同样可以进行理财规划。从家庭财务情况报表可以看出，罗女士的家庭处于零负债，每月支出后还有一些结余。

从罗女士的家庭财务状况来看，投资组合风险中等偏低、收益中等偏高是罗女士家庭的最优的投资策略。因此，罗女士把主要财产投资到基金上是明智的选择。

但是，从罗女士的理财档案可知，罗女士买入基金的点位可能有些偏高。的确，对普通投资者而言，很难精确地选择进出时机。因此，建议投资者作长线投资。

其实，我国个人投资者可购买的债券共分两大类：一类为上市债券，包括无记名债券和记账式债券两种；另一类为不可上市债券，主要是凭证式债券。

凭证式债券并非实物券，在各大银行网点和邮政储蓄网点均可购买，由发行点填制凭证式债券收款凭单，内容包括购买日期、购买人姓名、购买券种、购买金额、身份证号码等。凭证式证券不能上市交易、随意转让，但其变现灵活，提前兑现时按持有期限长短取相应档次的利率计息，各档次利率均高于或等于银行同期存款利率；没有定期储蓄存款提前支取的只能按活期计息的风险，价格（本金和利息）不随市场利率而波动。凭证式债券类似储蓄，又优于储蓄，通常被称为"储蓄式债券"，是以储蓄为目的的个人投资者理想的投资方式。因此，如果女人投资的主要目的是储蓄的话，可以选择储蓄式债券。

记账式债券又称无纸化债券，通过交易所交易系统以记账的方式办理发行。投资者购买记账式债券必须在交易所开立证券账户或债券专用账户，并委托证券机构代理进行。因此，女人要想买这种债券的话，必须要拥有证券

交易所的证券账户,并在证券经营机构开立资金账户才能购买记账式债券。与凭证式债券不同的是,记账式债券可上市转让,价格随行就市,有获取较大利益的可能,也伴随相当的风险,期限有长有短。

凭证式债券和记账式债券特点各异,女人可结合自身的情况进行取舍。但业内专家指出,后者实际上比前者收益更高。

债券投资的策略与技巧

女人如果想进行债券投资,就必须掌握一定的经济理论。

1. 利用时间差提高资金利用率

一般债券发行都有一个发行期,如半个月的时间。如在此段时期内都可买进时,则最好在最后一天购买;同样,在到期兑付时也有一个兑付期,则最好在兑付的第一天去兑现。这样,可减少资金占用的时间,相对提高债券投资的收益率。

2. 利用市场差和地域差赚取差价

通过上海证券交易所和深圳证券交易所进行交易的同品种的国债,它们之间是有价差的。利用两个市场之间的市场差,有可能赚取差价。同时,可利用各地区之间的地域差,进行贩买贩卖,也可能赚取差价。

3. 卖旧换新技巧

在新国债发行时,提前卖出旧国债,再连本带利买入新国债,所得的收益可能比旧国债到期才兑付的收益高。这种方式有个条件:必须比较卖出前后利率的高低,估算是否合算。

4. 选择高收益债券

债券的收益是介于储蓄和股票、基金之间的一种投资工具,安全性相对比较高。所以，在债券投资的选择上，不妨大胆地选购一些收益较高的债券，如企业债券、可转让债券等。特别是风险承受力比较高的家庭，更不要只盯着国债。

5. 购买国债

如果在同期限情况下（如3年、5年），可选择储蓄或国债时，最好购买国债。

债券投资时机的选择

面对债券市场上种类繁多的债券品种，女人投资时不免会有眼花缭乱的感觉。那么，女人更应该在合适的时机投资债券。下面，我们来一起分析一下。

债券一旦上市流通，其价格就要受多重因素的影响，反复波动。这对于投资者来说，就面临着投资时机的选择问题。

机会选择得当，就能提高投资收益率；反之，投资效果就差一些。债券投资时机的选择原则有以下几种：

（1）在投资群体集中到来之前投资 在社会和经济活动中，存在着一种从众行为，即某一个体的活动总是要趋同大多数人的行为，从而得到大多数的认可。这反映在投资活动中就是资金往往总是比较集中地进入债市或流入某一品种。而一旦确认大量的资金进入市场，债券的价格就已经抬高了。所以精明的女人就要抢先一步，在投资群体集中到来之前投资。

（2）追涨杀跌 债券价格的运动都存在着惯性，即不论是涨或跌都将有一段持续时间，所以女人可以顺势投资，即当整个债券市场行情即将启动时可买进债券，而当市场开始盘整将选择向下突破时，可卖出债券。追涨杀跌的

关键是要能及早确认趋势，如果走势很明显已到回头边缘再作决策，就会适得其反。

（3）在银行利率调高后或调低前投资债券作为标准的利息商品，其市场价格极易受银行利率的影响，当银行利率上升时，大量资金就会纷纷流向储蓄存款，债券价格就会下降，反之亦然。因此，女人为了获得较高的投资效益，就应该密切注意投资环境中货币政策的变化，努力分析和发现利率的变动信号，争取在银行即将调低利率前及时购入或在银行利率调高一段时间后买入债券，这样就能够获得更大的收益。

（4）在消费市场价格上涨后，投资物价因素影响着债券的价格：当物价上涨时，人们发现货币购买力下降便会抛售债券，转而购买房地产、金银首饰等保值物品，从而引起债券价格的下跌。当物价上涨的趋势转缓后，债券价格的下跌也会停止。此时如果投资者能够有确切的信息或对市场前景有科学的预测，就可在人们纷纷折价抛售债券时投资购入，并耐心等待价格的回升，则投资收益将会是非常可观的。

（5）在新债券上市时投资债券市场与股票市场不一样，债券市场的价格体系一般是较为稳定的，往往在某一债券新发行或上市后才出现一次波动，因为为了吸引投资者，新发行或新上市的债券的年收益率总比已上市的债券要略高一些，这样债券市场的价格就要做一次调整。一般是新上市的债券价格逐渐上升，收益逐渐下降，而已上市的债券价格则维持不动或下跌，收益率上升，债券市场价格达到新的平衡，而此时的市场价格比调整前的市场价格要高。因此，在债券新发行或新上市时购买，然后等待一段时期，在价格上升时再卖出，投资者将会有所收益。

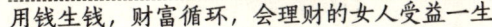

三个关键词帮你选择债券

债券,因收益率较高、风险小而吸引了很多女性投资者。如何买卖债券可以得到较高的收益,这里有一些技巧。

投资者在看债券的分析文章,或者媒体提供的债券收益指标时,经常会发现几个专有名词:久期、到期收益率和收益率曲线。这些名词对于投资者选择债券来说都意味着什么呢?

1. 久期

久期在数值上和债券的剩余期限近似,但又有别于债券的剩余期限。在债券投资里,久期被用来衡量债券或者债券组合的利率风险,它对投资者有效把握投资节奏有很大的帮助。

一般来说,久期和债券的到期收益率成反比,和债券的剩余年限及票面利率成正比。但对于一个普通的附息债券,如果债券的票面利率和其当前的收益率相当的话,该债券的久期就等于其剩余年限。还有一个特殊的情况是,当一个债券是贴现发行的无票面利率债券,那么该债券的剩余年限就是其久期。另外,债券的久期越大,利率的变化对该债券价格的影响也越大,因此风险也越大。在降息时,久期大的债券上升幅度较大;在升息时,久期大的债券下跌的幅度也较大。因此,投资者在预期未来升息时,可选择久期小的债券。

目前来看,在债券分析中久期已经超越了时间的概念,投资者更多地把它用来衡量债券价格变动对利率变化的敏感度,并且经过一定的修正,以使其能精确地量化利率变动给债券价格造成的影响。修正久期越大,债券价格对收益率的变动就越敏感,收益率上升所引起的债券价格下降的幅度就越

大,而收益率下降所引起的债券价格上升的幅度也越大。可见,同等要素条件下,修正久期小的债券比修正久期大的债券抗利率上升风险能力强,但抗利率下降风险能力较弱。

2. 到期收益率

国债价格虽然没有像股票那样波动剧烈,但它品种多、期限利率各不相同,常常让投资者眼花缭乱、无从下手。其实,新手投资国债仅仅靠一个到期收益率即可作出基本的判断。到期收益率=[固定利率+(到期价-买进价)÷持有时间]÷买进价。举例说明,某人以98.7元购买了固定利率为4.71%,到期价为100元,到期日2014年8月25日的国债,持有时间为2 433天,除以360天后折合为6.75年,那么到期收益率就是4.96%[(4.71%+0.19%)÷98.7]。

一旦掌握了国债收益率的计算方法,就可以随时计算出不同国债的到期或持有期内收益率。准确计算你所关注的国债的收益率,才能与当前的银行利率作比较,作出投资决策。

3. 收益率曲线

债券收益率曲线反映的是某一时点上,不同期限债券的到期收益率水平。利用收益率曲线可以为投资者的债券投资带来很大的帮助。

债券收益率曲线通常表现为四种情况:

(1)正向收益率曲线,它意味着在某一时点上,债券的投资期限越长,收益率越高,也就是说社会经济正处于增长期阶段(这是收益率曲线最为常见的形态)。

(2)反向收益率曲线,它表明在某一时点上,债券的投资期限越长,收益率越低,也就意味着社会经济进入了衰退期。

(3)水平收益率曲线,它表明收益率的高低与投资期限的长短无关,也就意味着社会经济出现极不正常的情况。

（4）波动收益率曲线，它表明债券收益率随投资期限不同，呈现出波浪变动，也就意味着社会经济未来有可能出现波动。

在一般情况下，债券收益率曲线通常是有一定角度的正向曲线，即长期利率的位置要高于短期利率。这是因为，由于期限短的债券流动性要好于期限长的债券，作为流动性较差的一种补偿，期限长的债券收益率也就要高于期限短的收益率。当然，当资金紧俏导致供需不平衡时，也可能出现短高长低的反向收益率曲线。

投资者还可以根据收益率曲线不同的预期变化趋势，采取相应的投资策略的管理方法。如果预期收益率曲线基本维持不变，而且目前收益率曲线是向上倾斜的，则可以买入期限较长的债券；如果预期收益率曲线变陡，则可以买入短期债券，卖出长期债券；如果预期收益率曲线变得较为平坦时，则可以买入长期债券，卖出短期债券。如果预期正确，上述投资策略则可以为投资者降低风险，提高收益。

第13章
外汇投资：女人成功理财的助推器

了解外汇知识对女人很重要

对于外汇，许多女人都觉得很陌生，认为自己不出国根本就不需要了解它。其实，这完全是一种误解。外汇作为一种投资工具，正在走进并改变我们的生活，即使不出国，女人也应该了解一点外汇知识。

外汇的动态概念，是指把一个国家的货币兑换成另外一个国家的货币，借以清偿国际债权、债务关系的一种专门性的经营活动。它是国际汇兑的简称。

外汇的静态概念，是指以外国货币表示的可用于国际之间结算的支付手段。国际货币基金组织的解释为："外汇是货币行政当局（中央银行、货币管理机构、外汇平准基金组织和财政部）以银行存款、财政部国库券、长短期政府债券等形式保有的、在国际收支逆差时可以使用的债权。"按照我国1997年1月修正颁的《外汇管理条例》规定：外汇，是指下列以外币表示的可以用作国际清偿的支付手段和资产：

（1）外国货币，包括纸币、铸币。

（2）外币支付凭证，包括票据、银行存款凭证、公司债券、股票等。

（3）外币有价证券，包括政府债券、公司债券、股票等。

（4）其他外汇资产。

人们通常所说的外汇，一般都是就其静态意义而言。

1. 外汇的分类

外汇有多种分类法，按其能否自由兑换，可分为自由外汇和记账外汇；按其来源和用途，可分为贸易外汇和非贸易外汇；按其买卖的交割期，可分为即期外汇和远期外汇。

在我国外汇银行业务中，还经常要区分外币现钞和外币现汇。外币现钞是指外国钞票、铸币。外币现钞主要由境外携入。外币现汇是指其实体在货币发行国本土银行的存款账户中的自由外汇。所谓自由外汇，是指在国际金融市场上可以自由买卖，在国际结算中广泛使用，在国际上可以得到偿还，并可以自由兑换其他国家货币的外汇。外币现汇主要由境外汇入，或由境外携入、寄入的外币票据，经银行托收，收妥后存入。

各种外汇的标的物，一般只有转化为货币发行国本土的银行的存款账户中的存款货币，即现汇后，才能进行实际上的对外国际结算。

外国钞票不一定都是外汇。外国钞票是否称为外汇，先要看它能否自由兑换，或者说这种钞票能否重新回流到它的国家，而且可以不受限制地存入该国的一家商业银行的普通账户上去。而且需要时可以任意转账，才能称之为外汇。

2. 外汇的作用

（1）促进国际经济、贸易的发展。用外汇清偿国际债权债务，不仅能节省运送现金的费用，降低风险，缩短支付时间，加速资金周转，更重要的，

是运用这种信用工具，可以扩大国际的信用交往，拓宽融资渠道，促进国际经贸的发展。

（2）调剂国际资金余缺。世界经济发展的不平衡导致了资金配置的不平衡。有的国家资金相对过剩，有的国家资金严重短缺，客观上存在着调剂资金余缺的必要。而外汇充当国际的支付手段，通过国际信贷和投资途径，可以调剂资金余缺促进各国经济的均衡发展。

外汇是一个国家国际储备的重要组成部分，也是清偿国际债务的主要支付手段。它跟国家的黄金储备一样，作为国家的储备资产，一旦国际收支发生逆差时可以用来清偿债务。

女人的外汇买卖指南

女人若想利用外汇来买卖业务，要先了解外汇买卖指南。

1. 保值

个人外汇买卖的首要目的是保值。

（1）存在外币资产的保值问题。如果你的外币资产美元比重较大，为了防止美元下跌带来的损失，可以卖出一部分美元，买入日元、马克等其他外币，避免外汇风险。如果你想出国留学，现在就可以着手调整你所持有的外汇，避免所需外汇贬值的风险。例如，你要去英国念书，但手中持有的是美元，那么你可以趁英镑下跌之际买入英镑，以防今后需要之时因英镑上涨给换汇带来损失。

（2）存在外币兑人民币的保值问题。举例说明，如果你有100万日元，2008年国际市场1美元兑110日元，中国银行的现汇买入价为100日元兑7.9556人民币，即100万日元可兑7.9556万元人民币。如果国际外汇市场日元兑美元汇率下跌，中国银行挂牌价日元兑人民币汇率也将下调，100万日元所折合的人民币就会减少，日元存款就会亏损。因此此时将日元兑换成美元比较合适。由于美元兑人民币相对稳定，以人民币计价的美元存款也将保持稳定，从而达到保值的目的。

2. 套利

如果你现在持有100万日元，想在银行存1年，千万不要这么做！如果按日元1年期存款利率仅为0.0215%来算，也就是说1年之后，你仅能获得215日元的利息，这顶多也就是2美元，或者说，不到20元人民币而已！但是，如果你通过个人外汇买卖业务把日元兑换成利率较高的英镑或美元，情况就大不一样了！

我们以美元为例，帮你算一算。假设你在美元兑日元的汇率为108时将100万日元买成9 260美元，而美元1年期存款利率为4.4375%，1年之后可得利息410.9125美元，本金合计9 670.9125美元，假设汇率未变，这相当于1 044 458.55日元，比把日元存上1年多赚44 243.55日元，相当于410美元，或约3 000多元人民币。

3. 套汇

套汇是指在不同时间、不同地点，利用汇率或利率上的差异进行外汇买卖，从而赚取利润。

套汇交易市场是全球最大的金融交易市场，日均交易量可达1.5万亿。由于国际市场上各种货币相互间的汇率波动频繁，多以货币对形式来交易，如欧元/美元、美元/日元。

套汇交易不像股票那样集中在交易所里进行，有时只要通过一个电话或者电子邮件的形式、网络平台等就可以完成。

通常用来套汇交易的流通性较强的货币有：美元、日元、欧元、英镑、瑞士法郎、加拿大元和澳大利亚元。

套汇的交易简单计算方法：

例如：

某日纽约外汇市场即期汇率为1美元=7.7775/85港币，香港外汇市场该汇率为1美元=7.7875/85，香港某银行要进行100万美元的套汇交易可获得多少收益？

解答：

先在香港外汇市场把100万美元换成港币，然后再在纽约市场上把港币换回美元。

1 000 000×7.7875/7.7785−1 000 000=1 157.03美元。（即套汇收益）

（85，即银行对外报出的美元兑港币的卖出价）

外汇买卖操作技巧

对于许多初涉外汇市场的女性投资者来说，她们不仅缺乏技巧、经验，相关的知识也很少。不过现在关于外汇的专业知识的讲解已有很多，现向大家介绍几点过来人的经验总结，希望能对大家有所帮助，少交些学费。要点如下。

1.学会建立头寸、斩仓和获利

建立头寸是开盘的意思。开盘也叫敞口，就是买进一种货币，同时卖出另一种货币的行为。开盘之后，长了（多头）一种货币，短了（空头）另一种货币。选择适当的汇率水平以及时机建立头寸是盈利的前提。如果入市时机较好，获利的机会就大；相反，如果入市的时机不当，就容易发生亏损。

斩仓是在建立头寸后，所持币种汇率下跌时，为防止亏损过高而采取的平盘止损措施。例如，以1.60的汇率卖出英镑，买进美元。后来英镑汇率上升到1.62，眼看名义上亏损已达200个点。为防止英镑继续上升造成更大的损失，便在1.62的汇率水平买回英镑，卖出美元，以亏损200个点结束了敞口。有时交易者不认赔，而坚持等待下去，希望汇率回头，这样当汇率一味下滑时会遭受巨大的亏损。

获利的时机比较难掌握。在建立头寸后，当汇率已朝着对自己有利的方向发展时，平盘就可以获利。例如，在1美元=120日元买入美元，卖出日元；当美元上升至122日元时，已有2个日元的利润，于是便把美元卖出，买回日元使美元头寸轧平，赚取日元利润；或者按照原来卖出日元的金额原数轧平，赚取美元利润，这都是平盘获利行为。掌握获利的时机十分重要，平盘太早，获利不多；平盘太晚，又可能延误了时机，汇率走势发生逆转，不盈反亏。

2. 买升不买跌

外汇买卖同股票买卖一样，宁买升，不买跌。因为价格上升的过程中只有一点是买错了的，即价格上升到顶点的时候，汇价像从地板上升到天花板，无法再升。除了这一点，其他任意一点买入都是对的。

在汇价下跌时买入，只有一点是买对的，即汇价已经落到最低点，就像落到地板上，无法再低。除此之外，其他点买入都有可能是错的。

由于在价格上升时买入，只有一点是买错的，但在价格下降时买入却只有一点是买对的，因此，在价格上升时买入盈利的机会比在价格下跌时大得多。

3. "金字塔"加码

"金字塔"加码的意思是：在第一次买入某种货币之后，该货币汇率上升，眼看投资正确，若想加码增加投资，应当遵循"每次加码的数量比上次少"的原则。这样逐次加买数会越来越少，就如"金字塔"一样。因为价格越高,接近上涨顶峰的可能性越大,危险也越大。

4. 于传言时买入(卖出),于事实时卖出(买入)

外汇市场与股票市场一样,经常流传一些消息甚至谣言,有些消息事后证明是真实的,有些消息事后证实只不过是谣传。交易者的做法是,在听到好消息时立即买入,一旦消息得到证实,便立即卖出。反之亦然,当坏消息传出时,立即卖出,一旦消息得到证实,就立即买回。如若交易不够迅速很有可能因行情变动而招致损失。

5. 不要在赔钱时加码

在买入或卖出一种外汇后,遇到市场突然以相反的方向急进时,有些人会想加码再做,这是很危险的。例如,当某种外汇连续上涨一段时间后,交易者追高买进了该种货币。突然行情扭转,猛跌向下,眼看赔钱,便想在低价位加码买一单,企图拉低头一单的汇价,并在汇率反弹时,两单一起平仓,避免亏损。这种加码做法要特别小心。如果汇价已经上升了一段时间,你买的可能是一个"顶",如果越跌越买,连续加码,但汇价总不回头,那么结果无疑是恶性亏损。

6. 不参与不明朗的市场活动

当感到汇市走势不够明朗,自己又缺乏信心时,以不入场交易为宜,否则很容易作出错误的判断。

7. 不要盲目追求整数点

在外汇交易中,有时会为了强争几个点而误事,有的人在建立头寸后,给自己定下一个盈利目标,比如要赚够200美元或500元人民币等,心里时刻等待这一时刻的到来。有时价格已经接近目标,机会很好,只是还差几个点未到位,本来可以平盘收钱,但是碍于原来的目标,在等待中错过了最好的价位,坐失良机。

8. 在盘局突破时建立头寸

盘局指牛皮行市，汇率波幅狭窄。盘局是买家和卖家势均力敌，暂时处于平衡的表现。无论是上升过程还是下跌过程中的盘局，一旦盘局结束时，市价就会破关而上或下，呈突破式前进。这是入市建立头寸的大好时机，如果盘局属于长期牛皮，突破盘局时所建立的头寸获大利的机会更大。

新手入汇市投资技巧

任何事物的发展都有一定的规律，外汇市场的变化也不例外。因此，女性投资者可以根据外汇市场的变化规律，运用一些技巧来获得收益。

在任何投资市场上，基本的投资策略都是一致的。但对于复杂多变的外汇市场而言，掌握一般的投资策略是必需的，但在这个基础之上，投资者更要学习和掌握一定的实战技巧，因为一些经过大量实践检验的投资技巧不仅充满了哲理涵义，而且在实战中有很强的指导意义。我们在这里总结了许多汇市高手归纳提倡的9条外汇买卖投资技巧，供读者参考，希望女性投资者能从中获益。

1. 以"闲钱"投资

记住，用来投资的钱一定是"闲钱"，也就是一时之内没有迫切、准确用途的资金。因为如果投资者以家庭生活的必须费用来投资，万一亏蚀，就会直接影响到家庭生计。或者，用一笔不该用来投资的钱来生财时，心理上已处于下风，故此在决策时亦难以保持客观、冷静的态度，在投资市场里失败的机会就会增加。

2. 小户切勿盲目投资

成功的投资者不会盲目跟从旁人的意见。当大家都处于同一投资位置，尤其是那些小投资者亦纷纷跟进时，成功的投资者会感到危险而改变路线。

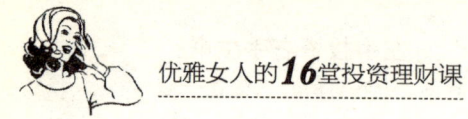

盲从是"小户"投资者的一个致命的心理弱点。一项经济数据一发表,一则新闻突然闪出,5分钟价位图一"突破",人们便争先恐后地跳入市场。不怕大家一起亏钱,只怕大家都赚。从某种意义上说,有时看错市场走势,或进单后形势突然逆转,因而导致单子被套住,这是正常的现象,即使是高手也不能幸免。然而,在如何决策和进行事后处理时,最愚蠢的行为却都是源于小户心理。

3. 主意既定,勿轻率改变

如经充分的考虑和分析,预先定下了当日入市的价位和计划,就不要因眼前价格涨落影响而轻易改变决定,基于当日价位的变化以及市场消息而临时作出的决定,除非是投资圣手灵机一闪,一般而言都是十分危险的。

4. 逆境时,离市休息

投资者由于涉及个人利益的得失,因此精神长期处于极度紧张的状态。如果盈利,还有一点满足感来慰藉;但如果身处逆境,亏损不断,甚至连连发生不必要的失误,这时要千万注意,不要头脑发胀失去清醒和冷静,此时,最佳的选择是抛开一切,离市休息。等休息结束时,暂时盈亏已成过去,发胀的头脑也已冷静,思想包袱也已卸下。相信投资的效率会得到提高。有句话,"不会休息的将军不是好将军",不懂得休养生息,破敌拔城就无从谈起。

5. 忍耐也是投资

投资市场有一句格言说:"忍耐是一种投资。"但相信很少有投资者能够做到这一点,或真正理解它的含义。对于从事投资工作的人,必须培养自己良好的忍性和耐力。忍耐,往往是投资成功的一个"乘数",关系到最终的结果是正是负。不少投资者并不是他们的分析能力低,也不是他们缺乏投资经验,而仅仅是欠缺了一份忍耐力,从而导致过早买入或者卖出,招致不必要的损失。因此,每一名涉足汇市的投资者都应从自己的意识上认识到,

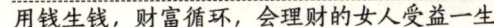

忍耐同样也是一份投资。

6. 止蚀位置，操刀割肉

订立一个止蚀位置，也就是在这个点，已经到了你所能承受的最大的亏损位置，一旦市场逆转，汇价跌到止蚀点时，要勇于操刀割肉。这是一项非常重要的投资技巧。由于外汇市场风险颇高，为了避免万一投资失误时带来的损失，因此每一次入市买卖时，我们都应该订下止蚀盘，即当汇率跌至某个预定的价位，还可能下跌时，立即交易结清。这样操作，发生的损失也只是有限制、有接受能力的损失，而不至于将损失进一步扩大，乃至血本无归。因为即使一时割肉，但投资本钱还在，留得青山在，就不怕没柴烧。

7. 不可孤注一掷

从事外汇交易，要量力而为，万不可孤注一掷，把一生的积蓄或全部家底如下大赌注一样全部投入。因为在这种情况下，一旦市势本身预测不准，就有发生大亏损甚至不能自拔的可能。这时比较明智的做法就是实行"金字塔加码"的办法，先进行一部分投资，如果市势明朗、于己有利、就再增加部分投资。此外，更要注意在市势逆境的时候，千万要预防孤注一掷的心态。

8. 小心大跌后的反弹与急升后的调整

在外汇市场上，价格的急升或急跌都不会像一条直线似的上升或一条直线似的下跌，升得过急总会调整，跌得过猛也要反弹，调整或反弹的幅度比较复杂，并不容易掌握，因此在汇率急升两三百点或五六百个点之后要格外小心，宁可靠边观望，也不宜贸然跟进。

9. 学会风险控制

外汇市场是个风险很大的市场，它的风险主要在于决定外汇价格的变量太多。虽然现在关于外汇波动的理论、学说多种多样，但汇市的波动仍经常出乎投资者们的意料。对外汇市场投资者和操作者来说，有关风险概率方面

的知识尤其要学一点。也就是说，在外汇投资中，有必要充分认识风险和效益、赢钱与输钱的概率及防范的几个大问题。如果对风险控制没有准确的认识，随意进行外汇买卖，输钱是必然的。

无论是投资国内市场，还是投资国外市场，不论是投资一般商品，还是投资金融商品，投资的基本策略都是一致的，在更为复杂的外汇市场上尤为如此。

第14章
黄金投资：贵妇人的理财之道

黄金投资，女人的最爱

正是因为黄金的贵重以及投资的优势，很多女人都热衷于"炒黄金"，而且，通过黄金投资赚到了不少钱，即使赚不到钱，黄金也可以保值，帮助家庭抵御通货膨胀，抵御金融危机。

王小姐就是在2004年的时候，把自己更多的时间和精力放在了金银币投资上。那时，她通过分析认为，当时的股市低迷、基金乏力，也许投资金银币是个不错的选择。后来，做了几年金币收藏的王小姐有了一个根深蒂固的观念，"不管价格怎么样，黄金永远也是黄金"。奥运会之后的一段时间，黄金的价格水涨船高，王小姐也在黄金的投资中获益不少，这让她说起黄金就兴奋。

在选择投资黄金时，王小姐和很多其他的女人一样，都选择了将金币作为投资对象。金币的基础材料就是黄金，比黄金本身还贵出了手工费、艺术

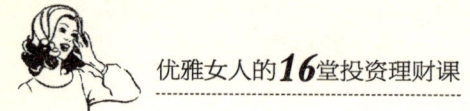

感,无论怎么贬值,其价值都不可能低于市场上黄金的价格。黄金本身又是硬通货,有保值的作用。在收藏品投资领域一直有这么一句话:只要时间耗得起,总归还是会升值的。这句话对金银币投资也同样成立,因为黄金本身是稀有金属,物以稀为贵。而且,市场上每次投放的金银币量都是受到控制的,一段时间后想买的人即使有钱,也不一定能买到。

收藏黄金一方面除了能够做投资,让它升值外,另一方面还有一个很重要的作用——抵御通货膨胀。在通货膨胀时,最不好过的就是家庭主妇了,因为什么东西都在涨价,只有工资没有涨,这时候家里日渐涨起来的开支往往让家庭主妇头疼。而投资实物黄金是一个非常好的抵御通货膨胀的方法。因为黄金具有抵抗通货膨胀的长期保值功能。黄金的长期保值性就在于:等量的黄金可以换到等量的商品或服务,可以抵御通货膨胀带来的币值变动和物价上涨的影响。以英国著名的裁缝街萨维尔罗街的历史来看,200多年来,这条长约300米的小街上,一套量身定制的高档西装的制作价格,折算成黄金,基本稳定在五六盎司,这是黄金购买力在一个很长时期里保持稳定的明证。也就是说,无论商品的价格怎么变,其对黄金的相对价格都是基本固定的。

当然了,很多女人一听到购买黄金有这么多的好处,就一哄而上,疯狂地购买。殊不知这样其实并不好,购买黄金,需要根据各自不同的情况量力而行,而且,还需要保持好的心态。一般来说,黄金的平均价格每年都保持在15%以上的涨幅,收益比较稳定。不过,想要投资而不是消费黄金的女人要注意,尽量不要买饰品来投资,饰品的价格要远远高于金条的价格,不划算。想要通过黄金投资理财者,最好选择可回购的实物金条。

最后,还是需要提醒一下,不同家庭的黄金投资计划是不同的,所以,作为家里"掌金大人"的女人,不要和别人攀比而盲目投资,而要根据自己的实际情况来合理投资黄金。

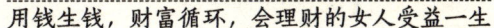

生活富足的"阔太太"适合投资实物金。这类女人可大胆地将投资资产的15%进行黄金投资,对冲目前理财市场上存在的风险。

年轻的妈妈们则可以少量投资黄金,为孩子准备教育资金。该阶段的女人承受着工作和照顾孩子的双重压力,没有太多精力关注投资,但当有跟小宝宝有关的实物金推出时,适当关注一下,既放松了心情,又为孩子积累了财富。

未婚或者是刚刚新婚的女人,适合定期购买金条。

赵小姐刚新婚不久,"家底"不厚的她,为了给自己的小日子提供更多的保障,定期与老公投资金条,一般每个月投资一根20克的金条,每两三个月投资一根50克金条,随着时间的推移,这种"定期存款"的优势会逐渐显现,不知不觉中,他们的"家底"就厚实了不少,同时还规避了投资风险。

当然了,不管你目前处于哪种阶段,都需要切记一点:千万不要为"金女"着了迷,不顾家庭实际情况地购买黄金,这样对你只会有害而无利。"金女"是慢慢地镀出来的,不是靠急性子就能一步到位的。

新手如何投资黄金

金市的疯狂增长,让不少从未涉足该领域的女人都蠢蠢欲动。如果你从来没有接触过黄金交易,又该如何入门呢?

1. 选准时机

每年的8月中旬至11月,黄金市场最大的消费国印度有多个宗教节日,将刺激对金饰的需求。此外,第四季度适逢西方的感恩节、圣诞节和中国的农历春节等传统黄金需求的旺季,因此,在年底之前,金价一定会有上涨的空间。

2. 分批介入

全仓进入风险往往很大，市场是变幻莫测的，即使有再准确的判断力也容易出错。新手炒金由于缺乏经验，刚开始时投入资金不宜过大，应先积累一些经验再说。如果是炒"纸黄金"的话，建议采取短期小额交易的方式分批介入，每次卖出买进10克，只要有一点利差就出手。这种方法虽然有些保守，却很适合新手操作。

3. 止损止盈

股市有风险，炒金也一样。因此，每次交易前都必须设定好"止损点"和"止盈点"，当你频频获利时，千万不要大意，不要让亏损发生在原已获利的仓位上，面对市场突如其来的反转走势，宁可平仓不获利，也不要让原已获利的仓位变成亏损。不要让风险超过原已设定的可容忍的范围，一旦损失已至原来设定的限度，不要犹豫，该平仓就平仓，该"割肉"就"割肉"，一定要控制风险。

4. 关心时政

国际金价与国际时政密切相关，如美伊危机、朝鲜核问题、恐怖主义等造成的恐慌，国际原油价格的涨跌，各国中央银行黄金储备政策的变动等。因此，新手炒金一定要多了解一些影响金价的政治因素、经济因素、市场因素等，进而相对准确地分析金价的走势，把握大势，才能把握盈利时机。

5. 选购黄金藏品

随着黄金原料价格的上涨，黄金藏品的投资价值在不断攀升。黄金藏品不仅具有黄金的本身价值，而且具有文化价值、纪念价值和收藏价值，对于新手而言，黄金藏品的投资比较稳当。

投资黄金的技巧

女人要想在投资黄金上有所收获,就要掌握一定的投资黄金的技巧,做好知识储备。投资黄金有下面一些技巧。

1. 知识储备

对于投资黄金者来说,知识储备是十分重要的一个素质。只有具备了丰富的知识储备,你才可以放心地去投资黄金。

黄金市场的开放程度介于外汇和股票之间,炒金者既不能像外汇理财者那样一心往外看、主要关注国际政经形势,也不能像炒股者那样两耳不闻窗外事、只关心国内金融市场;炒金者必须关注国际与国内金融市场两方面对于金价的影响因素,尤其是美元的汇率变动以及开放中的国内黄金市场对于炒金政策的变革性规定。

2. 做好心理准备

对于投资黄金者来说,除了知识储备,一定的心理准备也是必需的。因为投资市场也不是风平浪静的,也会有一些风浪来历练我们。

黄金虽为保值避险类理财工具,但既是投资理财工具,就有一定的风险,所以个人炒金者同样应该做好心理准备,即投资获利与风险的预期。在国际市场上,金价的变动像大海上翻滚不定的波浪,它的起伏左右着我们的情绪和理财的决策。只有那些心理强健、跳出自我、在浪尖上舞蹈的人,才是炒金的赢家,才是金融市场上的赢家。

3. 慎选投资的黄金品种

选择所投资的黄金品种是至关重要的,因为不同品种的黄金理财工具,其风险、收益也是不同的。投资黄金主要分为实物交割的实金买卖和非实物

交割的黄金凭证式买卖两种类型。实物黄金的买卖要支付保管费和检验费等，成本略高；黄金凭证式买卖俗称"纸黄金"，其交易形式类似于股票、期货这类虚拟价值的理财工具，炒金者须明确交易时间、交易方式和交易细则。实物黄金也分为很多种类，不同种类的黄金，其投资技巧也是不同的。

纪念性质的金条、金块，有些类似文物或纪念品，其溢价幅度比较高，而投资加工费用低廉的金条和金块可享受较好的变现性；投资纯金币的选择余地较大，兑现方便，但保管难度大；也可以投资在二级市场溢价通常较高的金银纪念币。根据爱好，个人亦可选择投资金饰品，但金饰品加上征税、制造商、批发零售商的利润，价格要超出金价许多。而且，金饰品在日常生活的使用中会产生磨损，从而消耗其价值。在选择黄金投资品种时，不同品种的这些优缺点和差异性都应当着重考虑。

4.因人而异

投资理财应密切结合自身的财务状况和理财风格。个人炒金的目的需要明确：你投资黄金，意图是在短期内赚取差价呢？还是作为个人综合理财中风险较低的组成部分，意在对冲风险并长期保值、增值呢？对于大多数非专业炒金者而言，后一目的的人占了大多数，所以用中长线眼光去炒作黄金可能更为合适。应看准金价的趋势，选择一个合适的买入点进入金市，做中长线投资。

当然，不同状况的理财者有不同的选择。闲钱较多的大富人家可以选择投资实物黄金，充分利用实物黄金的保值和避险功能，为个人家庭做好黄金储备。而热衷于在金融市场上杀进杀出、投资获利的理财者可以选择黄金凭证式买卖，如果这类理财者能够较好地把握股市，那么将类似的技巧挪到金市上来，再花上一定的时间和精力去关注、分析国际经济政治形势，就可以大胆进入纸黄金的交易市场了。熟悉邮品市场或收藏品市场的中老年投资者即艺术性理财者可以投资金银纪念币，其溢价程度和行情走势类似于邮品。

爱好珠宝首饰的女人可选择投资金饰品，在把玩奢侈品的同时也能达到理财的目的。

投资黄金的误区

1. 频繁交易

非专业的普通投资者，想要通过快进快出的方法来炒金获利，可能会以失望告终。投资黄金需要关注国际国内政治经济等大量的信息，并且要具备相当的分析能力，这一点对于大多数的投资者来说要求似乎高了一些。再者，目前国内较多的纸黄金买卖手续费也是一笔不可忽视的费用，在一般的行情条件下，想要在扣除这些费用后赚取差价几乎是没有可能的。

投资黄金，更好的选择应该是作为一种中长期的投资。如果抱以这样的心态，那么，只要知道当前黄金正处于一个大的上升周期中，即使在相对高位买进、甚至被套，也不是什么严重的问题。

但切记黄金投资最好不要超过总资产的10%。

2. 金饰是主流投资品

现在，有很多老百姓提到黄金投资，就会联想到著名的黄金珠宝销售商场。金价上涨的时候，很多媒体都会报道消费者购买黄金的火爆情景。对于相当多的大众投资者而言，买金首饰就等于投资黄金。其实，这是一个投资误区。

严格地说，在目前正规的黄金买卖交易中，黄金饰品并非主流投资品种。因为市场上的黄金饰品需要变现出售时，一般按二手饰品估价，价格最高不超过新品的2/3。如果出现了磨损或碰撞的痕迹，价格就会被压得更低。投资者的买入价与卖出价之间往往相差巨大。

据黄金行业资深人士说，消费者出售黄金饰品时，金商会提出一些看似"合理的要求"，比如：被要求铸成标准金条，不足标准金条克数要由消费者贴钱铸；不是标准金条的成色，还须交纳一定的鉴定费等。但这其中暗藏"猫腻"，消费者一定要小心。

3. 长线投资

如果错误地认为长线持有黄金就可以抵御通货膨胀对个人资产的侵蚀，那么投资的结果很可能事与愿违。

投资者一般无法了解黄金开采、加工、消费等环节的情况，或者没有时间每天关注短期的黄金价格波动，因此多数投资者买入黄金就长线持有，希望实现资产的保值、增值，以抵御通货膨胀的风险，但投资结果很可能事与愿违。

投资者不适合把黄金作为主要长线投资品种有三个原因：

首先，从供求关系上看，黄金开采平均总成本大约只有260美元/盎司，远低于现在的年平均价格600美元/盎司。由于开采技术的发展，黄金开发成本在过去20年以来持续下降。黄金的需求量表面看起来非常强劲，但实际上主要是工业用金和首饰用金。事实上，在工业上可替代黄金的新材料不断地被发现，而首饰用金的需求在黄金价格太高的时候会明显减少。同时，现在各国央行手中持有的储备黄金数量也相当于世界黄金13年的产量。因此，从供求的角度来看，黄金价格很难保持长期上涨的势头。

其次，由于我国经济发展迅速，GDP的增长率高于美国2~4倍，因此长期通货膨胀压力明显大于美国；而国际黄金价格是用美元标价，主要受美国通胀水平的影响。因此，在我国使用黄金来抵御通胀风险的难度比国外还要大。

最后，从长期来看，黄金稳定的收益率几乎一直低于股市、债市、外汇市场、房地产业的收益，因为黄金本身不产生利息收入，而其他投资工具则可获得股息、利息、租金等稳定的收入，这些稳定的现金流入对长线投资收益会产生重大的影响。以美国Power Share的外汇ETF的基金模型计算，该基金过去10年炒外汇的年回报率是1 148%，但其中仅仅外汇利息差异的收益就达到了477%。这充分显示了长线投资品种在有稳定的现金流入时，才可获得稳定的高收益率。

第15章
信托投资：女人理财的好帮手

人寿保险信托，投资理财新方式

李女士是一位单亲妈妈，有一个6岁的女儿。由于李女士要兼顾事业及家庭，异常辛苦，近来经常感到身体不适，经医院诊断后，确诊为癌症晚期。她虽已向保险公司投保数百万元并指定女儿为保险受益人，但女儿目前还未成年，若李女士真的离开世界，谁来照顾女儿呢？

在现实生活中，当保险事故一旦发生时，保险受益人常常会因为如下情形不能妥善处理保险金：年纪太小或心智有障碍、对法定监理人或监护人妥善保管保险金能力有质疑、各受益人间利益相冲突等。由此，保险受益人虽然形式上拥有保险金，但实际上有可能非但享受不到保险金的利益，反而有可能造成挥霍浪费或受益人彼此间的对立，甚至引来歹徒的觊觎。正因如此，如果将人寿保险与信托相结合，不仅能使保险受益人享受到应有的权益，还能获得人寿保险信托带来的其他好处。

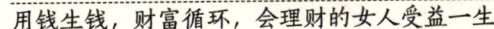

所谓人寿保险信托,是以人寿保险金债权为信托财产而设立的信托。即被保险人作为委托人指定信托公司为保险金的受领人,于保险事故发生时,由信托公司受领保险金,将之交付给委托人指定的受益人;或由信托公司受领保险金后,暂不将保险金交付受益人,而由其为受益人利益予以管理和运用。设立人寿保险信托的目的在于使受益人免受财务管理之累,并能获得更多利益。

根据信托的定义,它是指拥有财产权的一方(委托者)向另一方(受托者)转移其财产权,并使其按照一定的目的(信托目的),为委托者本人或第三者(受益人)对其财产进行管理或处理。随着信托的设定,财产所有权依法从委托者的财产中分离出来转至受托者(变成受托者的名义),成为委托者的债权者不能触及到的权益部分。由此可知,保险金一旦成立信托后,原则上,无论是投保人、受益人的债权人或是任何人,都不能再对信托财产强制执行,这也被称之为信托财产的独立性。也就是说,不论受益人是不是未成年人,或者其法定监护人现在或以后是否可能和受益人的利益相冲突,将保险金成立信托后,即可确保受益人依照投保人的意愿享受到保险金的利益。

1. 人寿保险与信托相结合的适用范围

参加保险虽然可以规避、分散保险事故发生的客观风险,但却无法避免因人为因素而使得受益人不能真正享有保险金利益的风险。当出现以下几种情况时,采用人寿保险与信托相结合的方式,具有很强的适用性。

其一,受益人是未成年人或属于社会弱势群体(如心智障碍者)。如果当受益人是未成年人、心智障碍者,甚或是浪费成习惯的人时,就会出现无法妥善管理、支配保险金,或者挥霍掉保险金的情况,结果必然不能达到投保人的投保意愿。当投保人将寿险的保险金成立信托后,并于信托中限定子女仅能将信托财产用于教育费、生活费、医疗费等支出,除可避免保险金遭

他人不当挪用，亦可使受益人最大限度地享受到保险金的利益。

其二，当保险金额较大，存在多个受益人时。因为信托财产具有其独立性特征，也就是说，一旦把保险金成立信托后，受益人就可依照信托的内容，享受信托财产的利益，任何人都不能再对信托财产强制执行。由此，在保险金额较大的情况下，投保人可以通过人寿保险信托，依照自己的规划，把保险金分配给各个受益人或是其下一代子孙，既可避免多个受益人之间因利益冲突而发生纠纷，同时可以确保各个受益人都可以享受到信托财产的利益。

其三，当投保人是企业经营者时。根据破产法的规定，债务人一旦不能清偿到期债务，往往启动破产程序，将债务人财产列入破产财产，以使债权人得到公平清偿。而信托具有保护受托财产不受委托者破产风险影响的机能，由此，当身为企业经营者的投保人面临巨额的债务风险时，基于信托财产的独立性，投保人的债权人无权对人寿保险信托财产强制执行，从而确保受益人应享有的权益不受影响。

2. 人寿保险与信托相结合的几种适用形式

第一种形式：以信托财产支付保险费，但保险金不成立信托财产。在这种方式下，投保人把足以产生支付给保险公司保险费的财产，转移给受托人成立信托，然后再由受托人依照投保人的意思，按期缴纳保险费给保险公司。此种方式的优势在于可由专业的受托人管理信托财产，使其产生足以支付保险费的财产利益，以及省去逐期缴纳保险费的繁琐手续。但是，这种方式也存在如下缺点：其一，信托委托人必须有财产可供信托；其二，保险受益人必须有能力管理保险金。

第二种形式：以保险金作为信托财产，但保险费要由投保人另付。这种方式的优点在于：保险金作为信托财产经由受托人管理、运作，能确保人寿保险受益人依照委托人的意思享受信托利益。很显然，这种方式由于投保人自己完全承担缴纳保险费的义务，有可能发生因其经济状况改变而不能按期缴纳保险费的情况。

第三种形式：保险费由信托财产支出，而且保险金成立信托财产。这种方式综合了上述两种方式的优势，最大的好处在于信托财产一旦委托给受托人后，依照其独立性特征，无论是投保人的债权人或是任何人，都不能再对信托财产强制执行。

3. 将人寿保险与信托相结合的其他好处

首先，将人寿保险与信托相结合，具有储蓄与投资理财的双重功效。随着社会的不断变迁，财富的表现形式从单纯的土地演变到各式各样的有价证券以及金融投资工具以后，受托人专业理财的能力，往往成为受益人能否享受到合法权益的关键所在。而以被保险人死亡为保险事故的人寿保险，大部分都具有储蓄功能，因而将人寿保险与信托相结合，达到了储蓄与投资理财的双重功效。

其次，人寿保险信托具有免税功能。单纯以信托的方式要想达到节税的目的，空间相当有限。依照现行所得税法、保险法以及遗产税法的相关规定，人寿保险的保险金原则上全部免税。因此，如果将人寿保险与信托相结合，对于想要达到税收优惠目的的投保人来讲，无疑具有更强的吸引力。

目前在实务中，国际上已有人寿保险信托商品的面世，加之我国《信托法》已获全国人大通过、颁布，专家认为，《信托法》颁布后，我国的信托市场将得到有序地发展，而且发展的速度将加快。因此，人寿保险信托这种新型的保险与信托相结合的投资理财方式，将会拥有一定的市场空间。

女人如何投资信托

从理论上来讲，信托可以对资金、有价证券、动产、不动产、知识产权

等各类财产和财产权进行管理、运用和处分,又可从事投资、贷款、出租、出售、同业拆放、项目融资、公司理财、财务顾问等多方面的业务。因此,信托是一种综合性的理财工具。自我国《信托法》颁布以来,信托公司开发的信托产品如雨后春笋般涌出,成为投资理财市场上的一个亮点,在这些信托产品中,大部分都是投资型自益信托产品(即委托人和受益人是同一个人)。

1. 资金信托

它是指委托人基于对信托投资公司的信任,将自己合法拥有的资金委托给信托公司,由信托公司按委托人的意愿以自己的名义,为受益人的利益或者特定目的的管理、运用处分的行为。资金信托业务又包括:单一资金信托业务(即信托投资公司接受单个委托人委托、依据委托人确定的管理方式单独管理和运用信托资金)和集合资金信托业务(即信托投资公司接受两个或两个以上委托人委托、依据委托人确定的管理方式或由信托投资公司代为确定的管理方式管理和运用信托资金)。

2. 不动产信托

不动产信托是以出卖、管理房地产为主的信托,其收益主要来自于房租或地租。投资房地产等不动产已成为人们熟悉的继将钱存银行和买股票之后的第三大块投资领域。例如,上海出现的"房屋银行"即为典型的不动产信托业务——将多余的房产"存入银行",由该机构负责其租赁和日常维护等事务,并向储户支付受益。

3. 贵重物品信托

这是信托投资公司的一项附加业务,由于信托公司一般都具备良好的保安措施,具有坚固可靠的金库和保险箱,信托公司可以应要求为客户保管贵重的物品。

4. 知识产权信托

不仅个人所有的合法财产可以信托，预期的财产权也可信托，如知识产权中的财产权部分可以委托进行抵押融资等的相关管理和处分活动。

除了以上介绍的个人信托产品外，还有如人寿保险信托、遗嘱信托、子女教育信托、退休保障信托等，这些产品将随着相关条件的成熟而陆续登台，相信将给人们的家庭理财和财产规划带来更多的选择。

面对出现的信托这种新型投资理财方式和众多的信托品种，应该如何应对，并根据自己的情况选择合适的投资品种？就目前来说，市场上出现的信托产品，绝大多数都是资金信托产品和证券投资基金。证券投资基金通过几年的发展已经逐渐被人们接受，它的投资方法和策略有很多介绍，就不再赘述，这里主要介绍资金信托产品的投资方法。一般来说，女人在选择这类产品时，主要应考虑以下几个方面的因素：

（1）发行信托产品（计划）的信托公司的实力和信誉度。信托收益来自信托公司按照实际经营成果向投资者的分配，信托理财的风险体现在预期收益与实际收益的差异。投资者既可能获取丰厚的收益，但也可能使本金亏损。产生风险有两大类原因：第一，信托公司已经尽责，但项目非预期变化或其他不确定性因素发生；第二，信托公司在信托财产管理和处置中操作失误，或违法违规操作。由于现在信托业处于发展的初级阶段，信托公司都着重于建立良好的理财业绩，以及树立知名度，所以目前出现第二类原因的可能性较小。至于第一类原因，最能反映信托公司的理财水平。因此，选择一个实力强、信誉好的信托公司的信托产品是成功投资信托理财产品的前提。

（2）信托产品（计划）的资金投资的方向（或领域）。这将直接影响到收益人信托的收益。对资金信托产品（计划）的选择，应选择现金流量、管理成本相对稳定的项目资产进行投资或借贷，诸如商业楼宇、重大建设工程、连锁商店、宾馆、游乐场或旅游项目以及具有一定规模的住宅小区等一些不易贬值的项目资产，而不应选择投资股市或证券的信托产品，因为我国

现行法律实际上已将证券投资信托归入基金法范畴，投资者如需委托人投资证券的，可以投资共同基金，在同等风险条件下，共同基金公司比信托投资公司更为专业；也不应选择投资受托人的关系人的公司股权或其项目资产，否则为信托法律所禁止。

对于信托公司推出的具有明确资金投向的信托理财品种，投资者可以进行具体分析。而有的信托公司发行了一些泛指类信托理财品种，没有明确告知具体的项目名称、最终资金使用人、资金运用方式等必要信息，只是笼统地介绍资金大概的投向领域、范围。因此，不能确定这些产品的风险何在及其大小，也看不到具体的风险控制手段，投资者获得的信息残缺不全，无法进行独立判断。对这类产品，投资者需要谨慎对待。

（3）信托产品的期限。资金信托产品期限至少在1年以上。一般而言，期限越长，不确定因素就越多，如政策的改变，市场因素的变化，都会对信托投资项目的收益产生影响。另外，与市场上其他投资品种相比，资金信托产品的流动性比较差，这也是投资者需要注意的。因此，在选择信托计划时，应结合该产品的投资领域和投资期限，并尽量选择投资期短或流动性好的信托产品。

（4）自己的风险承受能力。信托与其他金融理财产品一样，都具有风险。但风险总是和收益成正比的。由于当前资金信托产品的风险界于银行存款和股票投资之间，而收益比较可观，该类品种自推出以来，一直受到广大投资者的青睐，出现了排队购买的景象，这充分说明资金信托产品具有其独特的优势。但投资者也应该看到，信托公司在办理资金信托时，是不得承诺资金不受损失，也不得承诺信托资金的最低收益的。同时，由于信托公司可以采取出租、出售、投资、贷款、同业拆借等形式进行产业、证券投资或创业投资，不同的投资方式和投资用途的差异性很大，其风险也无法一概而论。所以，投资者在面对琳琅满目的资金信托产品（计划）时，还是应保持清醒的头脑，根据自己的风险承受能力，结合前面的几个方面，综合分析具体产品的特点，有选择地进行投资。

（5）需注意的几个问题。主要需注意以下三个方面：

其一，担保问题。对于有担保的信托计划，委托人（也就是投资者）还应看担保的主体是否合法，切实了解担保方的经营状况。需要提醒的是，委托人不能只看担保方的资产规模的大小，其合适的资产负债比例、良好的利润率、稳定的现金流和企业的可持续发展等才是重要的考虑因素。而对于担保中的抵押（质押）物是否过硬、抵押（质押）比率是否安全、担保方信用级别和资金实力如何、有无保险介入、专项赔偿基金是否充足以及受益权当中次级受益权的规模和承担的义务情况等，也要特别关注。勤勉尽责的信托公司，在发行信托产品时，一般会完整、客观地告知各种具体的风险因素，分析其主次，不隐瞒，并设计有效的风险控制措施，如第三方担保，抵（质）押、投保、与银行贷款利率挂钩等。提供的保障措施越多，越能保护委托人的利益。

其二，委托人（即投资者）的权利。根据我国《信托法》第20条的规定：委托人有权了解其信托财产的管理运用、处分及收支情况，并有权要求受托人作出说明。委托人有权查阅、抄录或者复制与其信托财产有关的信托账目以及处理信托事务的其他文件。同时，《信托法》第22条还规定：受托人违反信托目的处分信托财产或者因违背管理职责、处理信托事务不当致使信托财产受到损失的，委托人有权申请人民法院撤销该处分行为，并有权要求受托人恢复信托财产的原状或者予以赔偿；该信托财产的受让人明知是违反信托目的而接受该财产的，应当予以返还或者予以赔偿。另外，第23条则规定：受托人违反信托目的处分信托财产或者管理运用、处分信托财产有重大过失的，委托人有权依照信托文件的规定解任受托人，或者申请人民法院解任受托人。因此，充分利用法律赋予委托人的这些权利，投资者可以在信

　　托过程中根据情况采取相应的措施，从而更加主动地控制风险。

　　其三，信托的税收。在国外，信托税制多奉行信托导管原理和税负不增加原则。根据信托导管原理，信托是向受益人分配信托利益的管道，信托当事人之间相互转移财产的行为不具有实质的经济意义，因而在税收上也就不像对普通交易行为那样课税。根据税负不增加原则，信托本身作为纳税人虽应进行纳税，但受益人因信托收益分配而取得的收益免于被重复征税。目前，由于信托的相关配套政策还未到位，资金信托产品的税收还是空白，也基本上都不用缴税。相信我国在建立信托税收制度时，应该会采纳国外通行的信托导管原理和税负不增加原则。但在这里还是要提醒投资者在投资资金信托产品时，要关注具体产品的赋税情况，以免增加机会成本。

　　经过这几年的发展，信托投资理财已经逐渐被人们所认识和接受，但由于信托这种财产管理制度是从国外引进的，加上与信托相关的法律和配套政策还不完善，因此，投资者在进行运用信托理财时还需要了解相关的知识，做到有备无患。但无论如何，信托已经来到我们身边，随着信托制度的进一步完善，将会出现更多更好的信托产品来满足不同层次人们的理财需求，使投资者有更多的选择，创造更多的财富。

　　信托这种独特的制度设计使其能很好地平衡财产安全性与理财效率两者间的关系，在为委托人提供充分保护的同时，方便了受托人管理财产，因而使其在个人理财中具有其他金融理财工具无法比拟的优势，主要体现在以下几个方面：

　　（1）信托财产的独立性。信托财产的独立性可以保护家庭财产。世界各国和我国的信托法都规定，信托财产具有独立于委托人、受托人和受益人以外的独立的法律地位。合法设立的信托，其名下的财产不受委托人、受托人和受益人的死亡、破产、法律诉讼的影响，这三方的债权人均不得主张以信托财产来偿债。这就为保护家庭财产，避免因各种原因受损而建立了一道法律屏障。我们常听到一些西方的富豪在自己事业顶峰时将财产通过信托的方式转移到独立的法律主体名下，其作用就在于防止因诉讼等意外发生而使自己和后人变得一无所有。我国信托法同样为合法财产提供了这种合法的保护手段。

（2）合法的节税功能。作为独立的法律主体，信托财产产生的收入和利润在时间和空间上区别于委托人和受益人自身的收入和利润，这就为合法节税创造了条件。另外，在信托关系中，虽有各项税赋的发生，不过比起单纯的赠予及遗产继承，虽然可能需缴交赠与税，却有助于降低委托人的所得税、遗产税、土地增值税等。这对于已经富裕起来的阶层如何通过遗产信托把财富一代代累积下去，保持家族荣耀特别有意义。因此，经由信托财产规划，可实现合法节省赠与税及遗产税。现在，我国的财产移转大都以赠与或遗产继承的方式实现，但相信不久后赠与税或遗产税必将实行，参照国外的类似法律，此两者的税率均高均达50%。因此，考虑税赋，就成为富裕阶层移转财产所面临的主要问题。如何降低移转成本，就成为个人信托财产规划的重心。

（3）信托财产把委托人、受托人和收益人的权力和义务、责任和风险进行了严格分离。信托合同一经签订，就把收益权分离给受益人，而把运用、处分、管理权分离给了受托人。信托合同对信托财产的运用、管理、处分有着严格的规定，受托人只能按照信托合同确定的范围和方式进行运作。这种机制固定了当事人各方的责任和义务，确保了信托财产沿着特定的目的持续稳定经营，与公司制相比，是一种更为科学的制度安排。另外，信托公司素有"金融百货公司"的称号，经营灵活，运用信托财产的方式多样，既可以从事证券投资，又可以从事实业投资，还可以贷款、租赁、同业拆借、项目融资等。这在业务范围上保证了可以实行组合投资、化解了金融风险。

合理利用遗嘱信托

陈女士是一个外企高级管理人员,这几年工作赚了300万元,自己的孩子还尚小,但她生病已来日不多。关于身后的财产,陈女士的愿望就是在孩子长大后把钱交给较穷的孩子2/3,较富裕的孩子1/3。通常在法律上只有两种处理方式:一种是遗嘱继承;另一种是法定继承。但是按前一种方式会因还无法确定两个孩子中哪一个将来更穷,无法实行;而法定继承则一般是平分,也无法实现她的愿望。陈女士该如何来完成她的心愿呢?

其实,陈女士可以提过遗嘱信托来达成她的心愿。

执行遗嘱信托是为了实现遗嘱人的意志而进行的信托。遗嘱的执行,其出发点在于谋求遗嘱上各种事务的便利,以表现遗嘱意志,按遗嘱处分遗产。遗嘱执行上的事务分为债权的收取、债务的清偿、遗赠物的交付、遗产的分割四大类。遗嘱执行人根据遗嘱,参照法律办理清理遗产等事务。执行遗嘱事务大都由信托机构承担。

1. 执行遗嘱信托的有关原则

信托机构办理执行遗嘱信托,作为遗嘱执行人,要充分注意掌握以下的几条原则,以便更好地开展此项业务:

(1)要严格区分执行遗嘱信托与管理遗产信托两种业务的界限。

(2)遵守遗嘱的意志,执行遗嘱信托契约的规定。

(3)信托机构作为遗嘱执行人,不得受让与遗嘱执行任务有关的遗产。

(4)信托机构被指定为遗嘱执行人时不能借故推托。

(5)信托机构执行遗嘱时以遗嘱中指定的任务量为依据。

(6)遗嘱执行过程中继承人不能处分与遗嘱有关的遗产。

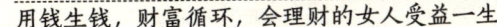

2. 执行遗嘱信托的执行程序

（1）遗嘱的鉴定。首先，鉴定遗嘱的真伪；其次，要验证遗嘱人是否死亡，一般应无问题，然而有时死者的死亡不在本地，以致牵涉法律问题，所以应用直接证明法和推定证明法予以证实。只有遗嘱人死亡确定，遗嘱才开始有法律效力。

（2）收集遗产。信托机构的第二步职责，应是在短期内收集死者的遗产。首先，调查了解死者是否拥有人寿保险。其次，调查了解死者的债权情况。

（3）编制遗产清册和暂管遗产。信托机构为委托人收毕遗产后，应随即详列财产细目并按市场价格估计其数值，编制出遗产清册，交付受益人（包括继承人和受遗赠人等）及有关公正的第三者。

（4）代结清税款和债务。执行遗嘱信托业务，信托公司的第四职责也是业务处理的第四步，是代收益人交付应负担的捐税和交付应清理的遗嘱人生前所发生的各种债务。其顺序当然是先交国家的赋税，然后清偿被继承人的债务。

（5）交付遗赠。

（6）分割遗产。信托机构作为遗嘱执行人，必须在完成上述各种手续后，才能对遗产进行分割。

执行遗嘱信托直接体现在实现该种信托的各种目的上，如不使遗嘱受到损害、不给受遗赠人增添任何负担、满足死者的子女们的特殊需要等。

执行遗嘱信托的意义在于谋求遗嘱在执行中的诸多便利。信托机构根据遗嘱的要求，并参照有关法律，对遗嘱人身后的财务加以整理、清理，对遗产进行分配，以实现遗嘱人的意愿。信托机构在执行遗嘱上具有优势和方便：①信托机构是独立法人，在遗嘱执行中可以排除各种干扰，做到公平客观。②信托机构社会联系面广，对债权债务的清理较为方便。③信托机构拥有专职技术人员，对遗产的分割处理有丰富的经验。④信托机构较个人受托执行遗嘱更具安全性。

信托机构永久存立，不像个人受托人会因事务繁忙而中断或拖延遗嘱的执行，而且信托机构都有固定的办公时间，便于各方联系，可减少遗嘱在执行中的诸多纠纷。信托机构经营执行遗嘱信托业务必须依法办事，一切工作以遗嘱为依据，以法律为准绳。执行遗嘱信托的成立与终止，都有明确的规定，便于社会监督和法律监督。一切有利害关系的人或团体都很少产生纠纷。

第16章
保险投资：让幸福生活免除后顾之忧

投保要考虑年龄与职业

投保的重要性已经越来越被女人所重视，很多女人参加工作后，就会在朋友或家人的建议下购买一定的保险，以保障自己日常生活中的稳定性，给自己一份安心的生活。

相对男人，女人更加感性，在买保险时容易受到外界因素的影响，容易冲动。比如，下班时目睹一起车祸，或者亲朋好友有人患重病，都会令女人想到保险。女人心软、柔弱、感性等这些特点，也导致她们在买保险时容易犯一些特有的错误。

而且，很多女人都有一种盲从的心理。因此，女人买保险时要冷静，要充分与保险代理人交流沟通，选择最适合的保险产品。

此外，很多女人都比较有牺牲精神，总是容易忘记自己的需求，已婚的女人尤其如此。一提到保险，很多年轻女人都认为自己身体状况很好，不太

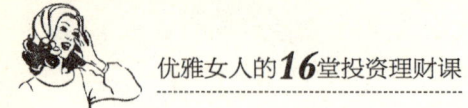

愿意为保险埋单；随着年龄增大逐步认识到保险的重要性后，女人投保时又往往会首先考虑到孩子、丈夫和父母。给别人做好了安排，却忘记了自己的重要性。要知道，女人自己也是家庭中不可缺少的一分子。

所以，不管是为自己还是为家人，负责任的女人都应该注意根据自己的具体情况来购买适合自己的保险，让自己放心的同时，更让家人安心。

那么，女人在购买保险时，由于年龄层的区分和职业收入的不同，会导致投保的种类有所区别，因而不能一刀切。下面，就分别根据年龄和职业收入两个方面的具体情况来介绍适合女人的保险种类。

1. 30岁左右的女人

这时的女人兼临事业和生育的压力，还有常见、高发女性疾病发病年龄提前、妊娠并发症、新生儿先天疾病等风险的困扰。意外、医疗保障可酌情配置，如女性疾病险、妇婴险等，都是这段时间的女人应该考虑的险种。这一年龄段的女人也是家庭收入的主要来源，还应考虑购买保障型为主的寿险。

2. 30~35岁的年轻妈妈

这个年龄段的女人大多是初为人母，非常需要保障，因为此时上有老下有小，事业家庭都得兼顾，因此投保一份寿险很必要。其保额应该为年收入的5~10倍。这样万一将来出了意外，起码家庭生活可以维持5~10年不变。同时，意外、医疗险也要考虑。

3. 35~50岁的能干妈妈

这个时期的女人，大多处于事业成熟稳定期，并且孩子处于慢慢长大的过程中。如果说之前妈妈们有结婚生子、买房买车的压力，还没来得及规划养老的话，现在就要赶紧考虑了，还有重大疾病险也要购买。40~50岁会开始进入疾病高发期，条件允许的话可以考虑具有理财性质的保险。所以，这个阶段的女人应该开始筹划养老金了。

4. 50岁之后的退休妈妈

50岁之后,很多女人都会慢慢进入退休期,而这个时候,需要女人来操心的事情也会慢慢减少,因为这时子女也成家立业了。所以,确保无后顾之忧的晚年生活是此时期的重点。应考虑购买年金保险、养老险;当然,随着年事渐高,应及早提高重大疾病、医疗险的保额。

说完各个年龄层的女人适合的主要险种之后,接下来,我们来看看不同职业收入的女性朋友们应该如何理性地投保:

(1)白领女性通常有较固定的工作收入,对于生活也有更长远的规划和期待,因此在购买保险时有较大的自由度,容易成为保险销售人员的主攻对象。比较适合她们的是将收益性的险种和保障型的险种相结合来投保。

(2)对于收入一般的已婚女人,因为已经有了公众的医疗保险,因此在收入平平的情况下,可以只购买一些消费型的意外险作为补充,或投保价格较低的女性健康保险,并在此基础上选择具有分红之类理财功能的保险品种,以达到理财和疾病、意外、养老等综合预防功能。

(3)收入较高的已婚女人,因为个人可支配的财产较多,所以可承受保险公司推出的价格较高的女性健康保险,另外也可以考虑适当地购买一些高回报的投连险或万能险。

(4)至于全职太太,由于其经济来源全部依赖于另一半,首先应该考虑的是先生投保,自己则需要投保一些重疾险和养老险。其次,在此基础上,可以配备一些理财型保险,如投连险、万能险和分红险等。

所以,通过纵向的年龄层的划分和横向的职业收入的区别,女人应该能够大致清楚自己当下最适合买的保险是什么类别了。在投保之前,最好先了解清楚,否则,万一碰上不负责的经纪人,被他们忽悠了,就白白浪费钱了。

什么样的保险公司值得信赖

在女人决定投保后,最头疼的问题就是应该选择哪个保险公司了。毕竟如今的市场上,保险公司繁多,而业务和价格似乎也相差不大,到底应该选择什么样的保险公司才合适呢?也就是,什么样的保险经纪公司是值得信赖的公司呢?

在选择保险经纪公司时,要考虑以下基本的几个方面:

(1)公司依法成立、证照齐全。

(2)公司的理念、经营模式、企业文化等。

(3)公司在市场上的口碑如何,是否有过不良记录。

(4)能否在一定程度上领导和代表着这个行业的发展方向。

(5)公司的服务模式是否专业,是否切合自己的实际需求等。

为什么先要重视的是这几个方面而没有让大家特别关注价格和险种呢?因为仅仅从各家保险公司产品的功能和价格上比较,谁也不比谁有绝对的优势,否则,如果光凭产品和价格就能击败对手的话,那别的保险公司完全可以推出一个价格更低、功能更全的产品。

可以说,在保险行业的产品是没有专利保护的,一个好产品出来了,其他的保险公司完全可以随时模仿和复制。因此,竞争到最后,在产品和价格上,每家保险公司都是差不多的。

事实上,如果你愿意掏钱,任何一家保险公司的任何一位代理人都可以为你提供一份保险合同,但这仅仅是纸面意义上的保险合同!

而专业和持续的优质服务,是任何保险公司或任何代理人都可以提供的吗?

左手投资右手生财：
用钱生钱，财富循环，会理财的女人受益一生

问题关键就在这里！

保险合同拿到手，保险的服务才刚刚开始，今后的20年或更长的时间才是真正考验保险公司和代理人的服务是否能够让你满意的关键时候。

而且可能我们都难以想象，我们投保的保险公司也是有可能破产的。一旦你所投保的保险公司破产，你的利益能得到保证吗？所以在选择保险产品时，一定要考察保险公司的长期战略和稳健经营能力，考虑保险公司的口碑、信用记录，考虑其发展方向，而千万不要只顾眼前的利益盲目决定，毕竟保险是一项长期投资。

如果不了解清楚就随意办保险，一旦出险，后悔的可是我们自己。

杨某的妻子2006年怀孕办理准生证时，购买了某人寿保险公司的母婴安康保险，缴纳保险金25元。同年，杨某的妻子发生了交通意外，导致母婴双亡。出事后，杨某向该人寿保险公司报案。按照该母婴安康保险的规定，受益人可得到保险金9 000～12 000元。但是，经过一系列纠结的理赔过程之后，杨某最终只艰难地领取到了人身意外保险金4 000元。本来丧妻丧子之痛就让杨某已经十分伤心了，而最终在理赔的路上，原来的保险代理人的态度与当初办保险时完全是两个模样，让本就伤心的杨某更加遭受一层创伤。如果保险公司连这点最基本的人性关怀观念都没有，这样的保险公司肯定不是值得信任的公司了。

与杨某妻子的例子相反，我们再来看看刘女士的经历。

某超市员工刘女士在新婚登记时购买了某寿险公司的优生优育健康保险，每份保费50元。该险种可对优生优育中可能发生的29种疾患提供风险保障，如新生儿确诊神经管畸形可给付3万元，患唐氏综合症可给付20万元。经4个月围产医学检查，医生发现刘女士的胎儿肠腔畸形，在确诊后被迫中止妊娠。根据该优生优育险的规定，刘女士按原有保险金额的5倍获得了赔偿金。

同样是遭遇不幸，但是，刘女士似乎要幸运很多，她很顺利地就得到了

保险公司的关怀与安慰,并且通过经济补偿的方式,让刘女士伤痛的心得到一部分宽慰。

可见,投保时的慎重选择十分重要,投保之初的慎重,就是为自己未来的安心提供更多一份的保障,也是给自己预留了一个足以应对的"万一"。

女人如花,我们希望美丽的女人花万一遭受风雨时,不要因为投保不慎而陷于无助的状态中,更不希望花期未到却先行凋谢……我们希望每一朵女人花都能够在花期尽情绽放,尽情展现生命的美丽!

如何辨别保险经纪人的真伪

很多女人都有过被骗的经历,而被保险骗子骗过的人更是不在少数。由于有些保险公司有专门的保险业务代理可以上门宣传和推销险种,这就给了很多不法分子机会,冒充保险公司的经纪人来骗取大众的钱财。由于女人更容易冲动购买,且辨别真伪的能力稍微欠缺,所以,往往被骗的大多数都是女性投保人。其实,保险经纪人的真伪并没有那么难以辨别,只要女人多长个心眼,保险骗子就没那么容易得手。

杨女士在去年年底就因为被骗而有了一段十分不好的回忆,让她本来可以过得欢喜的大年都没有过好。去年年底的时候,她偶然结识了一名男子,两人聊得比较投机,该男子称自己是个保险业务员,分手时双方互相留了电话号码。过了几天,该男子找到她向她推荐保险业务。她看到对方携带了许多宣传资料并说得头头是道,且自己早已有办保险的想法,就选择了一个险种交了几千元的保险费,对方给她写了张收据,说回公司后才能办理正式发票,过两天立即给她送来,对保险业务所知甚少的杨女士信以为真。可是,时间过去了半个多月,对方却一直没有再露面。这时候杨女士才意识到出问

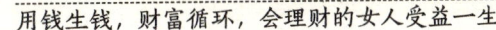

题了,于是,她便慌忙打电话联系那个所谓的"聊得来"的朋友,结果才发现号码是空号,杨女士不甘心,再打电话向那个人所说的保险公司咨询,才知道自己是彻彻底底地被骗了,保险公司里根本就没有这个人。

杨女士是被不熟悉的人骗了,但是,石女士却是被和自己还较熟悉的人给骗了。

一名和石女士平常还有少量交往的保险员在最后一次收取了保险费后不见了踪影,后来她才获知此人还挪用了其他客户的保险费,公司一时也找不到此人。更让石女士后悔的是,由于她轻信那个骗子,对方当时给她打的是张白条,以致她在与保险公司交涉时遇到了不少麻烦,差点拿不回自己的保费。在维权的过程中,所花的车费、时间、精力,更是让石女士觉得身心俱疲……

很多女人在购买保险时,往往由于经验较少或者是容易冲动,易被人忽悠而上当受骗。这里,还是给大家提供一些保险骗子常用的伎俩,让大家在日常生活中就能够有所防范,在需要投保时,能够更加谨慎地判别保险经纪人的真伪。

有的骗子会冒充保险公司的客服打电话。保险代理人并非保险公司内部的工作人员,只是以个人名义代理某公司的保险产品的代理商而已。所以,冒充客服,以售后服务的名义打电话属于违法行为,经过保险公司授权的除外。因此,当你意外地接到所谓的保险公司的客服电话时,不要盲目相信,而是应该及时拨通保险公司的客服电话,予以查证,看看情况是否属实。

有的骗子利用消费者贪财的心理,会故意夸大保险利益,误导保户。此种行为多数出现在销售分红险、万能寿险和投资连接类产品上。这并非上述3种产品本身的问题,而是一些不法的代理人夸大了该产品的分红功能和灵活保障功能或者不提示产品的投资风险,而造成的欺骗。重申一下,分红型的产品是基于传统险的基础上,加入了分红功能。分红的作用,非投资功能,

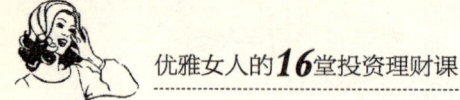

带有利差返还、死差返还和费差返还的作用。万能寿险的产品，从预定利率上，同传统寿险是一样的，区别在于保障的灵活性和保险成本的透明性和利率随市场利率浮动等优点。上述两类产品是不具有投资功能的。投资连接类的保险是保险中唯一具有投资功能的保险产品，但是，值得一提的是，投资是具有风险的，在投保投资连接产品时，要充分认识到投资的风险性。所以，当有保险推销员上门服务，并且信誓旦旦地给你允诺高额的回报率时，你就需要警惕地对待这个人了，这么好的赚钱机会，他留给你干嘛？肯定是有不良的企图！

有的骗子会利用客户爱占便宜的侥幸心理来行骗。俗话说得好，便宜不是那么好占的。你占多少便宜，就得偿还多少，甚至还得加倍、加数倍地偿还。

此外，从形式、特征上来讲，要识破保险骗子，还有几句话比较实用，大家可以参考一下：一看证件，二打电话，三查发票，保险骗子无处藏！看证件，一定要仔细地查看保险推销人员的工作证件、身份证、代理证等，有条件最好要将其身份证等证件复印一份；打电话是指，在查看了保险推销员的身份之后，要打电话到他所说的保险公司查实，证明看是否有这个人，他是否真的有资格代理保险业务，同时牢记，要亲自打到真实的保险公司，而不要拨打推销员主动给你提供的号码，以防骗子还有同伙的情况；查发票，是指在你缴费之后，一定要确保自己能够拿到正规的发票，而不是简简单单的收据。牢记这三句话，女人在面对保险推销员吹得天花乱坠的利益时，保持冷静，就可以让自己远离受骗的危险了。

给自己买保险，完成美丽一生的梦想

女人似乎总在为丈夫、为孩子、为工作、为家庭付出，却很少关爱自己。万一疾病来袭，女人的痛苦只能用苦闷来表达，尤其是没有投保的女人，想想自己的生病给家庭带来了巨大的痛苦，心里就会觉得十分内疚。女人，应该对自己好一点！平日里就应该多多注意保养自己的身体，同时，更应该为自己的身体买一份保险，给自己买来第二个能保护自己的"男人"。其实关爱自己亦即关爱别人。

也许你一直崇尚健康而精致的生活，也许你杜绝垃圾食品，也许你定期做运动，也许你目前家庭和睦，丈夫照顾你无微不至，但即便如此，生活中仍旧有一些让你无法顾及的健康隐患存在。在当今快节奏的社会里，每年有31%～70%的女性患者死于心血管类疾病，而年龄层呈现明显的下降趋势；50%的女性会发生乳腺增生，乳腺癌在女性恶性肿瘤中的发生率已经占第一位，而发病年龄已经从过去的50岁提前到现在的30几岁；在全球范围内，子宫癌和卵巢癌每年都会袭击6.2万名女性，死亡率高达近1/3。

女人都不愿意自己生病，但是，病来如山倒，谁能知道自己这辈子在疾病这条路上得过什么样的坎呢？女人应该自觉地给自己一份保障，让自己在生病时，能够化担心为安心。而这份安心，除了家人能够给我们之外，还有医疗保险能够给予。

关于医疗保险，知道的女人不算少；但是要问个详细，恐怕知道的人就很少了。例如，有个女人买了多份医疗保险，结果她生病住院，每天的理赔金额加起来，已超过了住院的费用还有赚。

医疗险属于健康险的一种，根据其给付的方式分为收入补偿型、费用报销型和特定疾病发生赔付型三大类。

上述这位朋友投保的医疗保险属于收入补偿型。收入补偿型保险在理赔时，保险公司并不考虑被保险人实际住院发生的费用，而是根据保险合同约定，给付承诺的补偿金。如果被保险人购买了多份或高额医疗补贴，发生理赔时获得的给付金很可能会超过实际的住院费用。

与收入补偿型医疗保险不同,费用报销型医疗保险通常的做法是"实报实销",在保单约定的金额内,被保险人支付了多少医疗费即可从保险公司获得相应的报销。如果保额是2万元,但实际发生的医疗费仅2000元,那么最多也只能获2000元赔偿。因此,该类保险多保并不多赔。

特定疾病发生赔付型一般应用于重大疾病保险,只要被确诊患有保单约定的重大疾病,被保险人即可获得约定的保险金。这种保险不宜少保,如果预算充裕,就可以适当提高保障额度。

如今的医疗保险,尽管花样繁多,但是大致上都可以划入上面三种类别中。女人只要考虑好自己的实际情况,给自己购买合适的医疗保险,就可以让自己高枕无忧了!

李小姐30岁,她的职业是教育培训,其月均收入大概在4 000元左右,聪明的她知道应该为自己购买一份医疗保险来保证自己在生病期间的费用。但是,她又希望能够通过保险获得一定的收益,于是,她便根据自己的实际情况购买了分红保险和女性保险。这样,分红保险能够让她享受一定的收益;而女性保险则为她提供了女性特殊的医疗疾病保障。目前,她1年交保费大概3 989元,计划一共交20年,保障到88岁,保险保障为16万元。

那么,根据李小姐的计划,她为自己买了保险之后,可以享受哪些照顾呢?

(1)女性疾病方面的保障:

乳房癌症手术保险金:5000元/次。

子宫及其附件组织手术保险金:1万元/次。具体包括:

①阴道恶性肿瘤。②子宫颈恶性肿瘤。③子宫体恶性肿瘤。④未特指部位子宫恶性肿瘤。⑤卵巢恶性肿瘤。⑥其他和未特指的女性生殖器官恶性肿瘤。⑦胎盘恶性肿瘤。

女性特别手术医疗保险金:5 000元/次。具体包括:

①乳房良性肿瘤或其原位癌。②子宫良性肿瘤或其原位癌。③卵巢良性肿瘤或其原位癌。

女性特定疾病保险金：1万元/次。具体包括：

①系统性红斑狼疮。②类风湿性关节炎。

意外整形手术保险金：5 000元/次。

（2）医疗保险方面的保障：

一般身故或一级残保险保障：6万元。

生病住院给付：100元/天；200元/天（住院天数在31天以上）。

重症烧烫伤监护病房给付：300元/天；400元/天（住院天数在31天以上）。

手术后营养费：500元/次；叫救护车：200元/次。

住院综合医疗费用报销：每次报销80%；每年在5 000元内报销。

（3）意外医疗账户：

意外身故或一级残赔付：16万元。

意外住院：100元/天；200元/天（住院天数在31天以上）。

意外（重症烧烫伤监护病房）：300元/天；400元/天（住院天数在31天以上）。

手术后营养费：500元/次；叫救护车：200元/次。

意外医疗费用报销：每次报销100%；每年在8 000元内报销。

看看李小姐的保障计划，相信李小姐不会对自己未来的生病有太大的忧虑了。女性疾病方面有了保障，普通的医疗保障也有了，意外的医疗保障更是具备，她还需要担心什么呢？

你也这样给自己的身体规划过了吗？如果还没有，可一定要抓紧了，不要拿自己的生命与疾病作赌注，赢了固然好，一旦输了，输掉的可是你自己。

如何给自己的丈夫上保险

男人是家庭的主要经济支柱，意外、医疗、重大疾病和寿险保障一定要充分！对于这一点，相信大多数女人都心知肚明，也深知其重要性。因此，给丈夫上过保险的女人不在少数，她们是如何给丈夫选择保险种类的呢？我们还是直接来看一位江太太给自己的丈夫上保险的例子：

"给老公买保险，就是给自己和孩子夯实经济基础，提供经济保障。

首先，意外保险，有几个开车的人可以忽略掉这个险呢？于是，我就找了个保障最全面、保费相对便宜、理赔信誉好的保险公司先投保了这个险，让心里安定点吧。

外公瘫痪后，老公主动提出来要买重大疾病医疗险，这正合我意。

去年，再次为他投了一份投资连结保险。9个月后因为其他投资的需要就赎回了，35%的回报率让我觉得很满意。

像我这样强烈追求安全感的人来说，自从买了保险之后，我敢花钱了。虽然每年的保费支出也不少，但经过我的巧妙安排，把主险和附加险进行了很好的组合，选择了较好的缴费年限，选择了最好的保险公司。因为没有了后顾之忧，我拿出一部分储蓄进行股票和房产投资，很快就赚回了几十年的保费支出。"

看看这位机智的江太太，首先，给丈夫购买了全面的、充足的保险之后，自己便可以放开提心吊胆的情绪，放心地拿出一部分储蓄来做投资，结果还赚回了投保所用的钱。真是保障投资两不误啊！

所以，所有聪明的女人都可以学习学习江太太的做法，给自己的丈夫买上齐全的保险，让自己和丈夫都放心。当然了，不同年龄段的男人有不同的

保险需求，女人在为丈夫上保险时可不要忽视了这一点。

1. 30岁左右的男人

女人应该先考虑为这个年龄段的丈夫购买重大疾病保险，以确保家庭经济的稳定性。男人一般在家庭中起着经济支柱的作用，一旦他有任何闪失对整个家庭造成的伤害都将是非常巨大的，就算工作单位福利再好，一旦发生重大事故，都是远远不能解决问题的，所以建议考虑一些重大疾病的险种。因为人一旦生重病，一定会用进口药和特效药，这些药一般都不会报销，需要自己掏腰包，所以可以趁现在年轻，身体健康，考虑一些重大疾病的保险，而且是保终身的。

2. 40岁左右的男人

这时的男人正处于人生事业的高峰期，家庭也逐渐步入成熟期。女人在为这个年龄段的丈夫投保时，应该考虑到，基于当前家庭经济条件相对宽松，应抓紧时间为丈夫的退休生活做好规划，商业养老年金必不可少。

3. 50岁以后的男人

对于大多数的男人来说，50岁以后，人生的黄金时期已经过去，风险控制成为了这个阶段的主要任务，医疗支出也会随着年龄的增长而不断增加，规划有质量的生活和利用保险减少随时可能发生的医疗支出，就是这个阶段给丈夫投保的重中之重了。这个时期，应该将基本的医疗保险、住院补贴保险和意外伤害险等适合的保险产品纳入养老计划中。

还没有给丈夫购买保险的女人需要赶紧行动了！考虑考虑丈夫的实际情况和需求，咨询一下保险代理人，和丈夫好好商量之后再购买。给丈夫一份最贴心的礼物吧！

给孩子投保，女人该做何选择

一位母亲很有钱，但是她的儿子智力有残障，她很担心自己百年之后儿子的钱会被人骗走，无法生活下去。那么留下再多的钱也不能解决这个问题，相反钱越多会越让坏人惦记。所以这位母亲希望，不要求收益率高，只要求能保证她的儿子按月领到钱。此时我们常听到的银行、股票、基金、房地产、外汇等各种理财工具通通不管用了，只有保险才能大显身手。于是她托人设计了一份保证领取的养老年金，无论她本人是否健在，都可以让她的儿子按月领取一笔养老金，保障基本生活的需要。

"可怜天下父母心！"尤其是母亲，看着自己可爱的孩子，总恨不得把全世界美好的事物都给他，但是，母亲能做到的毕竟很有限，母亲能照顾到孩子的地方也很有限。有时候，孩子的伤害在我们的意料之外；有时候，孩子生的重病也无法在我们的预料之中……当母亲束手无策时，除了保险能帮助我们之外，还有什么能够援助我们呢？可是，给孩子买保险也并不是一件很简单的事情，不同的家庭由于经济条件不一样，由于孩子的具体情况不同，购买保险的种类也会不同。这个时候，就需要母亲来多操心权衡一下了，争取给孩子购买到最适合他、也最让母亲自己安心的保险。

1. 经济实力一般的家庭，购买儿童意外险和医疗险

儿童意外伤害险就是针对18岁以下儿童，在遭受意外时所产生的高额的医疗花费等经济损失以及意外致残、致死的人身保障。母亲可以酌情为孩子购买意外类险种，一旦孩子发生意外后，可以得到一定的经济赔偿。这类保险的保费便宜，保障高，无返还。而现在普通的儿童一生病住院，动辄需要几千，积累下来，花费也不小。因此在考虑购买险种时，建议母亲可以购买

附加住院医疗险和住院津贴险。这样，孩子万一生病住院，大部分医疗费用就可以报销，并可获得50～100元/天的住院补贴。

这是最基本，也是最经济的两个险种，遇到因无人照管或是稍有疏忽而发生的意外伤害，如跌倒、磕碰伤，或是较严重的如车祸等，就可以得到一定的经济赔偿。这类险花钱不多但是保障挺好，十分适合家庭经济实力一般的家庭。

2. 经济实力较强的家庭，还可增加教育储蓄险和重大疾病险

教育储蓄险主要就是解决孩子未来上学或者出国留学的学费问题。以购买保险的形式来为孩子筹措教育费用，购买保险后需要按时向保险公司缴费，作为一种强制性储蓄，可保障孩子日后的教育费用。而一旦父母发生意外，如果购买了可豁免保费的保险产品，孩子不仅免交保费，还可获得一份生活费。此外，它的收益要比定期存款稍高一些，可以避开利息税，同时可作为一种家庭理财规划。

另外，重大疾病高额医疗费用的负担比较沉重，往往使一个家庭产生巨大的经济压力。而以前保险公司是拒绝为幼儿投保该项险种的，但现在年龄限制已经放宽，因此经济实力较强的家庭可以购买这种险种，以防万一。

3. 经济实力很强的家庭，最后可以增加理财型的险种

如果家庭经济实力确实很强，又想给孩子更多的保障，不妨请保险公司提供一些理财型的险种进行组合。投资连结保险是一种融合保障、储蓄与投资于一身的新险种。与其他险种不同的是，投资连结险能够较好地融合风险保障与理财规划的优点。投资类保险尤其是万能产品，可以同时解决孩子的教育、创业、养老等大宗费用的问题。

这是根据不同家庭不同经济条件给出的建议，主要是因为目前存在很多母亲都在盲目给孩子买保险的情况。这里需要提醒一下，很多母亲在给孩子买保险时都会走入一些误区，尽管是"爱之深"，但也还是需要理性对待的。

（1）保险不是买得越多越好。一般而言，很多险种都是买得越多，获得的赔付数额也越多，但这对少儿险并不适用。有些家长通过不同的保险公司购买少儿险，来增加身故保险金。在这种情况下，如果孩子出险，往往会因为超出保障限额或未履行如实告知义务，而被保险公司拒赔。

（2）很多母亲太爱孩子，投保时考虑太过"长远"。有很多经济条件较好的家庭都选择为孩子购买终身寿险，想要保障孩子的一生。其实这样的做法是不合适的。过早地考虑孩子的终身问题并没必要。孩子长大后，会对生活有自己的规划。而且，终身寿险只有在孩子身故以后，才能获得保险赔付，孩子本人实际享受不到终身寿险的收益。

（3）还有一部分家庭在给孩子买保险时，思路打不开，总是局限于少儿险。很多母亲都认为给孩子买保险就一定要从少儿险中选择。实际上，目前有些保险公司推出的万能险，对投保人年龄限制比较宽松，也很适合为孩子进行长期保险规划。

孩子是家庭的未来，给孩子买一份最适合的保险，就是保障了家庭的未来。但是，也不能因为这样就给孩子盲目购买太多的保险，理性的母亲应该结合自己家庭的实际情况，咨询一下专业人士的建议后再购买。

投保女性专属险，连带你的宝宝

现代社会，女性疾病已经成为都市女人的一大困扰，许多重大妇科疾病已呈现出发病率提高、发病时间提前的趋势。据统计：从1990年至2007年，在世界范围内，乳腺癌的发病率和死亡率均增长了22%，它在各种癌症发病率中排列第二，占癌症患者20%~30%，40~49岁为发病高峰。宫颈癌发病率是女性肿瘤中的第二位，全世界每年有20万女人死于宫颈癌，我国每年新增发

病人数超过13万。近年来,这两种癌症发病患者日趋年轻化,国内发现的最年轻的宫颈癌患者仅为26岁。这些数字使女人感到恐慌,善于规划生活的女人开始考虑如何应对这些人生之中潜在的风险问题。而目前市场上的重大疾病保险大多没有涵盖女性常见的器质性疾病。因此,女性专属保险的作用就显得尤为重要。

30岁的小汪今年刚刚嫁作人妇。小汪听朋友介绍,70%以上的已婚女性都有不同程度的妇科病,且女性得病的几率远远高于男性。这使得她在婚后不由地萌生了一个念头,到保险公司买份保疾病的保险。在几大保险公司网站查阅后,小汪发现,同一家保险公司的重大疾病保险和女性疾病保险的价格差别不小。

像小汪投保的这家公司的一款重大疾病保险,投保20万元,保障到70岁,分20年缴纳保费,每年需要缴纳保费4 000元,20年总共需要缴纳保费8万元。而如果投保另一家公司的女性重大疾病保险,同样是保障到70岁,分20年缴纳保费,每年需要缴纳保费3 400元,20年总共只需要交纳保费6.8万元,能省下1万多元,超过1成的保费。

其实,专门针对妇科疾病的女性疾病保险,一般比普通的重大疾病保险便宜,主要是由于去除了很多女人不需要的病种。

目前各家保险公司的女性重大疾病产品保障的疾病虽然各有不同,但一般而言,所保障的各种癌症与普通重大疾病险中的"恶性肿瘤"是重合的,但如"系统性红斑斓疮性肾炎""严重的类风湿性关节炎"疾病,和妇科原位癌、骨质疏松症、尿失禁症、特定骨折等女性疾病则是普通重大疾病险所不能保障的。所以,选择女性专属的重大疾病保险,就可以为女性可能患的一些特殊疾病提供保障。

整容手术医疗保险也是为女性提供因意外而导致面部创伤所需的颜面部整形手术保障。如果被保险人不幸因交通事故、烧烫伤引起面部创伤,女性专属保险就可以补偿进一步接受颜面部整形手术的费用。

生育保险就更具针对性了。从怀孕到分娩，女人将面临一系列这个时期特有的疾病风险，比如葡萄胎、宫外孕等。因为生育风险只有女人才有，所以社保和普通医疗保险责任中一般都不包括妊娠、流产、分娩、不孕症、节育、绝育手术、不孕不育治疗、人工授精、产前产后检查以及由以上原因引起的并发症。生育保险即是针对生育医疗风险的特殊产品。而且，生育保险还有一点比较特殊的优势，那就是，也有一些保险把母亲和孩子一同列入被保险人，为新生儿先天性重大疾病提供保障。

每一个爱护妻子的丈夫，都应该提醒自己的爱人买一份女性专属险；而每一个爱惜自己的女人，更应该主动为自己购买一份女性专属险。

发生理赔情况，女人该如何操作

保险了，并不代表着你将来万一出事就一定能获得赔偿，也就是"并非有保必赔"。我们都知道，并不是所有的事故都可以获得保险公司的赔偿。很多女人由于嫌麻烦、没耐心，在投保时就没有弄清楚哪些情况是无法获得赔偿的，也不知道如何有效避免无保障的风险，更不知道出险时应该按照什么程序来理赔，结果错过了最佳理赔时机，让理赔的道路走得更加艰难。所以，对于掌管家庭理财命脉，为家庭健康保驾护航的女人来说，熟记理赔程序就显得尤为重要了。

一般来说，保险理赔的程序都是比较固定的，所以，在办理保险的时候，就一定要问清楚具体的理赔程序，以防万一。一般来说，理赔都是按照以下几个步骤进行的：

（1）立案检验。一旦投保人出险，就应该在最快的时间内通知保险单位。而保险单位在收到通知后，就会立案并编号，再派专门人员到现场进行调查，记录损失的实际情况。这些实际情况的记录，是日后理赔的重要依据。所以，对于投保人来说，在最短的时间内通知保险单位，是自己在出险之后应该做的第一件事。

（2）审查单证，审核责任。保险公司通过详细的调查和对单证的审查，就可以确定赔偿责任。

（3）核算损失。在确定能够予以赔偿之后，就需要根据合同的规定，通过调查来确定损失的大小及赔偿的额度。

（4）损余处理。这个程序一般只针对财产险才有用，也就是利用残余物资的程序。

（5）保险公司支付赔款。在上面的程序都一一走过之后，就到了保险公司支付赔款的步骤，也就是保户能够拿到赔款的时候。

有些时候，很多保户觉得自己很冤枉，明明出了事故，而且这些事故看起来应该属于保险责任，最终却依然无法得到赔偿。这就提醒我们，在投保时一定要弄清楚合同中有哪些免责条款。曾经有一个轰动全国的保险案例：

丈夫开车到家门口时，不小心撞倒了自己的妻子。妻子受伤住了一个多月的医院，花了几万元钱。妻子在住院期间，想起这辆车上了第三者责任险，就让丈夫找保险公司索赔。保险公司却将她的丈夫拒之门外。她非常不解，而保险公司的理由是：撞到自家人，保险公司不赔。这位女士十分不理解，为什么不能正常理赔呢？后来，经过工作人员的详细解说才知道，第三者责任险是将被保险人的家庭成员列在免责条款之列的，因此自己被丈夫撞倒属于"撞了也白撞"。

不仅在车险中，寿险、家庭财产险以及其他责任保险中都有"免责条款"。不同险种在此条表述中会有一定的差别，投保人在填写保单时必须注意是否有相应情况，避免日后出现争议。像这位女士这种情况，就是由于在

投保时没有问清楚的缘故。

即使投了保,我们也都不希望自己出现什么意外。可是,天意难测,万一遭遇不幸,如果我们已经投保了,那就一定要冷静下来,用最理性的态度来走理赔之路。在理赔的路上,我们还需要注意几个诀窍,不然,因为不注意一些细节而让自己错失获赔的权利,那就亏大了!有人总结了三个字:短、凭、快!这里推荐给大家,希望对大家有所帮助。

短:也就是我们之前所提到的理赔的第一步中的注意事项。在保险事故发生后,应及时通知保险公司理赔部门,形式不限,书面、电话、传真和上门都可以,一般应于知悉保险事故发生之日起10天内。否则因通知迟缓而导致保险公司查勘、调查困难的费用,有可能由被保险人或受益人承担。在事故发生之后,可能投保人的心情遭受重创,难以恢复平静,或者是行动不便,或者是其他更为严重的情况,可能会延迟投保人通知保险公司的时间,这时候,就需要投保人的亲朋好友来帮忙了。无论如何,不管采用何种方式,一定要在最短的时间内让保险公司知道事故的发生。

凭:也就是凭证。没有凭证是无法很快正常索赔的。所以,在索赔时,我们一定要尽量提供完整、真实的证明或材料。当然,各种证明因为索赔的内容不同而有所差异。若发生道路交通事故提出索赔,应有交警部门的事故处理证明;发生人身伤亡时,应有公安部门的法医证明、处理意见以及保险公司认可的医院出具的医疗诊断证明、相关的诊断凭证和出入院的证明及医疗费用原始发票。值得注意的是,各种证明应具权威性,符合法律规定。最好将各种证明在最短的时间内准备齐全之后,让保险公司的人一并核实。

快:在事故发生之后,一定要尽快找出保单,找出最近一次交费收据。同时,不要忘了,还要翻一翻保单,看看保单中的保险责任范围是否与保险事故性质相一致,以免做无用功。

记好理赔诀窍,一步步走好理赔程序,你的理赔之路肯定会少很多麻

烦。当然了，这是说的事故发生之后保户应该如何做。毕竟，我们谁都不希望事故发生，我们希望每个女人及其家人都能够健健康康！

最后，一定要提醒管家的女人，投保之后，要好好注意保单等凭证的保管，千万不要等到出险时，再临时慌乱地翻箱倒柜！这样，带来理赔麻烦，就只能怪自己了！

汽车投保窍门

汽车保险也是汽车开支中的重要部分。怎样投保最经济、最安全呢？掌握汽车投保的一些小窍门也能为你节省下不少开支。

1. 慎选保险公司

保险公司对于车主来说是一个比较重要的部门，在汽车的使用过程中起着至关重要的作用，因此，对于保险公司的选择就显得尤为重要和关键。

承担车险的主要保险公司有人保、太平洋、平安，以及中华联合、大地等财险公司。大品牌保险公司优势比较明显，比如：险种比较齐全，并且在全国各地的经营服务网点较多，实力雄厚，服务质量体系完善，在理赔上有更充足的保障。

2. 选准车险品种

先选险种，再考虑价格。汽车险种主要包括交强险、车辆损失险、第三者责任险、车上人员意外伤害险、不计免赔险、全车盗抢险、玻璃单独破碎险、新增设备损失险等。

车辆损失险、第三者责任险是通常必选的险种，所以不可为了省钱而漏掉，否则发生了意外很不划算。如果你的车是进口车，最好加保一个"玻璃单独破碎险"，主要是考虑到进口车的玻璃价格不菲。如果你的车属于20万

元以上的中高档车,建议你再加保"全车盗抢险"和"车身划痕险"。

3. 明确车险保障范围

保险不等于保险公司会赔付一切损失,保险公司只在一定范围内提供保障。比如,车辆的碰撞行为,如果不是因为你的违规造成的,一般的保险公司都能提供保障。而玻璃单独破碎和车身划痕,对于大部分保险公司是免责的,车主需要再购买专门的附加险。

有的保险公司将火灾、爆炸而引起的车辆损失列为保险的主产品,而有些公司则将自然灾害造成的车辆损坏剔除出保险责任。所以,选保险时一定要注意保险公司保什么、不保什么。

4. 买车险时还要算清几笔账

第一,要确定第三者责任险的责任限额。第三者责任险赔偿限额有5万元、10万元、20万元、50万元、100万元五个档次,因为赔偿限额越高,保险费越贵,所以投保的一般限额在10万~20万元。如果出现伤人事件,20万元基本上可以保障。另外需要注意的是,第三者责任险赔偿限额与车辆的价格没有关系。

第二,要确定车损险的保额。车损险保额的确定有三种方式:一是按新车购置价确定;二是按投保时的车辆实际价值确定;三是由投保人与保险人协商确定,但保额不得超过同类型新车购置价,超过部分无效。在理赔方面,保险人根据保险金额的不同确定方式承担相应的赔偿责任。

第三,投保时可考虑购买不计免赔特约险。

5. 货比三家

现在的保险公司越来越多,它们都针对汽车上保险提供了很优惠的条件。女人在挑选保险公司时要特别慎重,需要在货比三家之后,再作出评判。

一般来说,选择保险公司,首先必须确定需要保障的范围;其次在相同的保障范围下，比较各保险公司给出的价格，选择最优。车主在购买车险时不宜单纯考虑价格，保险公司的服务水平、赔付速度、网点设置都应当是购买车险时要考虑的重要因素。

6. 新车尽量上全险

如果你的车是新车，建议你把第三者责任险和车损险这两个险种都上全。

由于车险的费率是固定的，因而保费交多少取决于汽车自身保险金额的高低。对于家庭自用车来说，目前第三者险的保额一般分三个档次：5万元、10万元、20万元。建议你最好投保10万元的，条件允许的话可以保20万元。

车损险分足额保险和不足额保险。在不足额投保情况下出险时，保险公司是按你实际投保金额与车自身价值的比例赔偿的。如果你手中有10万元的家用车，但投保5万元的车损险，假设车身损失1万元，保险公司则只赔5 000元。

车险除主险之外，还有10个左右的附加险，其中的"不计免赔特约条款"不能忽视。因为如果你没投保这个险种，出险时正好你负全责，保险公司只能赔损失的80%，如果负同等责任，保险公司只能赔付90%。初略估算，一辆10万元的家用车，三个险都保足保费约在3100元左右。

7. 车险必需险种——交强险

交强险全称机动车交通事故责任强制保险，于2007年7月1日正式普遍推行。

"交强险"是目前汽车保险种类中必备的，它是指由保险公司对被保险机动车发生道路交通事故造成受害人（不包括本车人员和被保险人）的人身伤亡、财产损失，在责任限额内予以赔偿的强制性责任保险。交强险的保险期间为1年。但也有投保人可以投保1年以内的短期交强险，通常有四种情况：一临时入境的境外机动车；二临时上道路行驶的机动车；三距规定的报废期限不足1年的机动车；四是保监会规定的其他情形。